Elsemarie Maletzke
Mond über Murzuq

Unterwegs auf fünf Kontinenten

Schöffling & Co.

Erste Auflage 2002
© Schöffling & Co. Verlagsbuchhandlung GmbH,
Frankfurt am Main 2002
Alle Rechte vorbehalten
Satz: Reinhard Amann, Aichstetten
Druck & Bindung: Pustet, Regensburg
ISBN 3-89561-608-7

Inhalt

Wendland – Storchenland

»Ein Storch, ein Storch! Da rechts in der Wiese!« Der Herr, der neben mir beim »Themenradeln in der Elbtalaue« in die Pedale tritt, ist nicht beeindruckt. »Fahren Sie mal nach Spanien; da gibts Störche wie bei uns Spatzen. Wer behauptet, die sterben aus, der spinnt. Die sind nur zu faul, bis hier raufzufliegen.« Aber ich will sie ja gerade hier und nicht in Spanien sehen: unter einem hohen Himmel, zwischen ziegelroten und reetgrauen Dächern, Heckenrosen und Holunder und den duftenden, glänzenden Schwaden frischgemähter Wiesen.

Hier ist Wendland, Storchenland, mit Dörfern, deren Namen sich wie ein Zauberspruch für hundertjährigen Schlaf reimen: Klautze, Krautze, Gedelitz – Schlanze, Kröte, Meuchefitz – Jabel, Trebel, Salderatzen – Redemoissel und Dommatzen. Gäbe es nicht auch einen Ort namens Gorleben, wären sie hier wohl immer noch nicht erwacht. Doch so sind die Wendländer über den radioaktiven Müll in ihrer Mitte gespalten in diejenigen, die sich von der Atomindustrie Hallenbäder bauen lassen, und die anderen, die sich nicht kaufen lassen wollen. An die 60 Prozent sollen das sein, schätzt Andreas Graf Bernstorff, Großgrundbesitzer mit Rechten an dem von der Atomindustrie begehrten Salzstock – und auch dagegen.

Jeder kennt jeden. Dem Busfahrer auf der Strecke Uelzen-Lüchow (mit Anschluß nach Vietze) entgeht keiner. Nicht Helmut mit der Schiffermütze und sein Struppi (»Na, Kampfhund«), der bis Jiggel Nord am Fenster sitzen darf; nicht die Dame von der Kurverwaltung in Gartow (»Barometer fällt, aber es reeechnet nich«) und schon gar nicht die zerschlissene, biergetränkte

Erscheinung, die in Klein Breese hinausstolpert (»Geh heim, schlaf dich aus!«). Das Ortsschild von Gorleben wurde in einer kindlichen Geste des Tarnens und Täuschens schwarz überstrichen: Ich mach' die Augen zu, dann kannst du mich nicht finden. Das Atommüllager, eine monströse Fabrik, versteckt sich in einem Kiefernwald hinter hohen Zäunen und einer weißblühenden Hecke. Wenn kein Castor-Transport kommt, ist es sehr still. Nur die angepinselten Transformatoren-Häuschen, die Plakate in den Fenstern von Konditoreien, Drogerien und Bauernhöfen deuten auf nicht nachlassende Aufmerksamkeit.

Über 40 Jahre hatte man in unguter Nachbarschaft zur DDR gelebt, die den Wendlandzipfel auf drei Seiten umgab. »Drüben« heißt es immer noch, weil es so nahe ist, gerade mal gegenüber auf dem anderen Ufer der Elbe. »Die drüben«, sagt der alte Herr in Gartow, bei dem ich am Morgen für fünf Mark ein schwarzes Hollandrad geliehen habe, »die haben zur Kommunion eine Schachtel Zigaretten, eine Flasche Schnaps und ein Gewehr in die Hand gedrückt gekriegt.«

Anke Brandes vom Landschaftspflegeverband »Lenzener Elbtalaue«, die unser radelndes Grüppchen von Gartow über die Elbe nach Lenzen führt, ist von »drüben«. »Das Wendland war immer ein Ort der Begegnung«, sagt sie. Früher sind hier Slawen auf Sachsen gestoßen. Heute besuchen West-Touristen die ehemalige LPG, jetzt Schafhof Rademacher, um Moorschnucken, das seltene Pommersche Landschaf, Texel-, Rhön- und Hampshire-Schafe zu betrachten. Den Grenzturm am Fähranleger haben die Schwalben, die unterm Dachvorsprung nisten, weiß bekleckert. Die jüngste Vergangenheit, da an diesem Ort der verhinderten Begegnungen scharf geschossen wurde, ist Frau Brandes nicht der Rede wert.

Schauen wir uns das Lenzener Schloß an! Da, ein Storchennest auf hohem Schornstein! Drei junge Vögel äugen über den

Rand. Noch sind sie nicht auf Spatzenniveau gesunken, aber keiner steigt mehr ihretwegen ab und guckt. Die rumpelige Auffahrt durch das mit steinernen Kugeln gekrönte Tor will mit Schwung genommen sein. Wie verbeulte Theaterkulissen umstehen die eingesunkenen Schloßmauern den kopfsteingepflasterten Hof mit den alten Linden. Die Putten im Park sind kopflos, der Buchsbaum außer Fasson. Die Lenzener hoffen, die Europäische Union möchte der wankenden Immobilie finanziellen Halt geben. Viel Zeit bleibt ihr nicht mehr dafür.

Wir radeln hinaus zum Rudower See, wo sieben Frauen unter dem Dach eines Schullandheims eine kleine Filzmanufaktur betreiben. Gute alte Handarbeit: Die Schafwolle wird gewaschen und gefärbt, stundenlang im Seifenschaum gewalkt, und am Ende kommen ein Paar dicke Puschen heraus, eine Weste, ein Ball, ein Bettvorleger oder ein verrückter Hut. Im Ausstellungsraum probieren wir vor dem Spiegel schnabelspitze Robin-Hood-Mützen, primelgelbe Barette, sackartige Narrenkappen und Mongolenhüte mit Troddeln auf. Erstaunlich, was man in manchen Ecken der Welt so vorfindet!

Am nächsten Tag trudele ich alleine los, ohne Gangschaltung, aber mit dem heiligen Christophorus auf der Klingel, Richtung Schnackenburg an der Elbe, der kleinsten Stadt Niedersachsens. Hier war einmal die Republik zu Ende: ein Hafen, Grenz- und Zollstation. Im Grenzlandmuseum, einem alten Fischerhaus, ist das ganze Schreckenskabinett der Vergangenheit aufgebaut: ein Stück Grenzzaun samt der Rufsäule, aus der noch beim Heben der Klappe die Stimme des Wachhabenden bellt. Hans Borchardt, ehemaliger Direktor der Samtgemeinde Gartow und Vorsitzender des Museumsvereins, ist gleich nach der Wende drüben einkaufen gegangen: Fahnen, Helme, Gasmasken, ein Patrouillenboot, ein Trabi-Geländewagen. Alles ist echt, von der Kalaschnikow (»nicht mehr funktionstüchtig«) bis zur

Kunstledertasche des DDR-Zöllners. Die Schaufensterpuppen in den Uniformen der Volksarmee blicken grimmig, den westdeutschen Beamten hat man rosige, freundliche Gesichter verpaßt. Selbst der bundesrepublikanische Schäferhund scheint zu lächeln.

Herr Borchardt schließt hinter mir das Museum wieder zu. Es kommen nicht viele Besucher, und es fahren nicht viele Autos über den schönen Marktplatz mit den Fachwerkhäusern und dem großen Baum. Auf dem Flußkiesel-Pflaster kann man auch nicht Inlineskates fahren. Es gibt sowieso nicht viele Kinder. Das Hotel ist geschlossen. Im Elbhafen liegt ein einziger Lastkahn.

Die Dörfer jenseits der Grenze waren zum Teil abgeräumt worden; die Fähre *Lieselotte* zwischen Lütkenwisch am östlichen und Schnackenburg am westlichen Elbufer versenkt. »Nu is allens vorbi«, wird auf einer Tafel in Lütkenwisch der letzte Fährmann zitiert, den die Russen barfuß in Holzpantinen abführten.

Was früher Niemandsland war, ist heute Naturschutzgebiet. Nichts außer dem Wall, über den eine schnurgerade Kette aus Betonplatten führt, und ein paar kreisrunde Fundamente sind geblieben. Die Spuren der DDR versinken im Gras. Ein tieffliegender Schwan ächzt vorbei; im Seerosenteich wimmeln die Fischlein; plötzlich ein Unterwassergewühle – ein Hecht? In dieser ehemals scharf bewachten Gegend hat sich in 40 Jahren unbehelligt breitgemacht, was andernorts dem Land- und Straßenbau gern im Weg ist: Gestrüpp und Sumpf, Teich und Brache; und mit ihnen Weißstorch, Schwarzspecht, Graureiher, roter Milan, das bescheidene Braunkehlchen und der aufwendiger gestaltete Kranich. Im Elbholz, einem Auenwald hinter dem Flußdeich, staken zwei dieser Vögel auf Futtersuche über eine Lichtung und stoßen aus ihren langen Hälsen schmetternde Rufe aus; ein Klang wie aus Blechtrompeten.

Am herrlichsten aber ist ein anderer Flieger: der hölzerne Taufengel, der in der kleinen, ganz in Blau- und Grautönen ausgemalten St. Nikolai-Kirche in Schnackenburg dem Eintretenden in Lebensgröße – wie groß sind Engel eigentlich? – entgegenschwebt. 1727 an einer Kette massiver Haken aufgehängt, scheint er allein von seinen goldenen Schwingen und dem leichten Paddelschlag der nackten Füße in der Luft gehalten zu werden. Der blaue Rock unter dem weißgoldenen Harnisch umspielt die Knie, die Ärmel sind hochgekrempelt, und in den ausgestreckten Händen hält er eine Muschelschale. Ganz weiß ist sein Gesicht, mit Grübchen in den Mundwinkeln: Nur herein, setz dich und raste! Im Sommer treffen sich junge Musiker zu »Schubertiaden« unter dem Engel von St. Nikolai.

Der Deich folgt dem Fluß in langen Schwüngen durch offenes Land. Urstromtal – das klingt, wie es aussieht. Als sei die alte Elbe immer schon hier geflossen und dulde keine Konkurrenz, keine Straße, keine Schiene, auch keine Brücke, was sie gern mit ozeanischen Überschwemmungen unterstreicht. Ab und zu pflügt ein Frachtschiff vorbei, seltener ein Sportboot. Im Himmel der Sopran der Feldlerchen und auf Erden unerhörte Wassermusik aus Froschteichen; bräsiges Quaken im Chor, dann der Einsatz der Bläser, uhuu, uhuu – als stöhne der Wind durch ein Rohr. Sind's Unken?

Ein Schäfer und sein Hund kommen mir im Trabi entgegengetöfft, sonst keine Vorkommnisse zwischen Flußkilometer 480 und 490; Wind, Sonne, frische Düfte, Pappel-Flaum und Schwalben über einem perlmuttgrauen, ausfernden Wasser. Mähte nicht ein Bauer auf dem Traktor die ferne Wiese, herrschte rundum himmlische Schläfrigkeit.

In Mödlich kauern die Hallenhäuser hinterm Deich, die Reetdach-Perücken fest heruntergezogen, die Gärten voller Rosen und Rittersporn. Der Kies auf dem Friedhof um die kleine

Backsteinkirche mit dem Treppengiebel ist frisch gerecht, aber der Turm ist nur noch eine von Eisenträgern gestützte Fachwerkruine. Jemand hat die erhaben geschnitzte Schrift über der Tür leicht mit weißer Farbe nachgezogen: Anno 1659.

Gelobt sei, was stehenblieb! Der *Deichkrug* an der Wische sieht nicht nach Plastikstapelstühlen, Seidenblumen und Dudelmusik aus. Ein Grund, das Rad an die Hecke zu lehnen und einzukehren. In der Gaststube blickt ein Dachs aus dem Bilderrahmen, und auf jedem Tisch steht ein Sträußchen Kapuzinerkresse im ausgespülten Senfglas. Tabakbraune Tapeten, Wachstuchtischdecken und schillernd gebohntes Linoleum. Auch bei Sonne sitzt man drinnen. Der Kaffee kostet einsfünfzig, zu essen gibt's nichts. Wie denn, am Nachmittag? Der Stecker des Spielautomaten ist herausgezogen. An der Küchentür füttert die Wirtin ein Dutzend schwarzweiße Katzen.

Die Fähre *Westprignitz* kommt eigens herüber, um mich und mein Rad abzuholen. Ob es sehr steil sei die Schwedenschanze hinauf, um dann nach Vietze zu rollen, frage ich den Schiffer. »Sehr steil«, sagt er und betrachtet meine schwarze Rostlaube. »Nehmen Sie besser die Straße über Pevestorf und dann immer Hacke hin.« Aber ich nehme doch den Berg und surfe über sandige Waldwege nach Vietze hinab. Natürlich werde ich auf meinem Modell von den entgegenkommenden richtigen Fernfahrern (Ostsee – Alpen) mit 21 Gängen und fest am Lenker installierter Straßenkarte nicht gegrüßt. Dafür bin ich nicht in Eile und schaue mir das Heimatmuseum in Vietze an, das vom Leben auf dem Bauernhof und auf dem Fluß erzählt. Dann fliege ich – immer Hacke hin – bergab zum Gartower See; durch die Duftfelder von blühendem Senfkraut und Holunder. Rote Sauerampfer-Wiesen, kornblumenblaue Feldraine, Kuckuck, Goldammer, Lerche; im Elbholz die Nachtigall. Spatzen überall und dann noch ein Storch.

Die Frühlingsfee und der eiserne Heinrich
Worpswede

Heinrich Vogelers dicke weiße Rosen sehen aus, als würden sie nicht mehr aufblühen, sondern weich und welk bei der ersten Berührung auseinanderfallen. Das Meißener »Toilettenservice einer jungen Frau« hat er 1905 für Martha entworfen: eine Schale für den Kamm, eine Dose für die Haarnadeln, mit denen sie den blonden Zopf aufsteckte; Blütenblätter auf den Tiegeln und geköpfte Knospen, die ihr rosiges Inneres wie durch ein gespitztes Mündchen zeigen. 1905 war kein gutes Jahr mehr für die beiden. Martha Vogeler hat ihr Rosenservice später mitgenommen, ins Haus im Schluh, und da steht es heute zur Besichtigung.

Worpswede würdigt seinen Maler, Buchkünstler, Designer und Architekten des Jugendstils: Heinrich Vogeler. Lange ehe das Dorf im Teufelsmoor mit Modersohn-Becker zusammen genannt wurde, hatte er den Namen zu einem Markenzeichen erhoben. Was man um die Jahrhundertwende aus Worpswede begehrte, hatte weniger mit torfigem Expressionismus als mit weißen Gartenbänken, Märchenbildern und Blütenkränzen zu tun. Vogelers Kunst trug Rot und Gold, Pfauenblau, Birkengrün; sie war – so wie er selbst – nicht ganz von dieser Welt.

Die Bauern fanden ihn irgendwie nett, den jungen Mann mit den weit auseinanderstehenden dunklen Augen, ein Elf, hohlbrüstig, sommersprossig, die Haare wie einen Helm geschnitten und in Klamotten, die ihre Großväter zum Stadtgang getragen hätten: taillierter Gehrock, Vatermörderkragen, dicke Krawatte und Zylinder – »unser König Heinrich«, der sich in seinem *Win-*

termärchen selbst als Weiser aus dem Morgenland portraitiert hatte, in Samtmütze und Holzpantinen unterwegs zum Christkindlstall in Worpswede.

Er war der Jüngste und in seiner Spleenigkeit der Entschlossenste der kleinen Künstlergruppe, die sich Ende der 1880er Jahre in dem einsamen Dorf in der Nähe von Bremen beim Kaufmann oder der Gendarmenwitwe eingemietet hatte – Fritz Mackensen, Otto Modersohn, Fritz Overbeck, Hans am Ende – Akademie-Flüchtlinge, die das satte Braun, die schwarzen Wasserspiegel und das wilde Wolken-Gebräu ins Moor gezogen hatten. Vom Erbe seines Vaters, eines Bremer Eisenwarenhändlers, kaufte Vogeler eine zusammenbrechende Kate, die er zu einem gediegenen Anwesen hinter einer weißen Biedermeier-Fassade ausbaute, der Barkenhoff, seine Insel im ordinären Toben der Welt, auf der alles dem Gesetz seines (guten) Geschmacks unterworfen war. Das Leben ein Kunstmärchen; der Alltag ein ästhetisches Ereignis. Er entwarf die Vorhänge, Tapeten, Möbel, Gläser und Bestecke. Jeder Stuhl stand an dem für ihn gedachten Platz. Jeder Rosenstock im Garten kannte den Meister. Auf dem Barkenhoff eingesponnen, malte er, radierte, zeichnete, dichtete, »duselte« und träumte: »Es wird einmal sein ...« Aber es kam leider ganz anders. Der Jugendstil, der am Ende des 19. Jahrhunderts den muffeligen Historismus verdrängt hatte, wurde in wenigen Jahren selbst von seinem phantastischen Geschlinge erdrückt. Vogeler kam aus der Mode.

Allerdings nicht in Worpswede. Das 5000-Seelen-Weltdorf hat sich nie von seiner Künstlerkolonie-Vergangenheit erholt. Ein Drittel der Einwohner sind heute Kunstschaffende und Kunstvermarkter, ein Drittel Bauern und ein Drittel Bremer Pendler. Dem entspricht ein wenig idyllisches Verkehrsaufkommen und eine relative Überversorgung mit Galerien und Cafés. Der Ort verfranst sich zwischen Weyerberg und Heide. Hinter Messingschildern mit englischer Schreibschrift wohnen reiche Leute und bissige Hunde. Die Mischung bedeutet aber auch, daß es in Worpswede einfach hübscher ist als in Dörfern, wo Betonkurs gefahren wird. Man weiß zu würdigen, daß alte Bäume in den Himmel wachsen und alte Häuser ihren Preis haben. Gerade wird das Rathaus, das vom Blitz getroffen war, wieder aufgebaut – in rotem Backstein unter einer Woge akkurat geschorenen Reets.

Der Bahnhof ist stillgelegt, dafür so schmuck wie Heinrich Vogeler ihn 1910 geplant hat. Schöner Warten auf das Essen. Die Säle erster und zweiter Klasse sind Restaurant, primelgelb und moosgrün tapeziert; die dritte Klasse ist Kneipe. Ein Feuer brennt im Kamin; man sitzt auf Bänken von Vogeler; die Maultasche mundet; eine rote Katze ist Stammgast.

Zwischen Bahnhof und Barkenhoff stößt man auf architektonische Erscheinungen, die von dauerhaft anwesenden schöpferisch Tätigen und einer offenbar dauerhaft abwesenden Baubehörde zeugen: das *Kaffee Worpswede* des Bildhauers Bernhardt Hoetger von 1925, eine Kreuzung aus Niedersachsenhof und fernöstlichem Langhaus, das von expressionistischen Ziegelmauern umstanden ist; ein grüner Iglu mit roten und gelben Fenstern nach einem Entwurf von Bruno Taut. In Worpswede stemmte jeder nach eigenem Empfinden seine Traumhäuser in die Welt. Den neuen Giebel des Barkenhoffs, den Vogeler kühn vor die Breitseite setzte, zeichnete er den Zimmerleuten maßstabsgetreu in den Sand. Er hatte vorher noch nie ein Haus gebaut.

Im Barkenhoff bringt Hans-Joachim Krenzke dienstags den Besuchern die Odyssee seines Herrn, dieses »Märtyrers« der Kunstszene, nahe. Man sitzt im weißen Saal und betrachtet zwei Stunden lang wackelige und zum größten Teil entbehrliche Lichtbilder: Bremen – Dresden – Florenz – München – Berlin – Moskau. »Fas-zi-nie-rend!« sagt Herr Krenzke, der auch da war und alles fotografiert hat. Am nächsten liegt der Weyerberg, 54,5

Meter hoch; die Auffahrt zum Barkenhoff ist schon die halbe Steigung. Und hier, auf einer Landpartie, traf Heinrich Vogeler 1894 seine Martha. »Da trat ein blondes Mädchen aus dem Unterholz mit einer Elster auf der Hand«, so rehkälbchen- und märchenhaft, als hätte es der Meister selbst inszeniert. An seinen Freund Rilke schrieb er: »Sie ist ein Mädchen von hier, ein Mädchen aus dem Volk, ein starkes, einfaches Mädchen. Man muß sie erst von den Verhältnissen her ablösen.« Und so reiste die kleine Doolittle aus Worpswede nach Dresden, um Französisch, Italienisch, Musik und Literatur zu lernen, und wurde in der Webkunst unterrichtet, das einzige, was der gute Heinrich offenbar nicht konnte.

Er hat sie immer wieder gemalt, in Kleidern und Schmuck, die er für sie entwarf; als Frühlingsfee und Ritterfräulein, schließlich als junge Mutter. Der Barkenhoff hatte »die seit Jahren auserlesene Herrin« bekommen. Er war ihr »geweiht«, aber im Grunde war Martha Vogeler nur Teil eines Gesamtkunstwerks, und wenn die Zeugnisse nicht täuschen, muß es von Anfang an ziemlich verschmockt zugegangen sein. Vogelers luden zu Teegesellschaften auf der Terrasse, zu Lesungen im weißen Saal und Festen im »Naturtheater« im Park. Der Hausherr hatte alles im Griff. »Aber ehe ein Fest seinen Höhepunkt erreicht hatte, war ich verschwunden, grundlos böse mit mir selber. Warum konnte ich keine Feste feiern? Ich habe es nie verstanden, warum ich, der Glückspilz, dieser Mensch, dem alles gelang, was er anfaßte, nun dasaß, fern vom Fest am einsamen Berghang, ein Häuflein Elend, den Kopf in den Händen ...«

Nach außen hin erschien alles bestens. Neben den Malerfreunden aus dem Ort, dem Ehepaar Modersohn-Becker, kamen Gerhart Hauptmann, Richard Dehmel, Max Reinhardt, René Schickele und Thomas Mann. Rainer Maria Rilke blieb auch gern etwas länger. »Eigentlich ist das ein Märchen«, schrieb er im September 1900 in sein Tagebuch. »Ich sitze in einem ganz weißen, in Gärten verlorenen Giebelhaus unter schönen und würdigen Dingen, in Stuben, die voll von der Stimmung eines Schaffenden sind. Ich sitze in seinen träumerischen Stühlen, freue mich an seinen Blumen, schaue mich in seinen Spiegeln, und seine Uhren sprechen mich an wie den Herrn ... Und am siebenten (Tag) empfange ich im weißen Saal bei zwölf Kerzen ... die ernstesten Männer der Gegend und sehr schöne schlanke Mädchen in Weiß, die, wenn ich sie bitte, Lieder spielen und singen und sich zusammensetzen in feinen Empire-Stühlen und die vornehmsten Bilder sind und der köstlichste Überfluß und die süßesten Stimmen dieser flüsternden Zimmer.«

Darauf ruhte kein Segen. 1905 malte Vogeler sein Monumentalbild *Sommerabend*, das seine Lieben auf der Terrasse des Barkenhoffs versammelt: Paula Modersohn-Becker, Clara Rilke-Westhoff – Rilke fehlt schon –, sein Bruder, seine Frau. Keiner schaut den anderen an, keiner spricht ein Wort; die Urnen, Buchsbäumchen und Hortensientöpfe stehen stramm wie vor einer Gruft; sogar der edle Hund auf den Stufen wirkt außerordentlich bedripst. Die Rilkes wurden geschieden, Modersohn-Becker starb nach der Geburt ihres ersten Kindes, und Martha verliebte sich in einen abgebrochenen Jura-Studenten, eine, wie man so hört, unseriöse, verkrachte, aber unverdrossen großmäulige Existenz, so ganz das Gegenteil ihres eisernen sanften Heinrichs.

Am Ende zog sie mit ihren drei Töchtern aus, baute sich das Haus im Schluh, nahm mit, was von Vogelers Frühlingskunst noch übrig war. Ihm war sie schon verleidet mit ihren »giftigen, süßen, einschmeichelnden und aufreizenden Farben. Nirgends war ein Horizont, nirgends ein Durchblick, nirgends eine Perspektive.« Im Ersten Weltkrieg hatte er sich zum pazifistischen Kommunisten gewandt. Der Barkenhoff wurde Landkommune,

Arbeitsschule, schließlich ein Kinderheim der Roten Hilfe. Vogeler emigrierte in die Sowjetunion. Die Nazis schnitten ihm für immer den Rückweg ab. 1942 ist er in Kasachstan gestorben, halb verhungert und allein.

Das Haus im Schluh wird heute von seiner Urenkelin als Museum und Pension geführt. Im Tulpenzimmer stehen die weißen Möbel, mit grünen Stengeln und roten Blüten bemalt: Tisch, Stuhl, Waschkommode. Der Blick aus dem Fenster unter den tiefen Schilfbrauen wandert über ein Buchsbaum-Boskett, eine Urne, eine alte Kastanie. In der Frühe kräht ein Hahn. Das Bett hat rundherum ein kleines Gitter, damit niemand aus seinen Träumen hinausfallen kann.

Wir aus Riga

Im Gästebuch des *Hotel de Rome* in Riga hat Professor P. aus Freiburg seine frischen Eindrücke aus »der Stadt meiner Väter« hinterlassen: Vor 50 Jahren stand er mit seiner Einheit am Arkadia Park und focht »schwere Kämpfe mit den von Jelgava (Mitau) nachdrängenden russischen Panzern« aus. Nun ist er wieder dagewesen und hat nach neuerlicher Besichtigung des Schauplatzes die Erkenntnis gewonnen, »wie unsinnig Kriege sind!«

Heimwehtouristen nennt man die älteren Herrschaften, die in den seit 1991 unabhängigen Republiken Lettland und Estland weniger eine alte Schuld als das idyllische Land ihrer Väter und der übrigen Verwandtschaft suchen. Wie Frau von S. aus unserer Studienreisegruppe, die mit sieben Jahren »heim ins Reich« geholt wurde, sich aber noch gut erinnern kann, wo sie am Kalpaka Bulvaris mit ihrer Großmama konditorn ging. »Wir aus Riga«, sagt sie zu Anthra, der 33jährigen lettischen Fremdenführerin, die astreines DDR-Deutsch spricht und in ihrem Leben nur einmal in Rostock war – zur Zeit eines Regimes, das beim Stadtrundgang allenfalls noch in sarkastischen Bemerkungen vorkommt. Auf den zweisprachigen Straßenschildern ist die kyrillische Schrift bereits blau übermalt. »Die Anderssprachigen« werden die 68 Prozent Russen, die in Riga leben und zum Teil auch geboren sind, genannt. Die Letten selbst hießen früher »die Undeutschen«, insofern hat der Terminus Tradition.

»Wir aus Riga«, das sind die Nachkommen jener Ritter und Barone, die Lettland und Estland fast 700 Jahre lang wie eine deutsche Kolonie regierten. Ihre Gutsherrenart spiegelt sich heute bisweilen im Auftritt deutscher Geschäftsmänner mit ihren baltischen Joint-venture-Partnern, aber eigentlich sieht man sie nicht ungern zurückkehren. 40 Jahre Sowjetregime brennen frischer als die Prügel der Junker. Und: Die Oberschicht sprach Deutsch. Viele alte Leute tun es immer noch. Auch der gebeugte Mann, dem die Handgelenke weit aus den Jackenärmeln ragen und der durch die Altstadt tigert, um in den Schritt deutscher Reisegruppen einzufallen und höhnisch-laute Worte vom Rand auszustoßen, die den Vortrag über die Anzahl der Orgelpfeifen im Dom St. Marien stören. Er verlebt 15 Lat (45 Mark) Rente im Monat und hat unter keiner Herrschaft etwas zu lachen gefunden. Andere heben für weniger Geld und in kompletter Unkenntnis der Sprache die Schilder einer nationalen Partei hoch, die auf deutsch den Rausschmiß der ehemaligen Okkupanten fordern. Die alten Leute schütteln nur den Kopf, wenn man sie anspricht. Junge Russen machen sich verständlich, indem sie ihnen vor die Füße spucken. In der lettischen Hauptstadt gibt es nicht wenige wie Professor P. und Frau von S., die sich vom Turm der Petrikirche aus suchend umschauen. Dort unten stand doch einmal das Schwarzhäupterhaus, nicht wahr? Dort hinter dieser aufgebahrten grauen Schachtel, die so häßlich ist, daß man erblinden möchte. Was soll das sein? Ein Museum? Und die drei Kolosse davor in realsozialistischer Manier? Das Monument der roten lettischen Schützen. Erbarmen! 1948 rissen die Sowjets das vom Granatbeschuß beschädigte Gildehaus der unverheirateten Kaufmänner, der Schwarzhäupter, ab, eine von ungezählten überflüssigen Rohheiten, und nun fehlt das Geld, um die alte Hanse-Architektur wieder schmuck zu machen.

Wir anderen, die nicht aus Riga sind, haben ganz allgemein Probleme, uns zurechtzufinden. Was soll man von einer Stadt halten, die bei Einbruch der Dunkelheit die Lichter ausschaltet und sich in undurchsichtige Vorgänge hüllt? Nur die Straßenbahnen, vom Staub der letzten 40 Jahre bedeckt, rumpeln funzelig und schwer durch die Straßen. An einer Ecke findet eine stumme Schlägerei statt, bei der einer nicht mehr aufsteht. Zwei Männer warten rauchend neben einem geöffneten Kofferraum. Eine diskrete Nutte verhandelt im Hauseingang – even Lets do it. Wo gestern noch die Banane als westliches Statussymbol herumgetragen wurde, ist es heute das schnurlose Telefon. In neuen Bistros – »hard currency only« – sitzen junge Männer, denen man nicht einmal eine gebrauchte Illustrierte abkaufen würde, und ziehen wichtig an ihren Antennen. Dunkle Geschäfte allenthalben. An den Ausfallstraßen parken Tanklastwagen der Roten Armee, die auf ungeklärte Weise in private Hand übergegangen sind und von denen Benzin eimerweise verkauft wird, während die offiziellen Zapfsäulen trocken liegen.

Doch die meisten schauen durch die Finger. Ihre Armut ist unübersehbar, und die Wege des Gelderwerbs sind bescheiden: 1 x wiegen auf einer alten Badezimmerwaage an der Straßenecke; solche kleinen Münzen gibt es bei uns nicht. Eine erfreuliche Begleiterscheinung ist der Mangel an Hunden in der Öffentlichkeit. Wer braucht sie, wenn er selbst nichts zu essen hat? Vor den gigantischen Rigaer Markthallen, die von den Deutschen als Zeppelinhangars gebaut wurden, stehen Frauen in langen Reihen, halten selbstgestrickte Socken hoch, Gummistiefel, Plastiktüten, eine Angel. Moosbeeren liegen aus, Äpfel, Pilze, Salzgurken im Faß und Gartenblumen. Den angewelkten Astern werden unterm Tisch die Blütenblätter beschnitten, dann können sie sich wieder sehen lassen. Ein Sträußchen fürs Revers: 2 Pfennige. Im *Restaurant Otto* essen wir abends Räucherlachs, ohne nach dem Preis zu fragen.

Daß eine Straße wie die Alberta iela die kulturellen Säuberungen überlebt hat, ist wohl nur der Größe ihrer Häuser zu verdanken. Über den Kronen der Linden ragen die alten Residenzen fünf, sechs Stockwerke auf. Ihre Fassaden sind den kühnsten

Träumen des Architekten Michail Eisenstein, Vater des russischen Regisseurs, entsprungen, ein Medley aus korinthischen und ägyptischen Säulen, barocken Schwüngen, Masken und Medusen, Gefiederten, Stemmenden und Schreitenden, umflattert von den Girlanden des Jugendstils. Hier hat keine Baubehörde Halt oder Hilfe geschrien; hier durfte einer hemmungslos in die Genie-Kiste greifen, und es steht alles noch so, wie vor 90 Jahren. Nun ja, es steht, gerade noch so. Aus dem Löwen über dem First sprießt eine junge Birke, und drinnen sieht es wüst aus: kein Tropfen frische Farbe seit 1941, als die lettischen Großbürger-Familien aus diesen Häusern vertrieben und nach Sibirien deportiert wurden. Ihren Platz nahmen russische Bauern ein. 13 Menschen in einer Sieben-Zimmer-Wohnung, die sich ein Bad und eine Küche teilen, beschreibt die Zeitschrift *The Baltic Outlook* die Situation 1993 in den »verlotterten Palais der alten Elite von Riga«. Im halb zerstörten und schwach beleuchteten Vestibül des Hauses, in das wir ungebeten eintreten, sieht der Fahrstuhl aus, als führen darin Vernehmungsbeamte des KGB auf und nieder. Ein Druck auf den roten Knopf holt die Kabelschlinge, dann das Kabäuschen hinter dem Scherengitter herunter. So, und jetzt? Hinter einer zerrissenen Polstertür im Souterrain tritt plötzlich ein Mann in Uniform hervor, und wir gehen jetzt besser wieder.

Am besten an die frische Luft, nach Jurmula auf der Nehrung zwischen der Rigaer Bucht und dem Fluß Lielupe; 30 Kilometer Sandstrand und ein Meer, das von einer Zellulosefabrik verseucht und für Badende gesperrt ist. Früher haben hier ganze Kombinate Ferien gemacht, sowjetische Kosmonauten und Staatsmänner. Doch vor den Plattenbauten standen die hölzernen Laubsäge-Villen zaristischer Großbürger in den Kiefernwäldern, rosa, grün und zitronengelb, und prägen bis heute das Bild einer Sommerfrische aus dem 19. Jahrhundert. Manche haben sich proper gehalten, aber viele Fenster sind mit Brettern vernagelt, auf der Veranda der Vergnügungsstätte *Lido* wächst das Gras, und vom *Sanatoria Edinburga* blättert die Farbe. Die Zementstufen der Promenade hat die Ostsee schon gefressen. Eine feuchte Melancholie geht über Jurmula nieder und muß mit heißem Kaffee und kaltem Wodka in die Schranken gewiesen werden.

Der Herbst kommt früh ins Baltikum. Schon im September stehen die Ahornbäume in Flammen, und im ungeheizten Ikarus-Bus muß sich der Reisende die Hände in die Jackenärmel schieben. Der estnische Zöllner sammelt die Pässse ein und mustert uns wie einen Haufen russischer Waffenschieber. »Ich muß Ihnen mein Herz ausschütten«, sagt Anthra im Weiterfahren. »Bei Ihnen in der EU fallen die Grenzen, und zwischen den baltischen Staaten bauen wir die Zäune immer höher...«

Estland hat knapp so viele Einwohner wie West-Berlin, und die verteilen sich vorwiegend um Tallinn, Tartu und Kohtla Järve. Das Land ist weit, flach und zählt offenbar mehr nasse braune Kühe als Menschen.

Tartu, das alte Dorpat, stand seit Jahrhunderten im Weg der Eroberer. Deutsche, Schweden und Russen sind wiederholt über die estnische Universitätsstadt hergezogen. Bei dieser Einleitung überrascht es angenehm, zu sehen, wieviel sie nicht ruiniert haben. Pastellfarbene klassizistische Fassaden säumen ein Straßenpflaster von der Beschaffenheit eines zementierten Bachbetts. Die Häuser um den weiten Marktplatz, auf Sumpf gebaut, sind alle gleichermaßen ein wenig eingesunken, bis auf die Apotheke, die sich mit einer Wand auf ein Stück alte Stadtmauer stützt und aussieht, als sei es kein Problem, sie mit einem Brecheisen umzuhebeln. Sechs weiße Säulen stehen der Universität vor, kleine Brücken verbinden Park und Hügel, auf dem die Ruinen eines gotischen Backsteindoms thronen. 5000 Studenten gehen hier offenbar sittlich ihrer Arbeit nach. Nur ein fotokopierter Zettel im Fenster des *Restoranis Volga*, der eher nach Latein-Seminar als nach Sünde klingt, wirbt für »Onu Bella, striptiisitor Donna Anna«.

Kommen wir nach Tallinn. Über das alte Reval war 1980 ein 600-Millionen-Rubel-Regen niedergegangen: Die Segelwettkämpfe der vom Westen boykottierten Olympiade in Moskau wurden in der Nähe der estnischen Hafenstadt ausgetragen. Das Wassersportzentrum verrottet bereits wieder, aber viele Kirchen und Türme tragen seither Dächer und manche Fassade neuen Putz. Doch sonst ist alles beim alten. Nie war genug Geld da, um in dem mittelalterlichen Gefüge abzureißen, aufzubauen und herumzupfuschen. Statt dessen zogen die Sowjets riesige, unerträgliche Trabantenstädte ohne den Hauch einer urbanen Infrastruktur in die Höhe.

Die wollen wir aber nicht besichtigen, sondern den Domberg mit dem barocken Parlament, dessen weiß-rosa Fassade ins Klassizistische hinüberspielt und sich recht anmutig von dem braunen Klotzbau der Alexander-Newskij-Kathedrale gegenüber abhebt, die gotischen Kaufmannshäuser und Speicher, den Totentanz in der Nikolajkirche und die Tortürme der Stadtmauer. »Straße des Hasses« heißt die hohle Gasse zwischen den Mauerringen der Unterstadt und des Dombergs, wo Adel und Klerus verpraßten, was Kaufleute und Handwerker zu ihren Füßen gewannen. Jeden Abend schlug man sich scheppernd die Tore vor der Nase zu, und ein adeliger Üxküll wurde vor diesem Wall gehängt, wo heute ein Straßenmusikant zwei Flöten zugleich bläst.

Unterwegs ziehen graue Feldscheuern auf Bauminseln in wogender gelber Heide vorbei, Schilf und Teich, Holzhäuser in Apfelbaumgärten, Bollerwagen durch Alleen und rotes Weinlaub über Mauern. Frau von S. wird auf wundersame Weise immer baltendeutscher, je weiter wir kommen. Bald übernimmt sie die Verhandlungen mit Socken- und Bernsteinverkäuferinnen. Hier nach Palmse hätte sie gut gepaßt, ein Hofgut aus dem 18. Jahrhundert, Perle und Verwaltungssitz des Naturparks Laheema. Dieser Tisch im blauen Musiksalon? Aus karelischer Kiefer; hat sie sich gleich gedacht. »Karelisch«, das kriegt keiner hin wie sie. Da kann man lange üben. Mit Leinensäckchen über den Schuhen gleiten wir durch das türkische Rauchzimmer und den griechischen Salon, in dem ein Orchestrion – vor 1900 von Meister Zimmermann in St. Petersburg kunstreich gestimmt – plötzlich hochgemut losklötert.

Die Güter Palmse und Sagadi, der Park, die kleinen Dörfer Käsmu und Altja stimmen seit Jahrhunderten mit dem überein, was sie umgibt, und anders als in Riga und Tallinn, wo man aufgewacht ist, wo investiert, restauriert, geweißelt und gedealt wird, scheint der süße Schlaf in Laheema ungestört. Als sei der Zauber von zwölf guten Feen herabgefallen, breitet sich eine stille Schilf- und Kiefernlandschaft bis ans Wasser. Die Ostsee atmet flach um elefantengraue Findlinge; ein Land in Blau und Gold, ein Himmel von Schwalben durchkreuzt, ein sehnsuchtsvoller Augenblick voll Klarheit und Frieden. Bis die 13. Fee in Gestalt des Reiseleiters im stinkenden Ikarus-Bus über den Feldweg geschwankt kommt und Pilzsucher in den Graben scheucht.

Im Dorfkrug von Altja essen wir Kartoffelbrei mit brauner Kruste und weichem Speck, geröstetes Schwarzbrot, Gurken, Tomaten und trinken Milch, die nach Kuh schmeckt. Das Land der Väter erscheint wie das Land einer unvergangenen Kinderzeit. Eigentlich könnte man jetzt ein bißchen flennen.

»Man müßte überhaupt ein Fremder sein«
Kärnten

»Ich habe meine Jugend in Kärnten verbracht, im Süden, an der Grenze, in einem Tal, das zwei Namen hat – einen deutschen und einen slowenischen. Und das Haus, in dem seit Generationen meine Vorfahren wohnten – Österreicher und Windische – trägt heute noch einen fremdklingenden Namen. So ist nahe der Grenze noch einmal die Grenze: die Grenze der Sprache – und ich war hüben und drüben zu Hause, mit den Geschichten von guten und bösen Geistern zweier und dreier Länder; denn über den Bergen, eine Wegstunde weit, liegt schon Italien.«
(Ingeborg Bachmann)

Die Kärntner, so hören wir beim Stadtrundgang durch Klagenfurt zum zweitenmal an diesem Morgen, seien etwas ganz Besonderes. »Leicht faschistoid«, hatte die Fremdenführerin auf dem Neuen Platz gescherzt, wo der heilige Georg die Keule gegen den Lindwurm erhebt. »Voll gesundem Nationalstolz«, sagt nun Stadtrat Dr. Dieter Jandl im Wappensaal. »Wenn wir als Studenten von Wien nach Hause fuhren, sind wir beim Überqueren der Grenze nach Kärnten im Zug alle aufgestanden und haben ein Kärntnerlied gesungen.«

Ein Kärntnerlied, so hören wir, sei etwas ganz Besonderes; schwermütiger, slawischer als das übliche alpenländische Hollodrühü. In Österreichs südlichstem Bundesland fühlt man sich dem Mittelmeer ebenso nahe wie dem Balkan, was aufgeschlossene Gemüter freut und vernagelte ängstigt. »Die Serben waren schon immer die dreckigsten Verbrecher«, sagt ein österreichischer Feriengast beim Frühstück im Hubertusschlößl am Millstätter See. 1989 erhielt die rechte FPÖ in Kärnten doppelt so viele Stimmen wie im übrigen Österreich. Der Landeshauptmann hieß Jörg Haider. Die zweisprachigen Ortsschilder in den österreichisch-slowenischen Gemeinden wurden von besonders treuherzigen Landeskindern abmontiert. Daß sich die »Windischen« 1920 per Volksabstimmung für den Verbleib bei Österreich – und gegen den SHS-Staat der Serben, Kroaten und Slowenen – entschieden hatte, wurde ihnen schon immer schlecht honoriert. Als Österreich 1938 fast einhellig den »Anschluß« an das Dritte Reich guthieß, fügten die Kärntner ihrer Landeshymne eine neue Strophe zu: »O Kärntner Heimat, treues Land, / Du Kind, das heim zur Mutter fand: / Die Fessel sprang – das Eis zerrann, / Der deutsche Frühling brach dir an! / ›Ein Volk, ein Reich, ein Führer!‹ schallt / Das deutsche Glück durch Berg und Wald.« Sie wird heute nicht mehr mitgesungen. Der Landeshauptmann gehört der SPÖ an.

Für Ingeborg Bachmann, die 1926 in Klagenfurt geboren wurde, stand Kärnten für offene Grenzen zwischen Deutsch- und Slowenischsprechenden, ein positiver Ort multikultureller Umtriebe. Nicht sehr viele teilten ihre Meinung. Klagenfurt jubelte, als Adolf Hitler am 5. April 1938 vom Balkon des Hotels *Sandwirt* sprach. »Es hat einen bestimmten Moment gegeben, der hat meine Kindheit zertrümmert«, sagte Ingeborg Bachmann einmal in einem Interview. »Der Einmarsch von Hitlers Truppen in Klagenfurt ... Diese ungeheure Brutalität, die spürbar war, dieses Brüllen, Singen und Marschieren – das Aufkommen meiner ersten Todesangst.« Nach dem Abitur floh sie nach Wien, Paris, London, Berlin, Zürich, schließlich nach Rom.

Ein bißchen italienisches Flair weht in Klagenfurt um den Alten Platz mit seinen marmorgepflasterten Arkadenhöfen. Vor vielen Jahren, als noch Sinn und Geschmack regierten, erzählt die Fremdenführerin, glänzten alle Bürgersteige in weißem Kärntner Marmor. Die Moderne kam in Gestalt der Teermaschine; die edlen Platten flogen auf den Müllhaufen, wo besonnene Bürger sie sicherstellten und ihre eigenen Wege damit belegten. Heute hätte die Stadt ihre Schätze gern zurück, bekommt sie aber verdientermaßen nicht. Der eine oder andere verschont gebliebene wohlgerundete weiße Bordstein erinnert noch an ihre Blödheit.

Auch Oberstudiendirektor Josef Tuppinger, der uns später durch das Mölltal und die Pfarrkirche von Obervellach führt, ist auf gemütliche Art ein stolzer Kärntner. Tolerant sei der Eingeborene, beweglich und freundlich, ein Ausdruck seines romanisch-slawisch-bajuwarischen Seelenmusters. »Was machen drei Kärntner, die sich treffen? Sie gründen einen Gesangverein.« Über das kostbare Altarbild des Jan van Scorel in der Pfarrkirche hat Josef Tuppinger seine eigenen Studien getrieben. Der da, dritter von links hinter dem Jesuskind, das sei der van Scorel selbst, den es vor 500 Jahren in Kärnten festgehalten hatte, wo er die schöne Stifterin Appolonia als Heilige der Zahnmedizin und dazu die »Sippe Christi« malte; ein Wanderer, ein Kunstbote zwischen den Niederlanden und Italien; und Obervellach mittendrin.

Vor den Slawen waren die Kelten im Lande, danach die Römer, die Teurnia in der Nähe von Spittal gründeten, eine Stadt für 40 000 Bürger, Verwaltungszentrum der Donauprovinzen, später Bischofssitz. Ein römischer Mosaikboden und die Fundamente der spätantiken Kirche sind noch da. Um die kleine Georgskirche auf dem Danielsberg, der als ein Klotz im weiten Mölltal ragt, schlagen die Wolkenfetzen wie Rauch. Drinnen sind die Reste eines Herkules-Altars in die Bausubstanz eingegangen. Kultsteine in der Nachbarschaft deuten an, daß vor mehr als 4000 Jahren an dieser Stelle noch anderen Göttern geopfert wurde.

In zentraler Lage, mit schnurgeraden Militärstraßen, Gold- und Kupferadern in den Tauern, gesundem Klima, verlockenden Seen und schöner Aussicht, kreuzten sich im südlichen Österreich die Transitwege vielerlei Volks. Heute sind es vorwiegend Deutsche, die über brachiale Autobahnen einfallen, und die Kärntner haben die Betten für sie gemacht. Sie haben alle Wege beschildert, und wo es absolut nichts mehr zu weisen gibt, steht wenigstens ein holzgeschnitztes »Herzlich willkommen!« Die Landwirtschaft ernährt hier kaum einen mehr, und um eine Bauernstube zu sehen, geht man am besten ins Volkskundemuseum von Schloß Porcia in Spittal. »Eine Okkupation« nennt es Herr Matrei in Ingeborg Bachmanns Erzählung *Drei Wege zum See*. »Die Speisekarten waren voll von irrsinnigen Ausdrücken, die kein Österreicher verstand, für Topfenkuchen habe er ›Käsesahnetorte‹ gelesen, und danach sei er aufgestanden beim ›Ronacher‹ und habe das Lokal nie mehr betreten.«

Für die Fremden haben die Kärntner Campingplätze mit Kabelfernsehen und Wanderwege mit Jausenstationen angelegt. Sie fahren Bauernspeck, Kasnudeln in brauner Butter, frische Renke aus dem See, Most und Zirbenschnaps auf, aber das Beste haben sie gratis und geben es mit großer Geste weiter: so einen Blick wie von der Terrasse des Restaurants *Maria Loretto* über den Wörthersee im Abendlicht, das plissierte Wasser silbrig und taubenblau, die fernen Berge im rosigen Dunst ...

Das *Maria Loretto* ist in jedem Juni die Kantine der Teilnehmer am Ingeborg-Bachmann-Literaturwettbewerb – solange die Essensbons reichen. Es liegt auf einem Zipfel zwischen dem See und dem Lendkanal, der bis ins Zentrum von Klagenfurt reicht. Auf der Treppe hinunter zu den Toiletten hat der Wirt eine Photo-Collage berühmter Gäste gerahmt. Uschi Glas ist dabei,

Lothar Matthäus, Karlheinz Rummenigge, jedoch kein einziger Dichter. Auch in der Stadt legt man offenbar keinen übertriebenen Wert auf Ingeborg, die große, spröde Tochter. »Man müßte überhaupt ein Fremder sein, um einen Ort wie Klagenfurt länger als eine Stunde erträglich zu finden . . .«, schrieb sie an Uwe Johnson. Ihr Geburtshaus im Stadtteil Annabichl zwischen Bahndamm, Maisfeld und Sonnenstudio ist von keiner Plakette gekennzeichnet und heute die Niederlassung eines Likörfabrikanten namens Wunderlich, der eine gleichlautende Leuchtreklame im ersten Stock angebracht hat.

Ein bescheidener Hinweis auf »die bedeutendste österreichische Schriftstellerin der Nachkriegszeit« befindet sich in der Henselstraße 26, einem kleinen Reihenhaus mit grünen Fensterläden in einer stillen Akazienallee, wo sie von 1933 bis 1945 lebte. Von hier aus suchte sie über das Kreuzbergl die *Drei Wege zum See* und scheiterte an der Baustelle der Wörthersee-Autobahn. Herr Matrei pflegte mit seiner Tochter die Wege 1, 7 und 8 zum Strandbad Maria Loretto zu gehen und sie unterwegs zu examinieren. »Beweis einmal, daß du nicht alles vergessen hast. Was ist das für ein Baum, und wie alt ist er? Elisabeth kannte diese Fragen, aber sie wußte immer schlechter die Antworten, die Natur hatte sie schon früher gelangweilt, und sie konnte eben keine Esche erkennen.« Der Weg Nr. 1 ist heute ein Waldlehrpfad und heißt Bachmannweg. Zur besseren Erkenntnis sind Esche, Winterlinde, Graupappel, Weymoutskiefer, Schwarznuß und Weißbirke mit Schildern versehen.

Wir kommen an diesem Vormittag auch nicht bis zum See, sondern nur zehn Minuten weit bis zum *Schweizerhaus*, von dessen Kaffeeterrasse man über die Dächer der Stadt bis zu den Karawanken sieht. Hier reicht man Prosecco mit Holunderblütensaft, und wir bleiben ein Weilchen unter den Sonnenschirmen sitzen und hören Dr. Heimo Strempfl vom Kulturamt zu, der im

Geburtshaus von Robert Musil in der Bahnhofstraße 50 – auch er ein Klagenfurter, den es als Kleinkind schon wieder davonhob – eine Bachmann-Ausstellung ausgerichtet hat. »Sie hat Klagenfurt der Weltliteratur unverrückbar einverleibt«, sagt er, »aber die Stadt hat es ihr nicht gedankt. Hier gilt sie immer noch als Nestbeschmutzerin.« Ihre Familie hat sie 1973 aus Rom überführen und auf dem Friedhof in Annabichl unter einem klobigen, genarbten weißen Marmorstein beisetzen lassen. Sie war 47 Jahr alt geworden. »O Stadt. Stadt. Ligusterstadt, aus der alle Wurzeln hängen ... Du mein Ort, du kein Ort, über Wolken, unter Karst, unter Nacht, über Tag, meine Stadt und mein Fluß. Ich deine Welle, du meine Erdung.«

Fahren wir einen See weiter, zum Millstätter, auch dies ein Ort, der über Grenzen reicht. »Wir sind hier zwar in der Provinz«, sagt Professor Franz Nikolasch vor der Stiftskirche in Millstatt, »aber unsere Kultur ist ganz und gar nicht provinziell.« Aus den wunderbar geschraubten, verhakelten, geflochtenen Steinen des romanischen Portals schauen die Gesichter der Verdammten, in Stein Gebannten und von Dämonen halb Gefressenen heraus – ein Abwehrzauber, früher, als die Magie der Bilder noch geholfen hat; heute nur noch ein ergreifendes Stück Bildhauerkunst.

Der Herr Professor, ein runder, weißhaariger Jesuit mit dem Lächeln eines Weihnachtsmanns und dem Sinn eines Ketzers, hat mit Liebe, Wissenschaft und innovativen Abgreifmethoden – man frage Herrn K., wie ihm der Römerstein auf seinem Hof abhanden gekommen ist – ein Museum im Kreuzgang der Kirche eingerichtet und war 25 Jahre lang die treibende Kraft hinter den internationalen Millstätter Musikwochen, die als eine Reihe von Orgelkonzerten begannen und inzwischen Interpreten mit großen Namen und Honorarvorstellungen unter dem goldenen Barockgefunkel des Hochaltars versammeln.

An diesem Abend soll Professor Nikolasch vor dem Eröff-
nungskonzert mit den Salzburger Philharmonikern unter Yoon
K. Lee und Cyprien Katsaris am Klavier für seine Verdienste mit
der Ehrenbürgerschaft der »Marktgemeinde Millstatt« ausge-
zeichnet werden – eine Überraschung. Doch das Vibrato der
Vorfreude in der Stimme des Vizebürgermeisters verpufft in der
peinigenden Absenz des Geehrten. Kein Professor Nikolasch
kommt aus der Sakristei, um die gerahmte Urkunde in Empfang
zu nehmen. So stark war sein Ärger über die sparsamen Zuwen-
dungen der politischen Prominenz in den ersten Bänken an seine
Musiktage, daß er sie nun ins Leere loben läßt; eine Klemme, aus
der sie erst das Allegro aperto von Mozarts *Lützowkonzert* erlöst.
Und plötzlich sitzt da auch Professor N. mit dem Kinn auf der
Brust kunstversunken im Seitenschiff.

Ein ebenso hochgestimmter, aber weltlicher Ort für den schönen Klang ist Schloß Porcia in Spittal; ragende Renaissance, von
außen eher Trutzburg als Palazzo, die sich im Innern zu einem
dreistöckigen hallenden Arkadenhof öffnet. Hier treffen sich in
jedem Sommer Chöre aus der ganzen Welt zum Wettbewerb. Die
Spittaler sind dabei, lassen die Beine durch die Balustraden baumeln, fächeln mit den Programmheften und wählen am Ende
ihren Lieblingschor. Es ist meist ein anderer als der, den die Jury
bevorzugt, aber weit daneben haben sie in diesem Jahr nicht ge-
tippt: *Psalmos* aus Litauen wird dritter in der Kür, aber nur weil er
in der Pflicht sein Volkslied zu kunstvoll gesungen hatte. Nun
gibt er zwei Stücke von Ligeti, *Nacht* und *Morgen*, wabernd, wal-
lend, jubilierend und schmetternd: »Kikeriki«! Das Publikum
klatscht, wie vom Ersticken erlöst.

Am Sonntag darauf singen die Litauer während der Messe in
der Millstätter Stiftskirche, da capo für Gläubige und Ungläubige. Es ist rappelvoll; der Pfarrer macht es kurz. 16 Stimmen erheben sich wie ein einziger lieblicher polyphoner Klangkörper,

aufgehoben, umarmt von seinem Dirigenten, einem ewig langen, storchenden Menschen; ein kirchenfüllendes Summen und
darüber ein zart bestäubter Sopran: Laudate Dominum. Gottesdienst de luxe an einem ganz besonderen Ort. Alle bösen Geister
im Portal drehen uns den Rücken zu und schauen in den Som-
merregen hinaus.

»Wohlsein!«
Wachau

Eine Weinkur in der Wachau durchzukosten heißt nicht, daß man sich unbegrenzt Grünen Veltliner auf die Lampe gießen darf. Das nicht! Auch bei der Weinkur werden Blutwerte und Körperfett gemessen, Kalorien gezählt, die Arme gestreckt, der Rücken massiert, früh aufgestanden und das Herz auf Trab gebracht. Allerdings wird der Gast bei dieser Kur nicht mit alten Brötchen, kalten Güssen oder lauwarmem Kräutertee erschreckt. Er darf sich glücklich schätzen, frühstücken, mittags ein Häppchen zu sich nehmen und abends viergängig tafeln: Tatar vom Weidelamm mit Paradeiser, klare Rindssuppe mit Gemüseperlen, Filet vom Bachsaibling auf Knoblauchspinat, Topfentörtchen mit Sauerkirschen – und dazu zwei, drei Achtel österreichischen Wein aus dem Kremstal oder der Wachau trinken: stahliger Riesling vom Urgestein, Neuburger, der einen Hauch von frischen Walnüssen ausatmet, oder Gelber Muskateller, der nach Frühling, nach Pfirsichen und blühenden Akazien duftet. Ach, Grüner Veltliner und Gelber Muskateller! Nach jedem Schluck möchte man ein bißchen juchzen.

»Wein«, so schreibt der Arzt Dr. Reinhard Resch, der die Kur begründet hat, »in Maßen und regelmäßig genossen, ist Medizin. Studien belegen die positive Wirksamkeit von 20 bis 30 Gramm Alkohol pro Tag auf Herz, Kreislauf, auf die Durchblutung des Immunsystems, auf Fettstoffwechsel, Infektabwehr, Gedächtnisleistung und vieles mehr.« Schnaps ist weniger gemeint. Wein und Wellness reimen sich.

Beim ersten Abendessen im *Steigenberger Hotel* in Krems leistet mir Dr. Resch Gesellschaft, ein großer Mann mit leiser Stimme, der alle Witze über die Weinkur schon kennt. Im Gegenzug kann er Hunderte von Untersuchungen nennen, die den Wein als lebensverlängerndes Elixier preisen: Schon die Sumerer, Hippokrates und Hildegard von Bingen verschrieben ihn gegen Melancholie, Impotenz und faule Zähne.

Daß der Mensch sich zu seinem Wohlbefinden bewegen und gesund ernähren soll, ist nicht so neu. Daß die meisten Kuren und Diäten schlechte Laune machen, auch nicht. Fehlt die Lebensfreude, wird der Mensch jedoch malade. Deshalb: täglich Wein! In Achteln, nicht in Litern. Gut für Körper, Geist und Seele.

»Zum Wohl!« sagt Dr. Resch und versenkt seine Nase im Glas mit dem Grünen Veltliner, Beerenauslese 1995: »Und das soll keine Medizin sein?!« Nach zehn Tagen in Dr. Reschs Kelter, dem Therapie-Zentrum im 3. Stock des Hotels, werde ich, so ist's versprochen, dem Leben spritzig, kraftvoll, harmonisch und reintönig zurückgeschenkt. Und sogar ein bißchen leichter.

Doch zuerst werde ich vermessen. Magister Vjeko Medjugorac, ein Sportwissenschaftler von ansprechenden Ausmaßen, markiert Wirbelsäule und Schultern mit weißen Klebepunkten. Dann muß sich die Probandin beugen und biegen. Dabei wird sie gefilmt. So sieht sie sich nicht gerne wieder. Das bin ich von hinten? Unvorstellbar! Auf dem Wertungsbogen stehen schlimme Worte wie Lendenwulst, Brustkyphose, Hohlkreuz, O-Beine, Plattfuß, Schiefhals. Nicht alles trifft zu, aber allein die Auswahl ist niederschmetternd. Dann Belastungsergometrie: Verkabelt und auf einer Tretmaschine radele ich mit dem und gegen den Computer. Dabei muß ich mir erfreulicherweise nicht auch noch zuschauen.

Am nächsten Morgen steht ausgedruckt, was ich an Training

für Kreuz und Herz zu praktizieren habe. Doch zuerst: »Fit in den Tag«, raus aus dem Hotel und auf die Wiese zwischen den Weinbergen: hüpfen, recken, strecken, drehen, traben, Balance halten! »Mal sehen, wer wen mit einer Hand umdrücken kann...« Magister M. ist die doppelte Portion von mir und war Judomeister. Er gewinnt.

Bisher war ich nüchtern. Das ändert sich am Nachmittag, denn zur Weinkur gehört, daß der Gast über Pflanzung, Pflege, Ausbau und Genuß seiner Medizin Bescheid weiß. Mit Winzer Ilkerl gehe ich in den Weingärten spazieren – warme, graue Steinterrassen, manche nur so groß wie zwei Badetücher. Junge Reiser und wie Geweihe verzweigte alte Knorzen stehen in akkuraten Zeilen am Draht; in den Zwickeln, die die Sonne nicht voll erwischt, wachsen Mandelbäume und Aprikosen – bitte gern: Marillen! Die Kornelkirschen blühen schon gelb. Es ist eine alte Kulturlandschaft von strenger Ästhetik und Nutzbarkeit. Wo der Fasan so plötzlich herkommt? Keine Deckung, nirgends.

Der Kurgast besichtigt Holz- und Edelstahlfässer in Kellergewölben, die mit zartem, feuchtem Pilz wie mit eitel Maulwurfsfell ausgeschlagen sind, lernt, was es mit dem richtigen Schnitt auf sich hat, und er degustiert. Am Abend hat er einen Rausch schon vor dem Essen.

»Weinprofessor« und -autor Bernulf Bruckner zeigt ihm im Seminar »Wein genießen heißt, sich selbst zu entdecken«, wie es richtig geht. Der fachmännische Verkoster schwenkt das Glas erst einmal, um die Schlieren – »Kirchenfenster« – zu begutachten und dem Wein Sauerstoff zuzuführen, denn der sorgt für das Aufblühen des Buketts. Das wird mit geschlossenen Augen erschnüffelt. Nun der erste Schluck über die Zunge, Kinn etwas gebeugt, Luft über den Schluck streichen lassen. Unfeine Geräusche. Der Rest wird nicht getrunken, sondern weggekippt. Zu spät: Der 98er Riesling Kabinett ist mir bereits runtergerutscht.

»Wein weckt die Sensibilität«, doziert Herr Bruckner. Er ist, wenn schon nicht Medizin, so doch »ein Hilfsheilmittel«. Denn: »Gewisse Dinge, die sich versteift haben, werden wieder lockerer.« Allerdings gelte dies nicht für armselige, inferiore Weinchen oder laute, plumpe, aufdringliche, pappige Gesöffe, sondern für rauschhafte Produkte, bei denen sich das richtige »Terroir« aus Boden und Klima mit der Kunst der »Vinifikation«, der Arbeit des Winzers und Kellermeisters, vermähle: Weine, die man kniend und entblößten Hauptes trinke. Heile mich! Beglücke mich!

Also, nicht vergessen: Immer vorher prüfen, lüften, schütteln, kreisen lassen! Am Ende schwenke ich sogar das Glas Mineralwasser im Speisewagen des Eurocity Franz Liszt. So macht's der Kenner.

Vom Hotelbalkon geht der Blick über die Weinberge, die alten, vieltürmigen Städte Krems und Stein, hinunter zur Donau, zwei Brücken, ein kleines Kraftwerk im blauen Dunst, und auf der Hügelkette gegenüber Stift Göttweig, ein Pracht- und Festungsbau der Habsburger, der vor 250 Jahren aus Kriegsgründen und Geldmangel in seiner Barockisierung steckengeblieben ist. Dr. Englisch, Leiter des Kulturamts, führt uns durch die Kirche und ist sehr entschieden in seiner Ablehnung: gräuslich! tiefste Provinz! Die goldenen Büsten eine Zumutung, der Marmor angepinseltes Mauerwerk! Und dort das Stifterbild! Recht betrachtet, würde man von dem Mann kein gebrauchtes Pferdefuhrwerk kaufen, geschweige denn eine Kirche entgegennehmen. Das Göttweiger Spätbarock ist, wenn man Dr. Englischs Augen trauen darf, Plunder.

Auch Stift Dürnstein, mit einem Donauknie vor der Haustür und aufragenden Felsen im Rücken bezaubernd gelegen, schneidet nur unwesentlich besser ab. Ein fast intimes barockes Viereck um einen Innenhof und mit einem blauen Turm hat wie eine

Glucke eine Schar kleiner Renaissance-Häuser um sich gezogen. Zu ihren Häupten thront die Ruine von Burg Dürnstein. Richard Löwenherz hat dort eingesessen. Der Wachauer Wein wird ihm die Laune schon gehoben haben.

Doch nun zur Kirche: zu viele Putten – gut, der Stuck, genehmigt – ausnahmsweise! Und wunderschön der naive Soffitten-Altar im Kreuzgang, der gar nicht erst tut, als sei er aus Marmor und Gold, sondern einfach ein frommes Guckkasten-Spektakel. Es wird von Kugellampen erleuchtet, mit buntem Wasser gefüllte Glasballons, blutrot, himmelblau, quittengelb, und zwischen den Sperrholz-Kulissen steht die Muttergottes mit einem Loch im Gewand, wo das Herz hingehört. Christus liegt unter der Bühne, quasi im Orchestergraben.

Probst Hieronymus Übelbacher hingegen ist ein Mann nach dem Geschmack von Dr. Englisch. Zu Beginn des 18. Jahrhunderts hatte er in dem kleinen Dürnstein drei Kirchen zu unterhalten. Er ließ eine ganze sowie ein halbes gotisches Clarissenkloster abtragen und sich daraus von einem Spitzenarchitekten ein »Degustationsschlösserl« in den Weingärten vor der Stadt mit Blick auf die Donau bauen. Dort steht es noch immer, ein behäbiges, heiteres, gelbes Barockhaus mit roten Spirallocken im Giebel, und präsidiert unter anderem über die Lage »Küß den Pfennig«. Probst Übelbacher, der in seinem Leben eine Menge Wein verkostet haben dürfte, hinterließ der Nachwelt ein Gedicht des Inhalts, daß sie auch noch nach vielen Jahren etwas Trinkbares aus seinen Knochen zu destillieren vermöge.

Wein also von innen und außen. Um gewisse Dinge, die sich versteift haben, wieder zu lockern, werden meine »Problemzonen« mit einer Weinkurpackung eingehüllt, einer Paste aus Trester, Urgesteinsmehl, Traubenkern- und Mandelöl. Danach, in Papier gepackt, versinke ich für eine halbe Stunde in einer blubbernden, warmen Wasserbettgruft, ein Vorgang, bei dem mir am hellichten Tag die Augen zufallen. Zweimal in der Woche salbt mich die Kosmetikerin mit einer Traubenkern-Mandelöl-Vitaminmaske; ich werde massiert, radle, turne, entspanne, schwimme, wandere, schaue mir die Stadt Krems an, ihr buckeliges Pflaster, ihre wie Bäuche vorgewölbten mittelalterlichen Hausmauern, widerstehe dem Marillenkuchen und der Schokoladentorte.

Es ist Vorsaison; ich bin der einzige Weinkurgast. Alle anderen tagen und konferieren. Panflöte erklingt im Restaurant und im Schönheitssalon, killing me softly. Da ist viel Zeit, im weißen Bademantel am Innenpool zu liegen und durch das Glasdach in den Himmel oder auf den schwarzen Kreuzstich der Weinstöcke zu schauen. Lautlos runzelt sich Wasser über blauen Mosaiksteinen. Auf der Donau schwimmt alle halbe Stunde ein Kahn vorbei. Zeit zum Abendessen? Die Kerze brennt; wie eine Bischofsmütze ist die vanillefarbene Serviette gefaltet. Zwei feinstielige Gläser. »Darf ich das Supperl schon bringen?«

Fahren wir mal auf die andere Seite der Donau, nach Mautern, zum Nikolaihof der Winzersfamilie Saahs, dem ältesten Weingut Österreichs! Sein Keller ist römisch; sein Flaschenlager romanisch, das Weinstubengewölbe – »na, nicht so alt. Mittelalter«, sagt Christine Saahs, eine heitere, schmale Dame, die sich manchmal und nur im Scherz wünscht, eine etwas weniger aufwendige Immobilie zu bewohnen. Der Nikolaihof verpflichtet. Ums Hofgeviert liegen die gotische Kapelle des Heiligen Agapius, in der die Familie Saahs lebt, Teile aus dem 15. Jahrhundert und der »neue« Barockflügel. Auch die Linde im Hof ist ein junges Ding, 92 Jahre alt. Sie wird, wie der Wein, der auf alten Stöcken wächst, nach biologisch dynamischen Grundsätzen gepflegt.

In der Weinstube kocht Frau Saahs selbst bodenständig und mit Produkten aus biologischer Landwirtschaft: Waldviertler

Weidegansl mit Knödel, Linsen, Rotkraut und warmem Kraut-salat. In den Barockzimmern wird herrschaftlich geschmaust und verkostet. Das japanische Kaiserpaar hat zur Erinnerung eine blaue Porzellandose dagelassen.

Die Glocke im Kapellenturm schlägt vier. Zum 98er Grünen Veltliner Smaragd, der gotische Kirchenfenster ins Glas malt, spricht der Gast: Feines Weinchen! Zur Linde: Allerschönste! Vielleicht sind es die guten Schwingungen, der Charme und die Würde des Ortes; vielleicht ist er auch schon ein bißchen be-trunken. Doch da ist er nicht allein. Über den 97er Veltliner vom Nikolaihof schreibt der kanadische »Wine & Spirits Annual Buying Guide«: »The length of flavour is joyous, captivating as a sweet lieder sung in an Alpine meadow.«

Nach einer Woche werde ich wieder vermessen und getestet. Herr Medjugorac schnallt mir einen Gummistraps mit Detektoren um die Brust, verstöpselt mich mit seinem Computer, und während ich losradele, legt er langsam Steigung in Watt zu. Jetzt darf ich ihm keine Schande machen! Zwischendurch wird der Blutdruck gemessen. »Gut, gut – noch eine Minute, noch 40 Sekunden, noch zehn ...!« Magister M. stellt sich an, als müßte ich über die Pyrenäen stampfen. Jetzt bin ich oben! Und das Ergebnis? Fällt natürlich unter das Arztgeheimnis. Nur soviel: ein Pfund weniger und »pumperlg'sund«.

Karlsbader Kulissenzauber

Auf einer kolorierten Postkarte aus den zwanziger Jahren – »Gruß aus Karlsbad« – sind zwischen den Säulen der Mühlbrunnkolonnade und dem Ufer der Tepla, Hut an Hut, die Kurgäste als geschlossene Menschendecke eingeklemmt; darüber die Schrift: »Wo bin ich?« Inzwischen hat sich das Gedränge gelichtet; keiner trägt mehr einen Hut. »Wo bin ich?« fragt sich der Gast nicht eingekeilt in der Menge, sondern angesichts eines Stücks, das im tschechischen Karlsbad – korrekt: Karlovy Vary – wie in den meisten europäischen Bädern gegeben wird, aus denen 1914 die Originalbesetzung verschwunden ist. Allerdings stehen im Tepla-Tal noch die Kulissen.

Das Theater mit den Malereien von Gustav Klimt ist restauriert und glänzt wie eine vergoldete Zitronentorte. Die hölzerne weiße Marktkolonnade im Zuckerbäckerstil ist frisch überholt. Andere Sahnestückchen sehen aus wie neu; hohe Stuckfassaden strahlen in Flieder, Himbeer und Mint. Aber das Kaiserbad ist geschlossen; die Schloßbrunnquelle versickert im Schutt; im Kurhaus Ahlan hängen noch die Gardinen, aber niemand wohnt darin, der die Fenster schließen würde. Aus der Ferne betrachtet, sind die Relikte, um die sich keiner mehr kümmert, von mächtigem Zauber. Als verschimmelte graue und senfgelbe Erscheinungen, denen Büsche wie Haare aus dem Dach wachsen, thronen sie still über dem Tal. Am Abend füllen die Mauersegler den Himmel mit ihren Schnittmustern. Ein Bühnenbild.

Karlsbad muß umwerfend gewesen sein, theatralisch, mondän, nobel, fast einschüchternd. Kurgast Goethe, der dreizehnmal kam, hat es noch dreistöckig und spitzgiebelig gekannt. Er logierte bei Frau Luzia Heilingötter im Haus *Drei Mohren.* Das Grandhotel *Pupp* hieß noch *Böhmischer Saal.* Man ging dort in Gesellschaft. Die Hügel zu beiden Seiten der Tepla waren ganz grün. Die 72 Grad heiße Sprudel-Fontäne spie und dampfte zwölf Meter hoch unter einem Pavillon im Freien. Was fehlte Goethe? Man weiß es nicht genau. Wahrscheinlich lustige Gesellschaft. Was tat er hier? Was alle tun. Er trank von diversen Brunnen (mittelmineralisiertes Naturwasser des Typs Hydrogenkarbonat-Sulfat-Natrium mit einem erhöhten Inhalt von Fluoriden und Silikonsäuren), promenierte, äugelte nach den Damen und traf die Leute, auf die er es oder die es auf ihn abgesehen hatten: die Kaiserin Maria Ludovika, Ludwig van Beethoven und Frau von Stein. Nachdem die junge Ulrike von Levetzow dem alten Herrn einen Korb gegeben hatte, blieb er den böhmischen Bädern fern.

Kaum war er weg, erfaßte die Karlsbader eine gewaltige Bauwut. Die Gelangweilten und die Kranken hatten sie reich und übermütig gemacht. Nun legten sie los: Villen mit Rapunzeltürmen, die wie Klippen aus dem Grün der Abhänge ragten; Stadthäuser, deren Vorsprünge von steinernen Athleten gestemmt wurden und über deren Fenstern blau, gold und grün das schläfrige Nixenlächeln Wiener Sezessionsköpfe spielte. Die Post sah aus wie ein Palais; die Sparkasse wie ein Opernhaus, das Kaiserbad wie ein Kaiserbad. Den Sprudel umschloß eine Kathedrale aus Glas und Gußeisen. Die Gäste strömten, Engländer und Russen, Preußen und Franzosen, Juden, Österreicher, Ungarn, Inder und Amerikaner, Majestäten und Millionäre, Künstler und Kurschatten. Chopin, Brahms, Fontane und Turgenjew kamen der Gesundheit, Fürst Metternich und Wilhelm I. der Politik wegen, Dvořák, um das Kurorchester zu dirigieren. Smetana kam nicht, bekam aber trotzdem ein Denkmal gesetzt. Ein neues Viertel hieß Westend, seine Häuser *Villa Liberty, Ontario, Hotel Bristol* und *Olympic Palace.* Unter dem Giebel des letzteren streckte eine

Miniaturausgabe der New Yorker Freiheitsstatue ihre Fackel über die Straße. Das war vor dem Ersten Weltkrieg.

Über die Jahre zwischen 1914 und 1989 herrscht in Karlsbad ein mittlerer Informationsnotstand. Im Museum sind neben Monumentalgemälden berühmter Gäste und einer Fülle von böhmischem Kristall fünf Fotos aus der Nazizeit zu sehen, darunter Hitler, der vom Balkon des Theaters zu einer offenbar entfesselten Menge spricht. Die Abteilung, die einmal dem Kurgast Karl Marx gewidmet war, ist gestrichen. Im 1. Stock des Museums am Marktplatz hängen statt dessen Genrebilder des späten 19. Jahrhunderts: »Die Welt der Kolonnaden«. War es so? So charmant? So makellos? Damen in Schleppkleidern mit Hüten, Handschuhen und Parasols, Herren mit Zylinder, Astrachan, Tschako, Fez und Turban. Alle friedlich um den dampfenden Gesundbrunnen versammelt, aus dem Kur-Assistentinnen in weißen Mützen, Pelerinen und Schürzen das Wasser mit Bechern an langen Stangen schöpften. Alle vereint in Gicht, Fettsucht, Diabetes und nervösen Beschwerden. Alle demütig wandelnd und Tassen vor sich hertragend, durch deren Henkel man das warme Wasser wie durch einen Rüssel saugt. »Mit seinen Bildern erfaßte der Maler Karlsbad als wirksame Theaterszene«, heißt es dazu. »Ihr wichtigster Akteur war selbstverständlich der Kurgast. Bewundernswert belebte er die Kulissen der Stadt.«

In der Nazizeit wurde die Sprudelkolonnade abgerissen. Unter Glas liegt eine Zeitschrift von 1941 aufgeschlagen: »Vergangene Epochen haben in Karlsbad gebaut, so gut sie es eben konnten und verstanden. Daß ihr Erbe uns in einer Zeit des geistigen und wirtschaftlichen Umbruches in keiner Weise mehr genügt, ist eine Selbstverständlichkeit. Darum war man auch sofort nach unserer Eingliederung in das Reich bestrebt, den neuen Verhältnissen gerecht zu werden. Dem Falle der alten gußeisernen Sprudelhalle sollte ein würdiger Neubau folgen.«

Ich habe mich in zwei Museen, drei Reiseführern und mehreren Bildbänden umgesehen; nirgendwo habe ich diesen würdigen Neubau gefunden. Nur an Ort und Stelle nichtswürdige vollendete Tatsachen aus dem Jahr 1975: eine Art Busbahnhof, der wie ein Faustschlag zwischen Gründerzeitfassaden und die Barockkirche Maria Magdalena gepflanzt wurde. Für den aufschießenden Sprudel errichtete der Architekt ein gläsernes Tipi auf dem Flachdach. Wie ein Mensch so etwas bauen und danach weiter ruhig schlafen kann, ist eins der beiden ungelösten Rätsel von Karlsbad. Das zweite ist das *Hotel Thermal.*

In einer Stadt, in der Profanbauten einmal wie Schlösser geschmückt wurden, sieht das größte Kurhotel am Platze (533 Betten, ein Festival-Kino, Kongreß-Halle, Konferenz-Zentrum, 2000 Restaurant-Plätze) wie ein Teil der Maginot-Linie aus, ein gewaltiger Betonriegel mit zwei Geschütztürmen und darüber 16 Stockwerke aus braunem Rauchglas. Auch um dieses Objekt wird gerne drum herum fotografiert, aber es ist da und macht beim Anblick sehr schlechte Laune. Was gab es vorher hier am Rand des Kurviertels zu sehen? »Zahlreiche ältere Häuser und auch eine Schule«, meldet knapp der Reiseführer.

Ich weiß, es klingt wie eine Erfindung, aber ich schwöre, daß ich diesem Mann begegnet bin, als ich durchs Westend ging, um die goldenen Zwiebel-Kuppeln der russischen Kirche und die geborstenen Freitreppen in den zugewucherten Gärten der alten Villen zu fotografieren. Er schob einen zweirädrigen Karren mit einem Stapel Gardinen vor sich her und sagte: »Scheen, ja?«, als er mich durch einen Staketenzaun linsen sah. Er hieß Vladimir M. und war Hausmeister an einer Schule. Wir sprachen über zusammenbrechende Häuser, das fehlende Geld und den bösen Geschmack eines unlängst verschwundenen Systems. Er holte ein kleines Fotoalbum aus seinem Umhängebeutel, blätterte Schnappschüsse von seiner Enkelin auf einem Rodelschlitten durch und zog dann ein Klassenfoto aus dem Jahr 1959 raus. Es war dort aufgenommen, wo heute das *Hotel Thermal* steht, und zeigte hinter vier Reihen Schülern eine dreistöckige klassizistische weiße Fassade. Schön, ja!

Der Karlsbader Sprudel dringt nachweislich seit der Entdeckung durch Karl IV. auf der Jagd, vermutlich aber schon etwas länger, aus dem Flußbett der Tepla. Gebadet wird seit 1350, und da man glaubte, das Wasser schwemme schädliche Säfte aus dem Körper, hockten die Patienten zehn Stunden und länger in der Wanne, bis die Haut aufplatzte. Auch die Trinkkur wurde nach dem System »viel hilft viel« verabreicht. Man nannte sie die pyramidale, da sich der Gast zu ihren Spitzenzeiten bis zu 70 Becher Sprudel pro Tag eintrichtern mußte. Schiller, der weniger fit als Goethe war, kurte nur einmal in Karlsbad, überlebte die Prozedur jedoch um 14 Jahre.

Heute kommt der Gast mit weniger davon. Der russischen Dame, die mit ihrem Mops Luca morgens für interessante Vorgänge im Frühstückssaal der Pension sorgt (Luca bekommt ein Schüsselchen Porridge und ein weichgekochtes Ei auf dem Boden serviert), sind je zwei Becher aus verschiedenen Quellen eine halbe Stunde vor den Mahlzeiten auferlegt, und da die zwölf Brünnlein, die alle Adern des großen Sprudels sind, an verschiedenen Stellen des Tals gefaßt sind, bedeutet das für beide einen schönen langen Spaziergang.

Dieses unablässige Hin und Her ist Teil der Kur-Strategie, und da es nur zwei Promenaden entlang des Flusses gibt, kennt man schon am dritten Tag die meisten Speisekarten, alle Auslagen mit Glastierchen und Granatschmuck sowie einen Teil der Gesichter: die Araberinnen, die in schwarzen Familienzelten einherwallen, die orthodoxen Juden mit dem Kinderwagen, die üppige Frau in Goldsandaletten und weißen Stretchhosen, die keine Unterwäsche trägt, und all die vielen Leute, die ausschließlich in Unterwäsche und Schlappen spazierengehen. Welches Stück wird hier gespielt?

Karlovy Vary knüpfe an die ruhmreiche Tradition des mondänen Karlsbad an, heißt es in den offiziellen Broschüren, aber so, wie manche Fälle von Fettleibigkeit chancenlos erscheinen, ist auch die Restaurierung der Tradition ein aussichtsloses Projekt. Wie denn auch anders? Die große Welt reist nicht mehr ins Bad, dafür alle Welt ans Mittelmeer. Nach Karlovy Vary mit seinem Spitzen-Sprudel und dem Angebot moderner balneologischer Therapien fährt man des Übergewichts und der müden Knochen wegen. Es tut gut, trinkend zu wandeln, sein Becherchen hier und da zu füllen. Es ist von hohem Unterhaltungswert, dabei von einem Mormonenchor aus Salt Lake City statt von einem Streichquartett und – etwa – dem Carlsbader Sprudelgalopp oder einer kleinen Frühlingsweise begleitet zu werden. Es planscht sich himmlisch im weichen, warmen Thermalwasser. Es ist gesund und programmfüllend, von der Schlammpackung zur Unterwassermassage, von dort zur Elektrotherapie, zum Rusalka-Brunnen und dann zum Abendessen zu gehen, wenn man das braucht. Aber mondän ist es nicht.

»... mitten im Garten beinahe zärtlich«
Wallis

Sie kommen! Zuerst die Königin, Macarena, dann Bijou, Panthère und Fortune, zum Schluß Tessa, immer noch zehnte und mit Schweizer Fähnchen, bunten Bändern, Plastikrosen und Lärchenzweigen in der Krone, ehe mit Abstand die übrige Herde ungeschmückt die Gasse von Vercorin im Val d'Anniviers herauftrottet: schwarze Ehringer Kühe, mächtige, walzenförmige Leiber auf kurzen Beinen, schwere Schädel mit dicken Hörnern und gelockten Stirnen, eimergroße, hämmernde Glocken am Hals, rollende Augen, tropfender Speichel. Eine Ehringer ist keine dumme Muhkuh, sondern eine Kämpferin. Überall im Wallis werden sie im Spätsommer von den Almen herabgetrieben, und diejenige, die im Frühjahr beim Auftrieb alle anderen aus dem Feld geschoben und gejagt und auf dem Berg ihren Platz behauptet hat, ist Königin. In der römischen Arena von Martigny kämpft sie im Herbst gegen die Besten aus den anderen Tälern. Aber heute, in Vercorin, geht Macarena an der Spitze, mit schwingendem Schädel. Platz da!

Bürger, Bauern und Touristen haben sich zum Empfang mit Fendant, Schinken und Raclette, Pellkartoffeln und Gurken gestärkt. Ein richtiger Walliser soll 30 und mehr Portionen geschmolzenen Käse verdrücken können, und wer da mit den Kühen durchs Dorf stiefelt, sieht auch ganz danach aus, braun und bärtig, mit Stock und Hut und Handy. Die Sonne scheint auf die Schindeldächer; der Brunnen rauscht, die Geranien quellen von den Balkonen. Hinter den Kühen kommen die Geißen und dann die Kinder im Kostüm, die einen Leiterwagen ziehen, auf dem ein großes weißbemehltes Brot von Blumenkohl, Äpfeln, Mais, Weintrauben und Fähnchen bekränzt liegt. Die kleinen Jungen tragen Hosen aus Kartoffelsäcken, die Mädchen Umschlagtücher und Omahüte.

Es ist ein goldiges Zitat auf die harte, alte Zeit, als die Leute aus Vercorin, wie alle aus dem Val d'Anniviers, mit den Jahreszeiten vom Dorf in die Stadt zogen, mit Kind und Kegel, Hühnern und Kühen, Pastor und Lehrer, Herd und Plumeau, wieder zurück ins Tal und hinauf in die Maiensässe. In Sierre steht ganz versteckt noch eins dieser Nomadenhäuser aus dunkelbraunem Holz mit karierten Vorhängen und einem Türstock, unter dem sich selbst kleine Leute bücken müssen. Régis Crettaz, ein schmaler Mann mit Indianergesicht, runzlig wie ein Winterapfel, hat es als ein »maison de souvenir« eingerichtet. Der älteste Teil ist von 1726. Sein Familie zog noch bis in die 50er Jahre von Vissoie nach Sierre. Hier lebte sie mehr auf- als nebeneinander: das Kinderbett tags wie eine Lade unters Elternbett geschoben, der schwere Wollanzug am Nagel in der Wand, Jesusbild, Öllicht, Emaillekaffeekanne, Tisch, Truhe und Schrank, der Herd in einer von speckigem Ruß glitzernden Nische; und da: ein weißes Ei! Vor sieben Jahren hat Monsieur Crettaz es auf dem Küchenbord gefunden. Und nun fällt es ihm aus der Hand, weil er so gestenreich von den beiden alten Schwestern erzählt, die hier gelebt und gekocht und gesüffelt und dieses Ei wohl beim Aufschlagen der Zabaione vergessen hatten. Nun ist es hin, ganz trocken und krümelig. »Eierschicksal«, sagt Monsieur Crettaz ein bißchen traurig. Dann öffnet er im Keller, wo sich früher die Männer des Hauses zum Plausch getroffen haben, die Fendant-Flasche.

Wein gehört im Wallis dazu, wenn man sich um den Tisch setzt. Es gibt so viele Lagen, so viele Sorten, die man noch nie gekostet hat – Petite Arvine, der Festliche, Humagne Blanche, der früher die Wöchnerinnen wieder auf die Beine brachte, Cornalin mit violetten Funken, Œil de Perdrix, das schillernde Rebhuhnauge – daß man von Weinprobe zu Weinprobe schwanken möchte. Das Wallis hat die meisten Sonnenstunden, die meisten und höchsten Weingärten der Schweiz, ein Klima, in dem Kiwiranken am Spalier um die Bushaltestelle und große Khakibäume hinter dem Rathaus von Sierre Früchte tragen. Und es verfügt, sieht man einmal von den Geschmacksverirrungen der Neuzeit ab, über eine üppige Restsüße schöner Anblicke: die grüne, junge Rhône, Kaffeehausstühle unter Platanen, romanische Gewölbe, Renaissancetüren, Barockdächer und, unbeeindruckt wie üblich, die Berge, rundlich und begrünt in der Nähe, zackig und weiß, entrückt am Horizont.

»Das Wallis überwiegt in meinen Wünschen auf jede Weise. Wie, w i e redet und wirkt und handelt diese Landschaft zu mir ... Sie ist herrlich hart und groß, und in der Gegend unseres Schlößchens, wo es nicht nur Wein gibt, sondern auch Wiesen, Getreide, Obstbäume, – mitten im Garten beinahe zärtlich«, schrieb Rilke im Juli 1921 aus Muzot, einem steingrauen Wehrturm aus dem 13. Jahrhundert in den Hügeln über Sierre. Die Stadt richtet ihm, der in Raron, hoch über dem Rhônetal, begraben ist, jährlich ein Festival aus, aber der Tour de Muzot ist streng »privé« mit dem Schild einer Wach- und Schließgesellschaft am Tor. Was sähe der Dichter heute vom Turm aus? Noch immer Weinstöcke und Birnbäume, dazu eine Reihe Pappeln, eine Tankstelle und einen Eichelhäher, der sich in den Rebnetzen zu Tode gezappelt hat.

In Sion sieht es aus, als sei das Tal um zwei schroffe Hügel herum ausgekratzt und weggeschwemmt worden. Unten breitet sich die Stadt aus, oben thronen die Ruine Tourbillon und gegenüber Burg und Basilika Valeria. An der Westwand der Kirche hängt »ein interessantes Fäßlein«, die rund 600 Jahre alte Orgel. Maurice Wenger, der weißhaarige Herr, der sie liebt und hütet und spielt, hat um das kostbare Instrument herum ein internationales Festival alter Musik gegründet. »Für Bachs Tongebirge ist sie zu klein«, aber es gäbe eine Fülle von Werken, die wie für sie geschaffen seien.

Wie die Weine mit den geheimnisvollen Namen, die man noch nicht probiert, spielt Herr Wenger Musik, die man noch nie gehört, – Frescobaldi, Hassler, Santa Maria – mit vergleichbarer Wirkung. Es wird einem so herrlich und zärtlich, so verzeihend und beharrend zumute. Eigentlich könnte man noch eine Weile hierbleiben, nachdem der letzte Ton verzittert ist, Wein trinken, Käse essen und sich die Sonne auf den Rücken scheinen lassen.

Siehst du den Mond über Murzuq?

Der Oberst trägt über der Sonnenbrille einen weißen Helm, der wie ein hartgekochtes halbes Ei aussieht; sein schmallippiges Lächeln verrät auch dem der arabischen Schrift Unkundigen, wer hier der Chef über Öl und Wasser, Mähdrescher und Schiffe, Panzer und Kamele ist. Hinter der libyschen Grenze und überall in den bewohnten Teilen seines großen Landes ist Oberst Ghaddafi als Pop-Ikone gegenwärtig, mal schneidig mit Offiziersmütze und geblecktem Raubtiergebiß, mal zu Ernst und Rundlichkeit gealtert als Betender in der Wüste. Libyen hat wunderbar erhaltene antike Stätten an der Küste und mit die edelsten Teile der Sahara, aber es kommen nur etwa zehntausend Besucher im Jahr. Am Oberst soll es nicht liegen. Er hat die Grenzen vor sieben Jahren geöffnet, doch leider hat er keine gute Presse. Soll man's bedauern?

Libyen ist bisher von den Furchen verschont geblieben, die der Tourismus durch den Maghreb gepflügt hat: keine Bonbons und Stylos für die Kinder, kein Ärmelzupfen, keine Anmache, kein Bakschisch für jeden Fingerzeig. Der Sozialismus wirkt sich nicht unbedingt verschönernd aus; die orientalische Höflichkeit macht ihn wieder wett. Allerdings sind die Preise gesalzen, und nach frischem Obst kann man lange lechzen.

Die meisten Touristen rollen, von Tunesien kommend, auf glatter Straße schnurstracks nach Süden, entlang der algerischen Grenze. Wer großes Wüstentheater sehen will, hat einen weiten Weg vor sich: Ghadames 800 Kilometer, Ghat weitere 700, dann erst das Akakus-Gebirge, der Erg von Murzuq, das Wadi Mathandus.

Das von gelben Bogenlampen beleuchtete Asphaltband biegt nach rechts, berührt den Stadtrand und schwingt sich in einer Schleife wieder in die Wüste hinein. Ghadames bei Nacht sieht aus, als sei eine Neutronenbombe über der Stadt explodiert. Alles steht, sogar das Licht brennt noch, aber nichts rührt sich. Der heiße Wind treibt Staub und Plastiktüten zwischen den Häusern herum. Aus einem dürren Rondell ragt eine geknickte Laterne. Das *Hotel Karawane* verspricht den Reisenden Zimmer mit fl. Wasser, aber wie das so geht, wenn zu viele auf einmal dasselbe wollen: dröppel, dröppel ... dröp ... dröp ... das war's. Erste Gelegenheit, ein Requisit auszupacken, das bei geringen Ressourcen und fehlendem Stöpsel größtmögliche Erfrischung schenkt. Seit mir in einer anderen Wüste einmal das Wasser durch die Finger gelaufen ist, reise ich nicht mehr ohne meine Faltschüssel aus gewachstem Tuch.

Die tausendjährige Altstadt von Ghadames steht als Weltkulturerbe unter dem Schutz der UNESCO. Sie ist ganz aus Lehm gebacken, das Netz der überdachten Gassen so sinnreich ventiliert, daß immer eine kleine Brise hindurchstreicht. Und obwohl sie seit 20 Jahren nicht mehr ständig bewohnt ist, kehren viele Alteingesessene im Sommer in ihre Häuser zurück, wenn sie in der Neustadt zwischen Betonmauern langsam gegart werden. Dem Durchreisenden aber bleibt nur das *Hotel Karawane*. Wer baut so etwas? Die Zimmertür und das einzige Fenster öffnen sich auf den Parkplatz. Schlaflos und unentschlossen, ob sie lieber ersticken oder beklaut werden möchte, reißt die Frau nachts um vier dann doch alle Löcher auf und findet sich um sieben Auge in Auge mit einem neugierigen Kerl auf der Schwelle.

Auf dem Parkplatz werden an diesem Morgen vier Geländewagen und ein blauer Pickup beladen. Im Schattenband an der Hausmauer hockend, schauen wir den Fahrern und dem Koch beim Packen zu: Wasser und Benzin, Spaten und Sandbleche,

Zelte und Schlafmatten, Gasflaschen, Vorräte für eine Woche in Steigen und Blechkisten. Auf die Plane des Pickup wird am Ende ein Schaf geschnürt. In großer, trauriger Geduld harrt es zwei Tage dort in der Sonne aus, den schwarzen Kopf auf einen Pappdeckel gebettet, bis Ibrahim, der Koch, mit einem langen Messer seiner Reise ein Ende macht. Wir sind noch nicht eingestiegen, da hat das Schaf schon einen Namen: Lotti.

Im ersten Wagen sitzt Ali Mussa Hammadi, ein Targi, ganz in Weiß und in einen Tagelmust gewickelt, der nur die braunen Augen zwischen tiefen Spinnennetzfalten freiläßt. Hammadi ist 62 und hat bis in die 70er Jahre Kamel-Karawanen zwischen Ghadames und Ghat begleitet: drei Wochen, wofür wir drei Tage brauchen werden. Eine Handbewegung und ein Wort von ihm reichen, daß Mohammed, der junge Fahrer, die richtige Piste in einem Gelände findet, das von Reifenspuren wie ein Schnittmusterbogen durchkreuzt ist.

»Bye-bye«, sagt Mohammed zur Teerstraße. Am Abend war er noch ein Bürschchen in Druckknopf-Polyesterhosen; nun hat er sich, wie alle Fahrer, in Sarouelhosen und Chech wüstenfein gemacht, und sogleich wächst das Zutrauen, daß diese Herren uns unbeschadet ein paar hundert Kilometer über Bollerpisten und durch tiefen Sand bis ins Wadi Mathandus chauffieren werden. »Bye-bye, camel«, als wir an großen weißen Knochen vorbeifahren, und »bye-bye, la gomma«, als uns zum erstenmal ein Reifen platzt.

Die Al-Hamra-Hochebene erscheint in der Mittagsglut so interessant und farbenfroh wie ein Stück Wellpappe, nur im Osten erheben sich kleine Berge in Gestalt von roten Tajine-Topfdeckeln. Anders als Lotti, die im Augenblick, da zwei Mann sie aufs blaue Automobil schnallten, wußte, was ihr blühte, ist uns der Verlauf des Unternehmens nicht ganz eindeutig. Erst der Besuch einer libyschen Tankstellentoilette hatte mir den Begriff

»Komfortverzicht« im Programm des Veranstalters erläutert, und während ich meine Klamotten raffte, um sie vom Boden fernzuhalten, dachte ich an den Marmor-Lokus von Leptis Magna, der weißen Ruinenstadt am Meer, an die Hadrians Therme, in der sich die römischen Legionäre erfrischten, wenn sie aus der libyschen Wüste kamen. Säulenhallen mit blauen Mosaiken, kaltes und warmes Wasser, eine Massage, Musik, ein Amphörchen Wein, danach ins Theater... Aber Leptis Magna lag hinter uns, und meine Faltschüssel war schließlich auch nicht die Spitze der Zivilisation.

So kleben wir nun zu dritt im Fond des Geländewagens zusammen; der Wind faucht wie ein Föhn zu den Fenstern herein. Wir trinken, schwitzen und schweigen. Hammadi weist den Weg, und Mohammed fährt. Manchmal sucht der alte Mann nach einer Markierung; dann fegt unser Spähwagen ein Stück voraus, hierhin, dorthin über die Bodenwellen, wie ein großer Hund. Das Wasser in den Flaschen erreicht Badetemperatur. Über den Horizont läuft die Hitze in schillernden Wellen.

Am zweiten Abend haben wir den Erg von Ubari erreicht und biwakieren im Windschatten vor dem Sandmeer, dessen Ausläufer wir am nächsten Tag durchqueren wollen. »Wie hoch sind die Dünen, Hammadi?« Darüber hat er sich sein Lebtag noch keine Gedanken gemacht. In langen Schwüngen stehen sie gegen den Abendhimmel, weich und doch voll geheimer Spannkraft, elastisch, sinnlich, mit schattigen Grübchen in der rosa gepuderten Haut: die richtige Wüste.

Lotti wird hinter den Pickup geführt; allen ist ganz plötzlich nach einem Abendspaziergang zumute. Und dann kocht Ibrahim. Im wirklichen Leben, so hört man, tut er das in einem Spitzenhotel in Tripolis. Was ihn bewogen hat, mit einem Haufen Touristen und einem Schaf in die Wüste zu ziehen, bleibt aus Mangel an Sprachkenntnissen ungefragt. Vielleicht war es der verwandte Wunsch, kein Dach über dem Kopf und eine Menge Platz zu haben. Beim Licht des Dreiviertelmonds serviert er in gestärkter weißer Kochjacke eine scharfe Harrissa-Suppe, Lammkoteletts und gefüllte Paprikaschoten. Wein gibt es keinen; den hat der Oberst verboten. Spät zieht jeder zu seinem Lager irgendwo im sanft gewellten Gelände; jede Matte ein kleines Floß; jeder Passagier im Kopf unterwegs zum freien Horizont.

Am Morgen gehen wir in Hammadis Spuren den Geländewagen ein Stück voraus. Lottis Wolle schmaucht auf dem Müllfeuer. Nur ihr Name bleibt dem blauen Pickup erhalten. Die Dünen – ohne Sonne wie aus stumpfen Popeline – beginnen von den Spitzen abwärts zart zu glühen. Es ist still bis auf das leise Schaben einer Mikrofaser-Wanderhose. In aller Sicherheit läßt sich der Gedanke kultivieren, ausgesetzt zu sein. Dann kommen die Wagen, und wir strecken die Daumen raus: »Nach Uvenat? Nehmen Sie mich ein Stückchen mit?« Eine Reise wie in der Schiffschaukel; die Landrover surfen und kippen auf schlappen Reifen über die Dünen, wühlen sich fest, nehmen röhrend neuen Anlauf; wir stecken, steigen aus, schieben. Das Lottimobil schnurrt in gewagtem Winkel über den nächsten Kamm. Im Mittagslicht ist die Welt blendend gelb, die Höhe und Steile der Sandberge kaum zu schätzen. Später umkurven wir eine aus Steinen geschichtete Trommel, die algerische Grenze – »bye-bye, Libya« – und wieder zurück. Hammadis Lachfalten vertiefen sich.

Wir rasten auf einem steilen Sandhügel im Astgewirr einer großen Tamariske. Der Wind hat sie so hoch zugeschüttet, daß nur noch ihre Krone herausschaut. So sitzen wir im pfeifenden Lüftchen mitten in der Wüste hoch oben in einem Baum. Draußen ist die Hitze überwältigend; sie macht den Kopf leicht. Man möchte sich wie in Wasser hineinfallen lassen.

Wirkliches Wasser, nasses, brackiges, lauwarmes Brunnenwasser macht aus der Gruppe eine drängelnde, alberne Herde. An den Posten, wo ernste Polizisten in grünen Overalls und weißen Chechs unsere Papiere kontrollieren, reicht man ein Litermaß Wasser herum. Einmal ist es kühl, meistens aber schmeckt es nach eingeschlafenen Füßen, und kommt es aus dem falschen Kanister, hat es einen Benzin-Hautgout und verursacht Dünnpfiff. Als wir unterwegs dem gelben Tankwagen eines Bauern begegnen, der zu seinen Ziegen fährt, reißen wir uns die Tücher vom Kopf, und während Ibrahim eine Steige Zwiebeln und Tomaten gegen das Auffüllen unserer Tanks tauscht, beugen wir lustvoll stöhnend den Nacken unter den Wasserstrahl. Es ist fast ein bißchen unanständig.

Zwei Welten reisen da nebeneinander, und jedesmal wenn die Augen des Gegenübers ausweichen, frage ich mich, was der libysche Teil vom deutschen hält. In einem Land, in dem keine Frau allein reisen würde und die meisten ein Kopftuch tragen, ziehen hier drei Frauen mit 19 fremden Männern herum, und bei aller Diskretion bleibt wenig verborgen vom Schlafen, Kleiden, Waschen und dem Gang mit Spaten und Klorolle ins Gelände.

»Ist das in Ordnung?« fragt Mohammed mich am letzten Abend in seinem rudimentären Englisch, als wir auf der Suche nach einem Lagerplatz in die Dunkelheit hineinfahren, »ohne Wasser und Toilette? Für mich und Ibrahim und Mahmoud – kein Problem, aber für dich? Sag ja oder nein!« Und ich sage nein, es ist kein Problem, obwohl ich müde, zerschlagen und dreckig bin, denn das, wonach man sich gesehnt hat – eine Dusche, ein kühles Zitronenwasser –, mußte im Camp von Uvenat mit einer Betonhütte, einem stinkenden Abflußrohr und einer Hundertschaft Moskitos bezahlt werden. Danach sind wir erleichtert wieder ins Freie geflüchtet, und nun erscheint nichts reiner als die windstille Wüste.

Vor 400 Millionen Jahren schwappte in der Sahara ein Meer. Die feingemahlenen Quarzkiesel und der Sand sind sein Strandgut. Im Wadi der Bäume im Erg von Ubari hat der Wind Tonsteine freigelegt, die das Wasser zu perfekten Kugeln gewälzt hat: Fußbälle, Boule- und Kanonenkugeln, halbiert als Schädeldecken. Vorbeifahrende haben aus ihnen kippelige Türmchen gebaut: Sahara land art.

Fünftausend Jahre älter sind die Kunstwerke im Wadi Mathandus am Rand des Erg von Murzuq. Ein Fluß strömte zur Jungsteinzeit durch das Tal, und Menschen mit Muse und Schönheitssinn meißelten eine ganze Tier-Galerie in die schwarzen Uferfelsen; Wesen in anmutiger Bewegung mit aufmerksamen Köpfen: Antilopen, Giraffen, Rinder, die sich beschnuppern, Elefanten mit erhobenem Rüssel, ein Krokodil, ein Nashorn, das auf dem Rücken liegend von einem Messermann geopfert wird, und ein kleiner rennender Jäger, der seinen Flitzebogen spannt. Das Wadi Mathandus ist ein magischer Ort mit furchtlosen Schwalben und Akazien voll gelber Schmetterlinge. Wie ein Schlußstein wird es von einer Felswand überragt, in die der Künstler zwei aufrechte Figuren graviert und fein geglättet hat; Tiere, Tänzer oder doppelt geschwänzte Teufel, die Tatzen wie zwei balgende Katzen erhoben. Ihr Zauber hat den Ort nicht schützen können: Militärs haben auf die Gravuren geschossen, Bilder abgesprengt. Ein Mensch hat schon seinen Namen dazugekratzt, ein anderer sein Klopapier flattern lassen.

Über dem Wadi liegt eine Hochebene, an deren Rand sich ein noch nie durchquertes Sandgebirge aufwirft. Kein Himmel ist makelloser als der über dem Erg von Murzuq, als der volle Mond aufgeht. Fünf Tage sind wir gefahren, um ihn zu sehen, am letzten Nachmittag vor einer Staubfahne her über die Hochebene stiebend – im Osten die ferne hingesalbte aprikosenfarbige Dünenkette, im Westen ein schwarzer Ozean aus Basalt –, um bei Sonnenuntergang irgendwo in der Traumweite das Biwak aufzuschlagen. Der Mond füllt wie ein kalter Spiegel der Sonne die

Himmelskuppel mit seiner Lichtflut; es ist, als könne man mitten in ihn hineinspazieren, und für ein paar Herzschläge scheint
alles in der Schwebe, lautlos und zeitlos.

Jetzt noch ein Fußbad in der Faltschüssel, drei Finger hoch
Restwasser. Der Mond rollt über den Scheitel. Große Stille. Es
wird kühl.

Atlas zu Fuß

Das Tal von Tessaout im Hohen Atlas wurde erst 1928 von Europäern entdeckt; dabei ist es doch gar nicht so sehr weit fort: auf der Wanderkarte nur eine knappe Handspanne von Marrakesch entfernt. Fast sieht es so aus, als könne man von der Paßstraße nach Quarzazate ins Tessaout hineinschauen. Kann man aber nicht. Das Oued Tessaout ist eine überaus unzugängliche Örtlichkeit; vor allem, wenn man sich ihm von Osten nähert. Da liegt eine rote, in dunstige Fernen gestaffelte Bergkette vor dem Reisenden.

Ende der Fahrt. Aussteigen. Ziehen wir die Stiefel an und gehen zu Fuß – oder eher »on y va!«, denn ich bin mit sieben französischen Wanderern und zwei marokkanischen Führern unterwegs. Gehen wir 180 Kilometer durch den Hohen Atlas, vom Tal der Ait Bougemez über die Zweitausender ins Tessaout und im Bogen wieder zurück – ein Ausflug für die, die über ein Paar Bergsteigerwaden und zwanzig Jahre Erfahrung als Hochtourist verfügen – ein hartes Stück Weg für jene, die sich beim Spazierengehen gern in jede Blumenwiese setzen. »Ça va, Marie?« Wie soll's schon gehen, wenn man am Tag sechs Stunden in der Hitze durchs Geröll stapft.

Angefangen hatte es dort, wo die Piste zu Ende war, in Ait Bougemez, das sich nach zwei Stunden Gehoppel im Landrover durch die rote staubige Bergwelt tief unten wie ein gelobtes Land auftut: eine lange grüne Sohle, durch die ein Fluß wandert. Verschachtelte braune Lehmhäuser liegen im Schatten gewaltiger Nußbäume. Auf Terrassenfeldern biegt sich silbrig die Gerste im Wind. Unsere Station ist das schönste Haus im Tal, die Kasbah des Bürgermeisters, eine große Wohnburg mit einem Dach aus Baumstämmen, Grassoden und Lehm. Vom Innenhof tritt man in die teppichbelegten, bunt ausgemalten Schlafräume mit den Diwanen entlang der Wand und steigt hinauf auf die offene Galerie, wo der lange Tisch aufgeschlagen ist. Zum Abendessen gibt es scharf gewürzte Tajine mit Lamm und Backpflaumen, viele Gläser süßen grünen Minztees, der im Kopf ein kleines Hoch verursacht, und zum Erwachen am nächsten Morgen einen porzellanblauen Himmel und das Geschrei der Spatzen im Nußbaum.

Vor dem Tor werden sechs Mulis mit unseren Rucksäcken, Zelten und allem bepackt, was Mensch und Maultier zehn Tage lang unterwegs benötigen: Melonen und Orangen, Zwiebeln und Kartoffeln, Mehl, Couscous, Käse und Kaffee, Propangasflaschen, Kessel, Henkeltassen, Futter für die Mulis. Hundertfünfzig Kilo kann so ein belastbares Tier tragen, hundert wenn's bergauf geht. Bergauf aber geht es allemal. Von Ait Bougemez nach Ait Bou Ouli; aus dem grünen Tal, wo Störche sich aus den nassen Wiesen erheben, in die stacheligen Berge. Überall, wo wir uns auf einen Schluck Wasser niederlassen, erscheinen alsbald die Kinder. Wispernd wie die Mäuse kauern sie zunächst in sicherer Entfernung. »Labas?« Wie geht's? Ein Kichern hinter der Hand, ein schüchternes Näherrücken und Beäugen. Ist dieser Kugelschreiber wohl frei? Wie dünn sie alle sind, und schon die kleinsten Mädchen gleichen erwachsenen Frauen, so wie kleine Vögel großen gleichen: das lange Kleid, das fest gewickelte Kopftuch, in der Hand eine Sichel oder einen Wasserkrug und auf dem Rücken ein winziges Geschwisterkind.

Der Fluß begleitet uns, windet sich zwischen den steilen, mit Kiefern und Steineichen bewachsenen Hängen. Aus grünen Matten springen Bäche und stürzen in Kaskaden zu Tal. Auf den Höhen erheben sich halbverfallene Kornspeicher –

Agadire – mit verwaschenen Zinnen, wie Sandburgen nach der Flut.

Von weitem klingt es wie das Gedengel einer Ziegenherde, aber im Näherkommen ist das Rasseln der Raupenketten oben am Hang deutlich zu hören. Ein Bulldozer drückt dort die Trasse einer neuen Verbindungsstraße in den Berg. Die Maultiere sind gleichauf mit den Wanderern, zusammen tippeln wir den Pfad durch den schütteren Kiefernwald entlang, als Mohammed, unser Führer, der eilig ein Stück den Hang hinaufgeklettert war, zu schreien beginnt: »En arrière – zurück! zurück!« Ein paar Steine kommen gekullert, dann brechen weiter oben große Felsbrocken durchs Gebüsch, poltern zu Tal. Brüllend wenden die Treiber die hochbepackten Tiere, rutschend drängen alle zugleich auf dem Pfad zurück. Hinter mir geht ein Muli zu Boden, ein Mann heult auf, wir hasten voran, ohne uns umzublicken. Oben am Rand stehen wir dann bleich zusammen. Ein Muli fehlt. Die englische Wandergruppe, die wir kurz zuvor überholt hatten, ist wieder aufgerückt. Der Vorwitzigste weiß gleich Bescheid: »Probably killed.« Das ist es nicht. Es steht schon wieder auf seinen Beinen, zitternd, ein wenig blutend, mit Häcksel im Fell. Ein Sack Futter ist aufgeplatzt, eine Wassermelone detoniert, und ein Sattelkorb mit Auberginen ging zu Mus. Mit seinem Lastenpolster hat das Tier den Steinbrocken aufgehalten, der sonst Monique getroffen hätte, die neben ihm gelaufen war. Das Muli wird barsch zurechtgezurrt, Moniques Knie verbunden. Dann geht es weiter, in Serpentinen den Hang hinunter. Das Gerassel im Wald ist verstummt.

Am Nachmittag schlagen wir die Zelte an der Biegung eines roten Flusses auf. Ein Bad im Schutz der Weidenbüsche, eine Tasse Minztee, und das Abendessen kann kommen. Wir reisen zu Fuß, aber durchaus mit Komfort. Im Gepäck tragen die Mulis ein großes helles Berberzelt, in dem zur Siesta und zum Speisen eine Plastikplane und rundum Matten ausgelegt werden. Im Zelt kann man außerdem eine Partie Dame spielen, plaudern und bei Gewitter die Schnapsflasche herumgehen lassen. Es spendet Schatten, wenn wir in der weißen Mittagsglut im Tal wie die gefällten Krieger unter seinem Dach schlafen. Es hält uns leidlich trocken, wenn abends in den Bergen, wo noch Schneefalten liegen, der Donner rollt. Schon tropft es durch die Plane, schon näßt es an der Peripherie; wir aber raffen die Matten unter uns und speisen im Glanz des Gaslichts drei Gänge wie üblich: Suppe, Couscous, Aprikosen. Mohammed brüllt durch das Unwetter hinüber zum Küchenzelt: »Wo bleibt der Tee!« Schwarzglänzend in einer ölhäutigen Djellabah erscheint Brahim aus der Finsternis mit dem Kessel und einem Korb voll Tassen. Das große Zelt ist unabdingbar für die Moral der Truppe. Der einzelne in seinen flatternden Wänden ist den Attacken der Witterung und seinem sinkenden Mut ungleich hilfloser ausgeliefert.

»Ah, das ist schön!« ruft Roland anerkennend, wo immer sich eine neue Gipfel-Perspektive eröffnet, und weist mit großer Geste nach oben: »Dreitausendfünfhundertvierzig!« Schön? Die Bergwelt ist ehrfurchtgebietend und wie alle Natur komplett indifferent. Deshalb kann sie auch nicht bezwungen werden. Man mag den widerstrebenden Leib hinaufzwingen, aber wenn man wieder unten ist, hat sich nichts verändert. Der Tizi Tighist steht da wie eine Eins.

Wieviel schöner ist doch die Rast – am gluckernden Bächlein, unter dem kühlen Schirm der Nußbäume, in Wiesen, die so bunt wie grün sind, voller Orchideen und Butterblumen, Akelei, rotem Mohn und weißer Sterne. Oder wenn Mohammed uns im schmalen Schatten einer Hauswand warten läßt, um zu erkunden, wer im Dorf willens wäre, einen Tee für uns zu brauen. Von außen ist alles nur Lehm und Knüppeldach. Beim Eintreten in die Dunkelheit riecht es nach Stroh und Rauch. Die Hand ertastet ein seidenglattes Holzgeländer. Dann öffnet sich eine Tür, Licht fällt durch Gitterfenster in ein Zimmer mit Teppichen und Diwanen. Auf dem kühlen Kachelboden ziehen wir die schweren Wanderklumpen aus. Schweigend vollzieht der Hausherr im weißen Chech das Zeremoniell: In einer Kanne werden grüner Tee und ein faustgroßes Stück Zucker mit kochendem Wasser aufgegossen, dann der Pflege der Haufrau und dem Küchenfeuer übergeben. Ist der Tee gezogen, fügt der Herr ein Büschel frische Minze hinzu, gießt dreimal aus und zurück in die Kanne, ehe er mit hohem Strahl sprudelnd die Gläser vollschenkt.

Es ist die Kultur, die das Gemüt tröstet, wenn es sich beim Herumstolpern in freier Natur wundgerieben hat: auf Socken zu gehen, die fächelnde Luft, der heiße Tee, der Korb mit dem warmen Fladenbrot und der Topf mit der kalten Butter dazu. Der Duft der Rosen, die in einem Glas ohne Wasser welken, das Kissen in meinem Rücken und über mir die blaue Holzdecke. Könnten wir hier nicht ein wenig verweilen? »Beim Wandern geht es darum, eine Etappe zu schaffen«, belehrt mich Roland. »Also Courage!« das Tessaout ist noch weit.

An diesem Tag steigen wir nach der Teepause nur noch ein kurzes Stück bis zu einem kleinen grasigen Plateau über dem Dorf Tazat und einem verlandeten Teich, in dem die Frösche nachts Maultrommel spielen. Aber noch ist Mittag, Grillenhitze. Mohammed reicht die Teller mit dem Salat niçoise herum, danach Orangen mit Zimt. Die leeren Tassen baumeln uns von den Händen, als wir jenseits des Tals die bunte Stecknadelkette der englischen Gruppe aufwärts streben sehen. Diese Engländer! Immer wieder kreuzen sie unseren Pfad, obwohl sie doch auf einen Berg, den M'Goun, und wir in das Tal von Tessaout wollen. Ständig sind sie unterwegs, nie sehen wir sie rasten. Sie geben Gesprächsstoff für halbe Tage. Danielle will gehört haben, sie verschmähten die heimische Küche und äßen nur in Wasser gekochtes Gemüse und Kartoffeln. Und trotzdem seien sie allesamt malade. Puh! Dann schildert sie uns das Rezept für Zitronenhähnchen à la marocaine, und wir lauschen schläfrig und schauen zu den Engländern hinüber, die nun auf dem schattenlosen Pfad angehalten haben, und, wie wir gerne glauben möchten, neidvoll zu dem hellen Kegeldach auf der grünen Wiese herüberstarren. Schwer hebt Roland die Hand: Bon voyage.

Der alte Mann in der braunen Djellabah war uns bis weit hinter das Dorf den Berg hinauf nachgerannt, hatte gewunken und nach Mohammed gerufen. Es war eine Einladung zum Tee in seinem Haus, und wir waren alle zehn umgekehrt und das lange steile Stück wieder zurückmarschiert. Sein Haus war niedrig und finster, Wände und Boden aus Lehm, die Decke aus Knüppeln und Kraut. Hier gab es kein buntes Schnitz- und Gitterwerk, nur braungestreifte Matten auf dem Fußboden. Als einziger Schmuck hing an der Wand ein Illustriertenbild des Königs Hassan von Marokko in seinem gekachelten Palast. Aus einem Loch im Boden zog eine nach Tuja duftende Rauchfahne; dort war die Küche. Der alte Mann stieg auf einem gekerbten Baumstamm hinunter, brachte die Blechdose mit dem Zucker, maß den Tee in einem Glas ab, hob bedeutungsvoll das Stück grünen Tüll vom runden Gläsertablett. »Wo kriegt er diese Sachen her, hier in der Einöde?« frage ich Mohammed. »Ganz einfach«, lacht er, »der Markt von Abachcou ist nur zwei Wegstunden von hier entfernt.« Zwei Stunden! Und wir waren vor drei Tagen von Abachcou aufgebrochen! Beim Wandern geht es offenbar nicht nur ums Etappenschinden, sondern auch darum, so unökonomisch wie möglich von einem Punkt zum anderen zu gelangen. Der Berber geht auf sein Feld, zum Wasserholen oder auf den Markt. Er tut, was nötig ist. Der Wanderer marschiert, weil er ein Paar Beine hat und es ihm offenbar zu gut geht.

»Die Ärmsten«, raunen wir einander zu, als uns auf dem Felsenpfad eine Karawane junger Mädchen entgegenkommt, jede tief gebückt unter einem großen Ballen Gerste. Die Mädchen haben einen trillernden Wechselgesang angestimmt, der sie durch die Schlucht begleitet. Als sie uns erblicken, bleiben sie stehen und lachen: Wie sehen die denn aus, und wo laufen sie bloß hin? Nach Abachcou geht's doch gar nicht über den Berg.

Oued Tessaout – wir kommen; über einen Paß und durch die Schlucht Imil Z'Gi, steingewordene Verlassenheit, schwarz und heiß, mit wenigen alten verdrehten Zypressen, und auf dem Saumpfad hinunter ins Grüne, über die Dämme von Bewässerungsgräben, in denen hoch über der Talsohle das Wasser durch die erdfarbenen Dörfer strömt. Winzige Hausgärten schmiegen sich in die Winkel: ein Feigenbäumchen, zwei Reihen Kartoffeln, ein Fleck Minze. Da liegt das Tessaout endlich vor uns. Es ist, als öffne sich der Himmel: Ein klarer, kalter Fluß strudelt zwischen Weiden und Geröll, Nußbäume wurzeln wie Giganten. Der zarte Duft der Heckenrosen und der warme Katzengeruch der wilden Minze füllen die Luft. Immer wieder müssen wir den Fluß überqueren, auf wackeligen Steinen, schließlich beherzt durch die reißende Strömung waten. In einem Hain werden die Mulis zur Mittagspause abgeladen. Von der roten Felswand wabert die Hitze mit dem Wind herüber. Heute gibt es Reissalat mit Artischocken, Thunfisch, Tomaten und Oliven – große Schnitze Wassermelone. – Ah voilà, die Engländer. In Rufweite wanken sie im Geröll vorüber. Hallo – ça va? Wie soll's schon gehen mit zwei Kohletabletten und einer gekochten Möhre im Magen? – Sieht man sich heute abend? In unserer Herberge wird es ein Fest geben mit Hammelbraten, Musikanten, auch Wein. – Probably not.

Ehe es zurückgeht über die schreckenerregenden Dreitausender rasten wir unter einem freundlichen Dach. Hier ist gut Mut schöpfen. Das braune Haus liegt über dem Fluß, Malven und

Ringelblumen blühen vor der Tür. Wir rollen die Schlafsäcke auf den Diwans unter den Fenstern aus und begeben uns in zwei Gruppen »au bain«, ins Hammam, unter die warme Dusche. Als unser Koch den Hammel in seine heiße Erdhülle steckt, sitzen wir, von Krusten befreit, im Schatten und trinken in kleinen Schlucken den mitgebrachten Rotwein aus Blechtassen.

Am Abend essen wir alle zusammen, Führer, Treiber, Koch, der Hausherr; Finger und Brot in die Tajine tauchend, während auf der Terrasse die Männer aus der Nachbarschaft Trommeln und Tambourine zu schlagen beginnen.

Sich rauchend in dunklen Ecken herumzudrücken und nur zuzuschauen dulden die Hausfrau und ihre Tochter Khetoum nicht. Eine nach der anderen zieht sie die Touristinnen in den Hausflur, um sie als eine der Ihren zu verkleiden. Mir wird ein blaues Tuch übergestülpt, verknotet und gerafft, eine Bahn über Kopf und Schulter gebreitet. Mit zwei schweren Halsketten aus Bernstein und Silber, das Kopftuch fest um die Stirn gewickelt und einer Geranie auf dem Scheitel, trete ich als Berberin wieder in die Reihe der Frauen, die sich unter Aufsicht der schönen Khetoum eng aneinandergelehnt im Rhythmus der Trommel wiegt, in die Hände klatscht und im schrillen Wechselgesang den Männern antwortet. In der warmen Nacht, in den engen Wickeln, unter einem Himmel, der sich langsam mit Sternen füllt, spielen wir lachend ein Stück, das wir nicht verstehen. »Ça va, Marie?« – Sehr gut. Könntet ihr vielleicht ohne mich morgen zum Tizi Rougolt aufbrechen?

Die Wüste klebt

»Willkommen bei Familie Azzizi« in Zagora, hinter gebackenen Lehm-Mauern, in einem mit' bunten Teppichen ausgelegten Hof, an niedrigen Tischen, zu grünem Tee und Kokosplätzchen. Bis vor einigen Jahren waren die Azzizis Karawanenhändler und Nomaden, und Abdellah Najis Großeltern wohnen noch immer nicht zwischen Zimmerwänden, sondern haben ihr Beduinenzelt aus schwarzer Ziegenwolle im Hof aufgeschlagen. Von fünf Söhnen und drei Töchtern wurde Abdellah auf die Universität geschickt. Warum es die Anthropologie sein mußte, wagt man nicht zu fragen; zweifellos hat das Studium den 29jährigen aber auf den Umgang mit geräuschvolleren Kulturen als der seinen vorbereitet und ihn in Verbindung mit seinem diskreten Naturell und seiner unerschütterlichen, orientalischen Höflichkeit zum Repräsentanten des Unternehmens bestimmt.

Die Azzizis richten Trekking-Touren durch den marokkanischen Süden, die westliche Sahara und die Berge des Djebel Bani aus; kein Pistenfraß im Landrover, sondern Reisen auf den eigenen und den Füßen des Dromedars. Unter den Arkaden des Hofs hat die Familie um ihren Willkommensgruß die Fotos gutgelaunter Wandervögel angeordnet und ein Zitat von Saint-Exupéry auf die Mauer gemalt: »Es macht die Wüste schön, daß sie irgendwo einen Brunnen birgt.«

Abdellah würde seine Kunden niemals Touristen nennen. Sie sind »Gäste, Freunde, Brüder« (in unserem Fall auch ein halbes Dutzend Schwestern unter 14 Reisenden), die bereit sind, sich für kurze Zeit einer fremden Lebensform anzubequemen; Nomaden zu spielen. Dazu gehört erst einmal das Verkleiden: Sarouelhosen, deren Boden zwischen den Knien hängt, in denen man ungezwickt marschieren, reiten und sitzen kann und meterlange blaue Chechs für den Kopf. Drei Herren Azzizi sind uns beim Wickeln behilflich. »Not windy« bleibt das Tuch unterm Kinn, »windy« kann es bis unter die Augen gezogen werden. Unterwegs wird jeder seinen Putz anders zwirbeln und knäulen, aber ein Hauch von Unglaubwürdigkeit haftet jeder Kreation an. Nicht einmal von weitem, nicht einmal auf dem Kamel würde man uns für Wüstenbewohner halten. Die lokale Körpersprache ist uns so fremd wie das Hassaniyya der acht Männer in Blau vom Stamm der Nouaji, die uns begleiten, die Kamele führen, das Lager aufschlagen und für uns kochen.

Nach dem Tee brechen wir von Zagora auf. Zuerst im Geländewagen nach Süden, dem langsam versickernden Draa nach, dann Richtung Westen, parallel zur algerischen Grenze, und mitten in Schotter und Wind warten 17 Kamele, die von den Nouaji beladen werden: Wasser und Petroleum, Mehl und Apfelsinen, Grieß, Tomaten und Tee, Bohnen und Thunfisch, Teller, Gläser, Kessel und obendrein das Gepäck, Matten und Schlafsäcke. 150 Kilo kann ein Dromedar gut tragen. Das heißt, auf's eine oder andere paßt auch noch eine nicht allzu schwere Frau. Zwei doppelt zusammengelegte Wolldecken polstern den oben offenen Sattel, der den Höcker umschließt. Eine kühne Grätsche, ein Packen des Griffs, und dann entfaltet sich das liegende Tier in drei schaukelnden Rucken – vorn auf die Knie, hinten auf die Füße, vorn auf die Füße – zu zwei Metern lichter Höhe. Einer der Männer ergreift das Leitseil und geht voraus. So sind wir unterwegs.

»Ein Mann kann so schnell wie ein Kamel gehen. Vier Kilometer die Stunde«, schreibt Michael Ondaatje. Mubarak läuft in Sandalen leichtfüßig durchs Geröll, schiebt im Laufen mit dem Knöchel Brocken beiseite. Es gibt Wege in der Wüste, vom Gröbsten geräumte Pfade, auf denen die Kamele ihre pfannekuchengroßen Füße stetig voreinander setzen, eine hoch- und gleichmütige Seilschaft hinter dem Mann, der sich den Strick an den Gürtel um seine Ghandura geknotet hat. Der Chech läßt nur die Augen und eine steile Falte dazwischen frei. Mubarak ist schwarz wie Ebenholz mit einer scharfen maurischen Nase, und er lacht einmal – am Ende der Reise, als er und die anderen Nouaji die Kamele mit den Touristen – äh, den Gästen – mit rauhen A! A! A! Rufen zu einem Trab anspornen, der die Reiter in haltloses Gehopse versetzt.

»Es gibt keinen Unterschied zwischen euch und uns«, hatte Abdellah beim ersten Glas Tee gesagt. Auf dem wankenden Kamel läßt man sich solche Sätze gern durch den Kopf gehen. Zu wessen Beruhigung sollen wir unterschiedslos sein, da wir es so offensichtlich nicht sind? Mit wachsendem Abstand zum Flughafen von Quarzazate haben wir unsere Kompetenz eingebüßt, während Abdellah, der am Ankunftsschalter schmächtig und verlegen wirkte, in der Wüste Autorität und Anmut zufallen – eine weithin sichtbare Gestalt in leuchtendem, wallendem Blau und weißem Chech, die am frühen Morgen den Stock schultert und am Nachmittag, wenn wir angekommen sind, jedem der müden Marschierer eine Apfelsine in die Hand legt.

Wir ziehen über eine dürre Schotter-Ebene, die von ein wenig Stachelgebüsch und dornigen Akazien bewachsen ist. Den Tafelbergen am Bildrand hat der Wind eine Krone aus knochigen Klippen genagt; weicheres Gestein ist ihnen in langen, weiten Falten vom Buckel gerutscht und hat sich über die Hochebene verteilt. Dies ist nicht gerade der Ort, an den man sich gesehnt hat: die reine Wüste, das Sandmeer. Hier gibt es keine eleganten Dünen, die in der Abendsonne glühen, sondern nur einen großen Haufen Stolpersteine. Das erste Nachtlager wird mittendrin bereitet, Kamelsättel und Gepäck um ein mit Decken ausgelegtes Karree gestapelt, das Essen im Schein der Petroleumlampen aufgetragen: Couscous mit Gemüse und Backpflaumen. Der Himmel hat sich diesig bezogen, ein zerrender, zappelnder Wind kommt auf; am Morgen hat man Sand zwischen den Zähnen und eine kleine Verwehung in den Stiefeln.

Mehr als ein Täßchen Wasser gibt es nicht für die Morgenwäsche. So war es ausgemacht. Um halb sieben kauern wir um die Frühstücksdecke: Nescafé, Brot, Kiri-Käse, Aprikosen-Marmelade. Zu früh, zu kalt, zu hart, zu viele Leute.

Wie das Meer ist die Wüste mehr als ein Element; ein Zustand, ein literarischer Ort, von dessen Strenge und Klarheit sich der Reisende über das moderate Abenteuer hinaus eine Katharsis erhofft. Hinein in die große Stille, die Seele finden, das Heil erlaufen in der schrankenlosen Weite! Doch der Reisende hat sich mit Haut und Haaren und dem ganzen trivialen Quatsch, der ihm im Kopf herumspukt, in die Sahara begeben. Nichts klärt sich, nur weil man stundenlang durchs Geröll stapft. Fortsetzung des Alltags statt geistigen Brunnenbohrens. Die Wüste schweigt, aber der Mensch muß reden; über seine Füße, seinen Kopf, seinen Darm. Er muß sich darüber streiten, ob ins Radlermaß gelbe oder weiße Limonade gehört, und nicht für fünfzig Kamele würde er auf's letzte Wort verzichten.

Die Mittagshitze schenkt uns das Schweigen der Erschöpfung. Während die Männer die Dromedare von ihren Lastkörben befreien und das Feuer anzünden, lagern wir im lichten Schatten einer Akazie und warten auf den Tee, den Ba Magoub, der Älteste, aus rußiger Kanne eingießt. Das erste Glas soll so bitter wie das Leben sein, der zweite Aufguß süß wie die Liebe, der dritte sanft wie der Tod, und Abdallah sorgt dafür, daß jeder seine Ration zu sich nimmt. Erst dann gibt es Brot und Salat.

Nach der Siesta wandern wir in die tiefstehende Sonne nach Westen und biwakieren im Windschatten glatter Felsen. Abdellah kontrolliert die Lagerplätze der Einzelschläfer, die sich aus dem Gemeinschaftskarree abgesetzt haben. Keine Geröllhaufen in der Nähe, keine Skorpione, gut! Ein feuchter Lappen und ein Schluck aus der Wasserflasche fürs Zähneputzen sind die ganze Abendtoilette. Im Schlafsack kleben die ungewaschenen Teile zusammen. Morgen wird der Wind uns wieder lüften. Der volle Mond steigt wie eine Lampe über den Horizont und füllt das Felsental mit schattenlosem, hellgrauem Licht. Der Wind verstummt. Plötzlich ist es so still, daß der Atem stockt. Ein großes Schweigen. Wüstenschweigen. Dann patscht ein Kamel malmend und grunzend am Kopfende vorbei. Es wird ja wohl sehen, wo es hintritt.

Der nächste Tag bringt eine lange Etappe und die ersten Ausfälle. Was passiert, wenn sich der Mensch der Sonne aussetzt, läßt sich trefflich an den Orangenschalen studieren, die man aus dem Schatten auf die heiße Erde hinauswirft. Sie beginnen bald sich zu krümmen; man glaubt, ein leises Zischen zu vernehmen. So bruzzelt auch rosa Fleisch unter verschwitzter Sonnencreme. Vier Stunden Geschwindmarsch geben dem Organismus den Rest. Einen hat's erwischt. Verdächtiges Schweigen. Dann wird der Ärmste aufs Kamel gepackt. Mubarak führt die Karawane in ein Wadi, wo sich im Schatten einer Felswand eine große, tiefe Pfütze erhalten hat. Frösche flüchten vor den gesenkten Köpfen der Kamele, die seit drei Tagen nichts getrunken haben. Oben auf dem Ufer steht im Gestrüpp das Zelt einer Nomadenfamilie. Eine junge Frau sitzt davor. Sie wendet nicht den Kopf, als wir in ihrem Rücken vorbeiziehen. Zwei kleine Jungen im Hemd halten sich aneinander fest. Das Wasser gehört allen, aber wenn die Pfütze ausgetrunken ist, müssen sie mit ihren Ziegen weiterwandern.

Es macht die Wüste schön, wenn in der Ferne ein Bild auftaucht, das wie etwas längst Bekanntes erscheint: ein grüner Schimmer auf der Erde, ein Palmenbüschel und der Schirm einer Akazie – eine Oase. Sie liegt am Rand des Wadi El Mhassar, dessen Steilufer wie ein Deich die auslaufenden Wellen des Grand Erg Occidental aufzuhalten scheint; weiche Spitzen, am Horizont hingespachtelt zwischen die flachen Konturen der Berge. Aber natürlich wogt das Sandmeer nicht hinter dieser Ufermauer; sie ist nur die Oberkante einer weiteren Ebene voll schwarzer Steine, über die der Blick bis zu dem im Sonnenglast verschwimmenden Wall des Djebel Bani schweift. Der Grand Erg ist noch zwei Gehstunden entfernt.

Unter dem Baum ruht bereits die Wanderfraktion im allgemeinen Zustand von Deshabillé, die wunden Füße dem Wind dargeboten. Der Brunnen ist ein mit Steinen und Knüppeln befestigtes Erdloch, aus dem die Nouaji das klare Wasser mit einem aus Reifen geschneiderten Gummi-Eimer heraufziehen. Zuerst die Kamele. Dann der Tee. Dann eine Konservendose voll Wasser über den Kopf. So nah am heißen Sand rührt sich erstaunlich viel Leben: Ein Schmetterling flattert vorbei, ein schwarzweißer Steinschmätzer und im Sichelflug ein graugesprenkelter Greifvogel.

In den Grand Erg ziehen wir am nächsten Morgen wie zum großen Finale ein: Wanderer und Reiter gemeinsam, flotten Schrittes, wogende Kamele mit erhobenen Köpfen und blasiertem Blick, flatternde blaue Ghanduras, schwarze und weiße Tücher, auch ein rotes Schirmkäppi. Der Übergang von Fels zu Sand kommt nicht mählich; wie ausgegossen liegen die Dünen vor den Füßen. Zum Foto einmal hinauf auf den Kamm, dann führen die Nouajis ihre Tiere wieder auf festes Terrain. Über die Talsohle schlängeln wir uns zu einem Hügel, der von gewaltigen Tamarisken beschattet ist; ein Logenplatz in diesem schweigenden Theater. Rundum liegen die Dünen von Chgaga, über deren Kämme der Wind prickelnden Sand sprüht. In der Abendsonne steigt Abdellah aus den Sandalen, rennt und springt die unter ihm zusammensinkenden Sandmauern hinauf, als habe er nur auf diese Gelegenheit gewartet. Wenige Beherzte waten ihm auf den höchsten, 60 Meter hohen Grat nach. Die übrigen verkrümeln sich unterwegs: Sitzenbleiber und Ferngucker. Auf jedem Hügel ein paar bunte Hemden, ein blaues Kopftuch. Die Stimmen fegt der Wind in die Wüste. Schmeichelnder Sand, lispelnd und raspelnd, fließend und doch unbewegt, ocker im Licht, umbra im Schatten, lautlose Wellen, die sich nie brechen. »Weiches besiegt Hartes« heißt es im Taoteking über das Wasser, aber der Sand ist auch nicht faul. Bis die Sonne untergeht und die Wüste samt aller Metaphern unscharf und leer aussehen läßt.

Am nächsten Tag holen uns die Landrover ab. Drei lange klebrige Stunden über Bollerpisten bis Zagora, ins Haus der Familie Azzizi, auf ihre Teppiche und Polster. Erst der Tee. Dann ins Hammam, eine nasse Höhle, die nach abgestandenem Hochwasser riecht. Blanke Frauen in Unterhosen begießen sich still aus kleinen Gefäßen oder schrubben ihre flennenden Kleinkinder ab. Es dampft und platscht, es glitscht und pladdert. Die Badefrau drückt uns fremde Frauen auf den Boden. Hinsetzen! Und schleift einen großen rosa Plastikbottich in unsere Mitte. Und nun die Hände ins warme Wasser tauchen, Wasser ins Gesicht und über den Kopf schaufeln, sich gegenseitig überschütten, naßspritzen, abspülen, lachend und kreischend – Wasser, Wasser, Wasser! Es macht die Wüste schön, daß sie das Frauenbad von Zagora birgt.

Eine Tunisreise

Der Zeigefinger, den Monsieur Abdel anklagend auf das kleine weiße Haus hinter Mauer und Mimosenhecke richtet, hat sich in den 30 Jahren seiner Fremdenführertätigkeit zu einer Art Säbelspitze durchgebogen. Auf Abdels Stammroute von Tunis nach Kairouan und zum Rand der Sahara richtet sich dieser spitze Finger auf römische Wasserleitungen, die glänzenden Wipfel der Dattelpalmen und die Kuppeln berühmter Moscheen. Das kleine Kolonialhaus mit dem Ziegeldach und den verrammelten Fenstern an der Uferpromenade von Ez Zahra, einem Vorort von Tunis, ist ihm als Sehenswürdigkeit jedoch neu und verdächtig. Das da? Das hätten wir gesucht? Ja, und Hamdullilah, wir haben es gefunden!

Es ist das Landhaus, in dem die Maler August Macke, Paul Klee und Louis Moillet im April 1914 während einer Studienreise bei einem Schweizer Arzt zu Gast waren, und es sind ihre Spuren, denen wir folgen. Die »raumbildenden Energien der Farben zu finden ... das ist unser schönstes Ziel« (Macke). Licht, Formen und Farbe des Orients waren für die drei Herren aus dem Abendland eine Offenbarung. In seiner Augenlust und Arbeitsfreude schuf Macke Aquarelle, in denen allein die Farbe Gegenstand und Stimmung ist: Gassen- und Bazar-Szenen, Stadt- und Meer-Ansichten, Tunis, Hammamet, Kairouan.

Unser schönstes Ziel wäre, nach 80 Jahren diese Orte zu finden, denen die klassische Moderne eine Sternstunde verdankt: wo Klee glaubte, »Heimat« gefunden zu haben, Macke sich fühlte »wie ein Stier, der aus dem dunklen Stall in die aufgeputzte Arena springt, hinten und vorn von farbigen Männchen gestochen«, und zu denen Moillet bis zum Ende seines Lebens immer wieder zurückkehrte.

Das ist natürlich nicht so einfach. Der kleine Eselreiter in Blau und Rot hat sich zum Typ mit Windjacke auf Moped entwickelt. Und wo immer wir uns erkundigen: Von Pohl, Ogüst und Loui hat hier noch niemand gehört. Monsieur Abdel, der in Ez Zahra an geschmiedeten Toren klingelt und dafür von bösen Kötern angefletscht wird, erfährt nichts als Härte und Unverständnis durch Gegensprechanlagen. Man muß schon sehr lange suchenden Blicks und mit dem aufgeschlagenen Kunstband herumgekreuzt sein, ehe sich ein Mensch erbarmt. Dies ist Monsieur Habib, ein pensionierter Ingenieur im blauen Anzug und weißen Häkelkäppchen, der mit wissendem Lächlen an der Ecke Rue 1 Juin steht und sich die Irrgänge eine Weile anschaut. »Vous cherchez la maison des trois peintres allemands?« Und der entzückte Aufschrei: »Monsieur, woher wissen Sie...?« Weil er der Nachbar ist. Er führt uns zu einem blickdichten Gartentor. Voilà, wenn Madame zu Hause sei, würde sie uns bestimmt auch einlassen.

Madame in Sweatshirt und Leggins ist Deutsche und hält einen afghanischen Windhund am Halsband fest. Sie kann sich schon denken, warum man bei ihr klingelt. Ja, dies sei das Haus, in dem Macke, Klee und Moillet bei einem Dr. Jäggi zu Gast gewesen wären. Zum Dank hatten sie Ostereier für sein Töchterchen gefärbt – »August schafft entzückende Gebilde« (Klee) – und im größeren Stil eine Wand im Eßzimmer mit einer arabischen Szene bemalt. Heute gehört das Haus einem tunesischen Augenarzt und steht leer; nur Madames Hund hat sein Lager im Erdgeschoß. Sie selbst bewohnt zur Miete einen neuen Seitenflügel mit deutscher Sofaecke und Einbauküche.

Der weiße Putz blättert von der Decke; die Kamingitter rosten in der Seeluft. Über ein marmornes Treppchen steigen wir auf die Dachterrasse. Der Blick geht über die Bucht zum neuen Hafen La Goulette, nach Sidi Bou Said und einem Kraftwerk, dessen Anblick den Malern erspart geblieben war. »Die Ferne über dem Wasser ist blühend schön, aber nicht ausschweifend. Alles hat große Haltung.« (Klee)

Ob sie schon einmal an den Wänden im Eßzimmer gekratzt habe? In Mackes Bonner Atelier hat man vor einigen Jahren ein Fresko im Wert von 400 000 Mark abgenommen ... Die Flügeltür ist zugeschraubt; dahinter lagert Gerümpel. Der Hausbesitzer kümmert sich nicht. Nein, sie kann nicht glauben, daß unter einer Schicht Dispersionsfarbe noch ein großes Format leuchten sollte ...

In Tunis suchen wir das *Grandhotel de France*, in dem Macke für ein paar Tage abgestiegen war. Das Jugendstilhaus in der Rue Mustapha M'barek steht noch, dürfte aber ein paar Sterne weniger haben als vor 90 Jahren. Eine eierschalfarben lackierte Säule, der Schwung des Treppenhauses und die Jugendstilgeländer der Balkone verraten das Alter dieser Southern Belle, die für ihre Erscheinung schon lange keine Verantwortung mehr übernimmt. Über der verbeulten Chromtheke hängen Bilder wie aus Erbsensuppe gemalt; Macke wäre sofort wieder seekrank geworden.

Eingetroffen waren die drei mit der *Carthage* aus Marseille im »einfach-ernsten« Hafen von Tunis. »Die Sonne von einer finsteren Kraft«, notierte Klee. Am Kai wartete die Limousine des Dr. Jäggi auf die Herren, die leicht angeschlagen, in Hut und Mantel, die Aquarellkästen unter dem Arm, über die Gangway wankten. Klee tat, als sei er unter die Freibeuter gefallen. »Unglaubliche Gesellen auf Strickleitern« seien zu ihnen emporgestiegen. Heute ist der Hafen verödet, Ölfässer tröpfeln in schwarzen Ecken vor sich hin. Im Polizeibüro wartet Monsieur Abdel auf den Schiedsspruch des Offiziers. Ein Kran bewegt sich über der *Fernanda Lubrano* und lädt Gips-Säcke ab. Dann werden wir hinauskomplimentiert. Hier gibt es nichts zu sehen, entscheidet der Hafenpolizist. Die Schultern und Rockschöße unseres vorauseilenden Führers sagen: Was machen diese Wahnsinnigen mit mir!

Den Souk finden wir alleine, die gewölbten Mauergänge, in die man wie eine Maus hineinschlüpft, auf die viele hungrige Katzen warten: Madame, Monsieur, nur gucken ... Einmal unter die Parfümeure gefallen, die sofort ihre Glasstöpsel benetzen, kommt man nicht wieder hinaus, ohne für den Rest des Tages nach Kaktüsblüte, Moschus, Sandelholz und Vetiver zusammen zu duften. Im Souk des Chechias werden rote Wollkappen wie seit hundert Jahren gebürstet und gewalkt; im Souk El Leffa öffnen sich hinter den Verkaufsständen der Teppichhändler Labyrinthe, die in allen Farben des Sonnenauf- und untergangs behängt sind und stark nach Wolle riechen. Nur herein, es ist teuer, aber schön. Macke hatte im Souk ordentlich eingekauft und »den Reiz des Geldausgebens« gelobt. Seiner Frau brachte er gelbe Pantoffeln, ein Kissen, Stickerei und eine Bernsteinkette mit. Klee war lieber ein bißchen sparsam. Sicher gab es das Café M'rabet im Souk Ettrouk schon, die profane Erweiterung eines Marabout-Grabes, aber ob sie dort eine Wasserpfeife geraucht haben? Macke hatte scheußliche Angst vor Bazillen.

Hammamet, wo sie auf ihrer Reise südwärts Station machten, ist heute eine geteilte Stadt: die Zone touristique, in der man gar nichts außer seinesgleichen zu sehen findet, und die Kasbah aus dem 15. Jahrhundert, die sich abends, wenn alle Gäste im Hotel am Büffet stehen, wieder in ein tunesisches Viertel verwandelt, so wenig folkloristisch wie ein Aquarell von Macke; mit schmalen gepflasterten Gängen zwischen kubischen waschblauen Häusern unter einem Himmel, aus dem die Farbe weicht und dem Meer, das gegen die Ringmauer klatscht. »Die Stadt ist fabelhaft ... winklig und rechtwinklig und wieder winklig«, schreibt

Klee. In einem Café zeichnete er in Notenschrift das Lied eines blinden Sängers und die Tamburin-Begleitung seines Knaben auf, »ein Rhythmus für immer«. Schließlich fanden sie bei einer »bösen französischen Alten«, die ihnen eine »verstopfende Rindsleber und einen Heublumentee« bereitete, Quartier. Wir haben es besser getroffen. Auf der Terrasse des Restaurants *Barberousse* mit Blick auf die Festung und den Strand essen wir Huhn in Zitronensauce mit Oliven und Meeresfrüchte mit Aioli.

In Sidi Bou Said, dem blauweißen Städtchen über dem Golf von Tunis, tuschte Macke sein einziges Aquarell mit wiedererkennbarem Sujet: *Blick auf eine Moschee*. Im Vordergrund steigt eine Treppe als weiße Fläche zu einer Schlüsselloch-Tür, deren Rundung von einem Muster aus schwarzweißen Klaviertasten umgeben ist: der Eingang zum *Café des Nattes*. Dahinter ragt das Minarett. Blaue Läden, ein Baum, ein Mann in rötlichgelbem Gewand mit Esel.

Nichts hat sich hier verändert; nur ist aus dem Esel ein Motorrad geworden; nur hat man den dürren Baum durch eine junge Zypresse ersetzt; nur sieht man mehr nackte Beine als lange Djellabahs. Schon Klee empfand, daß sie mit ihrem »europäischen Äußeren das Landschaftsbild belebten; natürlich nur in dümmster Nichtanpassung«. Macke knipste ihn, wie er in Hut und Anzug im Sand sitzt und die Stiefel ausleert. Ein Stück lange Unterhose reicht über den nackten Knöchel. *Auf der Straße* heißt eines seiner Aquarelle, in dem zur gegenseitigen Verwunderung ein Herr mit Bowler einem Herrn mit Fez begegnet.

Im *Café des Nattes* sitzen noch immer alte Männer auf Halfagrasmatten, rauchen Wasserpfeife und trinken Minztee mit Pinienkernen. Hart glänzen die in rotgrünen Spiralen bemalten Holzsäulen in der Abendsonne, die über die ausgetretene Steinschwelle hereinscheint. Ein Anblick für immer.

Gegen ein kleines Trinkgeld steigen wir auf den Leuchtturm.

Zwischen den weißen Häusern spitzen das brennende Violett der Bougainvillea, rosa und orangefarbene Wandelröschen und die grünen Fächer der Palmen hervor. Ein Falke steht unbeweglich wie ein Drachen im Aufwind. Im sinkenden Licht färbt sich der Himmel fensterladenblau.

Waren Tunis und Sidi Bou Said Außenposten Europas in einem exotischen Land, so brach auf der Bahnfahrt nach Kairouan »durch eine immer mehr verödende Natur« das Morgenland unverstellt über sie herein. Das spürt man ähnlich noch heute. Die Farben sind an der Küste zurückgeblieben. In der braungebrannten Ebene zwischen graugrünen Olivenhainen und Eukalyptusbäumen blitzt manchmal der rote Rock einer Beduinenfrau wie eine freudige Überraschung, nach der man sich umdreht. Wir fahren weiter nach Süden, nach Tozeur und Douz bis zum Rand des großen Erg. So weit sind sie nicht gekommen. Die Sehnsucht nach der Wüste, die heute viele Europäer umtreibt, hat sie nicht berührt. Nicht das Fremde erwarteten sie zu entdecken, sondern eine Bestätigung ihrer in Europa vorformulierten Erkenntnisse über Farbe und Form.

So ist ihnen das alte Frauenbad von El Hamma entgangen. Ein Mädchen mit hennaroten Wangen bedeutet mir einzutreten. Durch Gitterfenster unterm Dach fällt weiches Licht auf ein blaugekacheltes Becken, in dem sich braune, wasserglänzende Frauen in Unterröcken und Schlüpfern Köpfe und Schultern begießen. Dicke Frauen mit schweren Brüsten und einem Rückgrat, das sich wie eine tiefe Furche durchs Fleischgebirge zieht; und junge mit Babys auf dem Arm. Sie planschen still und gewissenhaft. Im Bade – aber hier hätte man die peintres allemands sowieso nicht hineingelassen.

Die Oasenstadt Tamerza, an eine Flanke des Hohen Atlas geschmiegt, sieht aus wie eine Reihe Sandburgen, über die eine Welle hinweggegangen ist, und tatsächlich wurde sie nach einer

Überschwemmung von ihren Bewohnern verlassen. Nur die Kuppelgräber der Marabouts sind frisch geweißt. Manche Palmen stecken noch immer bis zum Kragen in den Sandmassen, und man muß nur die Hand ausstrecken und die dicken süßen Datteln von den Rispen pflücken.

In den großen Salzsee Schottel Djerid fährt man wie über einen flimmernden Spiegel hinein, an dessen Ende sich die Piste aufzulösen scheint. Zu beiden Seiten glitzert das Salz. Unfern ragt das Oberteil eines Reisebusses aus dem weißen Schlamm. Es ist ganz still bis auf das Gewimmer der Fliegen und das Murmeln der Händler, die vor dem Straßencafé sitzen und auf Käufer für ihre Mineralien und Sandrosen warten. Im Nordosten spiegelt sich der Palmensaum einer Oase in einem Streifen flüssiger Luft. »Das Motiv hätte Paul und August auch gefallen.« Monsieur Abdel hat solche Gespräche inzwischen gründlich satt.

Wir fahren zurück nach Kairouan. Abdel zeigt uns dort die große Moschee Sidi Okba, die kachelprächtige Barbiermoschee und den Brunnen, aus dem ein im Kreis wanderndes Kamel mit verbundenen Augen »heiliges Wasser« in einem Schöpfrad nach oben hebt. Aber auch wir suchen »nichts einzelnes, nur das Ganze« und finden es in der Medina, zwei Straßenecken von den Millionen Plüschkamelen und den von Katzengold schimmernden Höhlen der Messingschmiede entfernt. Es ist das Kairouan der Schreiner und Gemüsehändler, der Teppichweber und Friseure. Jede Mauer ist ein Bild, und hinter jeder Tür scheint ein Geheimnis zu wohnen: schwere Schlösser, Nagelmuster, glücksbringende Hände, Ahnungen von Farbe, Reseda, Rosa, Ocker, Türkis, abgegriffen bis auf die Maserung. Kinder tragen lebende Stare wie Spielzeugflugzeuge herum. Ein Mann verfüttert auf einem kleinen Platz den Inhalt seiner Mausefalle an die örtlichen Katzen. »Man hat ja keine Geschäfte« (Klee), nur den Wunsch, seine Augen spazierenzuführen. Neben weißen Wollgebirgen sitzt ein Händler in schwarzer Djellabah, ein Büschel Jasminblüten hinter dem Ohr. Die Gosse deckt ein antikes Säulenkapitell. Im Innern eines Gebetshauses tüncht ein Mann die Wände in großen blauen sorglos-wolkigen Zügen. Abgerückt in der Saalmitte steht das grüne Pult des Imam. Es sind zwei starke, heitere Töne. Macke-Blau und Klee-Grün.

Ein Lied über die Einsamkeit
des Sängers in der Wüste

Um halb sieben ist Frau M. froh, endlich aufstehen zu dürfen. Der weiße Mond, der ihr die Nacht über ins Gesicht gestrahlt hat, steht noch am westlichen Himmel, während im Osten ein gelbes Leuchten hinter den Bergen aufgebrochen ist. 150 Schritte weiter unten im Wadi brennt das Feuer. Gestalten in Daunenanoraks über den langen Hemden kramen zwischen Sätteln und Gepäck. Kamele knuspern an den Stacheldrahtzweigen einer Akazie. Frau M. liegt hart. Alles, was sie an Vorsorge zur Linderung der Unbequemlichkeit ihrer Reise getroffen hat, ist nur kurzfristig erfolgreich gewesen. Durch den neuen Schlafsack, den ihr ein Verkäufer in gebügelter Safariweste als »völlig ausreichend bis minus fünf Grad« empfohlen hatte, war die Kälte der Wüstennacht gezogen. Im Rucksack hatten sich die Spulen des Walkmans ohne ihr Zutun in schnellen Durchlauf gebracht und einen Satz Batterien verbraucht. Der zollfreie Whisky, den sie in eine blickdichte, aber schlecht schließende Plastikflasche umgefüllt hatte, war bereits auf dem Flug von Algier nach Tamanrasset in ihren Hemden und Leinenstiefeln versickert.

Es ist noch immer kalt, und es würde nachts noch kälter werden, da die kleine Karawane aus fünfzehn Dromedaren, drei Tuareg und sieben Touristen ständig bergauf ins Hoggar-Gebirge ziehen würde, bis zum Fuß des Assekrem, rund 2500 Meter hoch. Als sie beim Aufstehen in eine Akaziennadel tritt, weiß Frau M. nicht mehr genau, was sie in dieser Gegend eigentlich zu suchen hat. Algerien war ihr gleich verdächtig vorgekommen; nicht gerade ein Hort der Freiheit und des Religionsfriedens, obwohl Ali Tegar, der Gastgeber allen versichert hatte, daß die Islamisten hier tief im Süden niemals etwas zu melden hatten. Als sie und die Armee in den 90er Jahren das Land terrorisierten, wären die meisten Touristen ferngeblieben. Nur die Deutschen, die es anscheinend wenig kümmert, ob's knallt oder brennt, hätten sich nicht schrecken lassen.

Furchtlos und zünftig haben sie sich auch diesem Abenteuer ausgesetzt. Frau M.'s Mitreisende sind Wüstenfans mit Sunblocker auf der Nase und wehenden Tüchern überm Genick, Wandersleute, die sich beim Ausschreiten Kopf und Herz erleichtern, eine Entscheidung treffen, ein Versprechen einlösen wollen. Als sei das Hoggar nicht nur ein geographischer Ort und ein präkambrisches, vulkanisch überprägtes Gebirge in der Zentralsahara, sondern eine höhere Ebene des Bewußtseins. Als erzeugten Steigung, Steine und trockene Luft etwas, das nicht auch zu Hause in Betrachtung eines Kinderspielplatzes oder beim Unkrautjäten im Garten zu haben wäre: friedliche, wiederkäuende Gedankenferne.

Angela hat sich die Tour als Belohnung für die Büffelei für die Heilpraktiker-Prüfung geschenkt. Karin will nach zehn Tagen wissen, ob sie eine Massage-Praxis übernehmen soll, Jörg vor seinem 60. Geburtstag auf dem Assekrem gewesen sein. Manfred hat einem Freund, der auf dem Weg dorthin tödlich verunglückte, versprochen, den Sonnenuntergang vom Gipfel-Plateau zu fotografieren. Und Heidi will einfach nur ihre Ruhe haben, hinterherstapfen, weg vom Geschwätz der anderen, sich die Sonne auf das bare Haupt brennen lassen und sich wundern, daß ihr nach drei Tagen furchtbar schlecht wird.

Die drei Männer mit den blauen und weißen Tagelmusts um den Kopf, die die Gruppe führen, Kamele und Gepäck versorgen, Wasser holen, Tee brauen, mittags im Schatten aufgespannter

Wolldecken Salat, Brot, Ölsardinen und Orangen auftragen und abends über dem Feuer kochen, lassen jeden herumlaufen, wie's beliebt. Auch als Frau M. einmal mit den Brandenburgischen Konzerten auf den Ohren – die Berge wirkten so barock! – vornewegschusselt und den falschen Weg einschlägt, wird sie nicht von den Männern in Blau, sondern von ihren Mitreisenden wieder eingefangen. Die Tuareg, so erscheint es ihr nach diesem Schreck, glichen weniger Rittern der Wüste, als Prärie-Indianern, bei denen auch jeder Anspruch auf seinen eigenen Fehler hat, und sei's der letzte.

Es gibt Frühstück. Angerichtet ist auf der Erde: Kaffee und Teewasser, überm Feuer getoastetes Baguette, Butter, hartgekochte Eier, Marmelade und Käseecken. Man liegt auf Knien und Ellenbogen, wie die Dromedare, die so ihre Körner fressen, nur etwas weniger hoheitsvoll. In der Morgenkühle marschiert das Grüppchen dann auf die Berge zu, schmale Pfade durch kollerndes Geröll, auf die die erstaunlichen Tiere mit federnden Knöcheln stetig und sicher ihre großen Plattfüße setzen. Abdallah führt die Kette der Lastkamele, dann folgen die Meharis mit den Sätteln; ergonomisch eigenwillige Gestelle mit schmalen Rückenlehnen und einem Sattelknauf wie ein gespreizter Dreizack. Manche Reittiere sind wollig und schäfchenweiß, andere braun und etwas abgeschabt, wie das von Frau M., ein würdiger Onkel mit Namen El S'har, den sie sich als Elsegard besser merken kann.

In der Hochebene wird aufgesessen, wobei das Knie von Mokhtar, dem Karwanenführer, Abdallah und Lahcen als kleine Stufe hilft, ehe sich Elsegard und seine Brüder in drei Schiffschaukel-Schwüngen wieder in die Höhe entfalten. Oben ist es kühler. Frau M. bekommt den Strick gereicht, kreuzt die Socken über dem Kamelhals, stupft ihn mit der Sohle an und sagt »urrgh urrgh«. Das ist alles. Danach kann sie sich vollständig Elsegards

Umsicht anvertrauen, seinem wiegenden Gang, seiner Trittsicherheit und seinem strebsamen, stoischen Naturell. Gelegentlich dringen Geräusche wie aus einem Abflußrohr aus dem großen Leib, doch scheint ihm nichts zu fehlen. Hinter ihnen reitet Lahcen, treibt mit leisen Schnalzlauten die Truppe an und singt für sich und die Meharis ein Rezitativ, eine absteigende Folge sanfter, schleifender Töne im Takt ihrer Schritte. Was ist das für ein Lied? Ein Lied über die Einsamkeit des Sängers in der Wüste.

Großartig waren sie am Tag zuvor in diese Wüste verabschiedet worden. Mit einer Fête unter den Akazien des Rastplatzes. Vier Tuareg-Frauen mit dunkelroten Henna-Fingerspitzen saßen wie große Vögel in schwarzglänzendem Gefieder um Lalla Badi herum, eine füllige alte Dame und die beste Sängerin des Hoggar, wie man so hörte, schlugen die Trommel und begleiteten ihr energisches, treibendes Solo mit Klatschen, Summen und Trillern. Mokhtar, Lahcen und Abdallah, vermummt bis zu den Augen und in ihren besten Gandurahs – ein Herrengewand, das auf fesselnde Art zu raffen und zu schwingen den Träger schon auf der platten Erde vollauf beschäftigt –, ritten auf ihren Meharis im scharfen Trab um die Sängerinnen herum, ein Kunststück, das als »danse des chameaux« zur gehobenen Folklore gehört. Ein Mehari, das diese Nummer beherrscht, so erfuhr Frau M. von Mokhtar, läßt sofort sein Fressen stehen, wenn es die Trommel hört. »Tinding«, schrieb sie in ihr Notizbuch, »Tamaschek-Wort für Tamtam, Gesang und Kameltanz. Tarlelit, das eigentümliche Trillern mit Mund und Zunge.«

Sämiger grüner Tee wurde dreimal sprudelnd in kleine Gläschen ausgeschenkt: bitter, süß und sanft, Rosenparfum spritzte, und der Himmel leuchtete im selben Indigoblau wie die wallenden Kleider. Später gab es Couscous aus gemeinsamer Schüssel, und Ali, der Gastgeber, verteilte reihum das Hammelfleisch und paßte auf, daß keiner mit dem Löffel im Revier des anderen räu berte. Hinter den Bergen im Osten kündigte der volle Mond seinen Auftritt an, quoll über die Höhenlinie, schwamm für Augenblicke wie ein Goldstück auf Wasser und füllte das Tal mit seinem Licht. Frau M. nahm ein kaltes Mondbad, ehe sie in ihren Schlafsack kroch.

Nun ist es heiß, tonlose Hitze, die über den schwarzen Steinen schillert, leise, mampfende Kamelschritte und Lahcens Zungenschnalzen. Die Landschaft nimmt enorme Formen an, als habe ein gewaltiger Daumen vor 15 Millionen Jahren Vertiefungen in die Felsen gedrückt, harte Laibe übereinandergeschoben, Fladen aneinandergelehnt und wie in heiterer Laune hochkant noch eine Felskartoffel darauf gesetzt. Nichts ändert sich, bis auf die Schatten, die langsam schräger und hochbeiniger werden.

An diesem Abend bitten sieben verfrorene Touristen, zum Tee in den Kreis ums Feuer aufgenommen zu werden, und lernen, ihren Beitrag zur Geselligkeit zu leisten. Abdallah trommelt auf dem leeren Wasserkanister, Lahcen singt ein Lied mit vielen Strophen; die sieben klatschen den Takt und summen eine Grundnote: ehemm, ehemm... Wovon das Lied handelt? Ach, von diesem und jenem. Mokhtar erhebt sich und trabt – ein halbes Mehari – mit ruckendem Kopf und hohen Knien um die Gesellschaft herum. Frau M. beginnt ihre Verluste leichter zu nehmen.

»Stellt eure Zelte weit auseinander, aber nähert einander eure Herzen«, hatte Ali ihr als Tuareg-Sprichwort mit auf den Weg gegeben; eine ausgezeichnete Regel. Abends verkrümelt sich jeder in sein eigenes kleines Biwak, um später, mit feuchten Tüchern abgewischt, am Feuer zu erscheinen, zum Reden, zum Essen, zum Singen, und um irgendwann als herumirrende Taschenlampe wieder in der großen Stille zu verschwinden. Tuareg und Touristen palavern auf französisch und schwäbisch. Mittags unterm Sonnensegel zeigt Karin Postkarten vom Freiburger Münster: So sieht's bei uns aus. Sie hat auch den Spüldienst eingeteilt, damit die drei Bürschle mal eine Hand frei haben. »Häfele«, sagt Abdallah, »Kischtle, Gläsle« und knickt vor Lachen vornüber. Was andere sich derweil beim Marschieren auf französisch zusammengereimt haben, beeindruckt ihn weniger. »Würden Sie mir bitte helfen, aufs Kamel zu steigen?« Häh? Frau M. versteht, daß der Konjunktiv im Hoggar nicht gebraucht wird.

Zwei Nomadenjungen in Sandalen, Trainingshosen und löcherigen Sweatshirts erscheinen morgens im Camp und bieten Handarbeiten an. Der ältere ist taubstumm, schaut in die Gesichter und lächelt die ganze Zeit; sein kleiner Vetter kaut an den Schlüsselringen, die er eigentlich verkaufen soll. Ein schwarzer Lederpuschel kostet 200 Dinar, sieben Mark. Einen Schlüssel kauft keiner.

Jeder Tag endet mit einer Überraschung: mit der Felsgravur einer Giraffe und eines Stiers in einer der Daumenhöhlen; 4000 Jahre alt, als die Sahara noch grün war; mit einem Wadi, in dem sich das in den Kies gegrabene Loch drei Schaufeln tief mit klarem Wasser füllt. Als Kamele und Menschen ausgetrunken haben, erscheint eine getupfte Kröte auf dem Grund. Die größte Überraschung aber ist die Schlucht vor Afilal mit ihren glatten, rundgewaschenen Felsbecken, durch die das ganze Jahr ein Bach kalt und reichlich fließt. Oleanderbüsche umgeben ihn, Binsen, duftende Minze, sogar Palmen – und heiße Steinmauern, so daß das Grün unsichtbar bleibt, bis man fast darübersteht. Grillen sägen, Geier kreisen, Wassergeflügel flüchtet klatschend. Frau M. taucht bis über die Haarspitzen ein. Morgen wären sie am Ziel.

Sie hatte gehofft, in das Lager am Fuß des Assekrem großartig einzureiten, aber eine halbe Stunde zuvor hatte Mokhtar absitzen lassen, ihr den Strick seines Meharis über die Schulter geworfen, und so stapfen sie nun im Gänsemarsch weiter bergauf. Es gibt eine Piste auf diesen prominenten Berg; unversehens überholen Motorräder und Autos, und Menschen steigen aus, um sie zwischen Elsegard, Atlar, Kaouni und Barka zu fotografieren; mit verbrannten Nasen, in staubigen Socken, Beutelhosen und einem schiefen Wickel um den Kopf.

»Ich kann meine Augen kaum von diesem Anblick losreißen, dessen Schönheit und Eindruck von Unendlichkeit den Schöpfer nahebringen und dessen Einsamkeit und Wildheit zugleich zeigen, wie sehr ich mit I h m allein bin, und wie sehr ich einem Tropfen im Meer gleiche«, schrieb der Eremit Charles de Foucauld, als er sich 1911 auf den Assekrem zurückzog. Was er sah, sieht der Betrachter auch heute und wird es unverändert in hundert oder tausend Jahren noch sehen: ein wüstes, von der Erosion benagtes und in der sinkenden Sonne rot glühendes Gebirge. Wie aus Knetsträngen zusammengedrückte Klippen und gigantische zerklüftete Backenzähne ragen die harten Vulkankerne aus dem Schuttmantel, der sich um ihren Sockel breitet. Bis in die blaue Ferne lagern pyramidale Schnäbel und Zinnen. Man debattiert über das beste Fotolicht, und dann ist auch das weg, und alle sind stumm im schneidenden Wind und der einbrechenden Nacht.

Noch immer wohnen zwei Pater vom Orden der »Petits frères de Jésus« unter dem Gipfel, alte Herren in Pudelmützen und Anoraks, die de Foucaulds Kapellen-Klause bewachen und aufpassen, daß keiner vor ihrer Türe campiert. Selten steigen sie herab. Um das schmale, turmlose Gotteshaus, das wie ein gestrandetes Schiff auf dem Gipfel liegt, haben sie das Plateau mit flachen Steinen wie mit Schuppen belegt und eine niedrige Zickzackbrüstung aufgeschichtet. Eben noch hat einer der beiden dem französischen Herrn, der mit seiner Videokamera vorm Gesicht herumspazierte, etwas erklärt. Nun bückt er sich nach dem Bonbonpapierchen, das jener hinterlassen hat.

Drinnen sind im letzten Licht ein Altar, zerschlissene Matten, Fotos und Bücher des Eremiten zu sehen, der ein Lexikon in Tamaschek, der Sprache der Tuareg, schrieb, ihre Poesie übersetzte und zwischen Franzosen und Kolonisierten schlichtete, ehe er 1916 von feindlichen Senoussi-Soldaten ermordet wurde.

Auf der Rückreise nach Algier macht die Gruppe in der Oase Ghardaia Station. Hunderte von Luftkilometern nördlich, noch immer in derselben Wüste und noch immer von derselben Zuvorkommenheit umgeben, schnurrt der Abstand zwischen den Lagern auf die Breite einer Dachterrassen-Mauer zusammen. Man achtet sehr darauf, daß die Gäste beisammenbleiben und speziell die fremde Frau sich nicht verläuft. Ghardaia mit seinen fünf Städten gleicht einer Festung, in der seit dem 11. Jahrhundert strenggläubige Mozabiten wohnen. »Natürlich sind wir hier alle Islamisten«, sagt einer der freundlichen Männer mit weißem Käppchen, Autoschlüssel und Handy, als Frau M. ihn auf die politisch-religiöse Lage in Algerien anspricht. Natürlich gingen auch seine Frau und seine Töchter vom Scheitel zu den Zehen verschleiert. Er habe sein Lebtag noch nicht das Gesicht seiner Schwägerin gesehen. Und über Frau M.'s bestürzte Miene lachend: »Aber natürlich sind wir hier auch alle friedliche und staatstragende Bauern.«

Wunderbar ersonnen sind ihre Bewässerungssysteme, köstlich sind ihre Datteln, süß duften ihre Orangenbäume; kalt fließt das Wasser in die Becken. Nachts rufen die Käuzchen. Aber die sandgelben und hellblauen Häuser von Beni Isguen und El Ateuf, die mit ihren Mauern wie Jahresringe von den Hügeln hinuntergewachsen sind, wenden der Welt den Rücken zu. Fremde dürfen sie nur in Begleitung eines einheimischen Führers und in angemessener Hülle betreten. Es sind fensterlose Orte mit überwölbten Gassen und verschlossenen Türen. Fotografiert werden darf nur die kleine weiße Moschee, deren schnörkellose Eleganz schon Le Corbusier erfreut haben soll.

Auf dem Markt von Beni Isguen sitzen Männer in Beige auf

der Bordsteinkante um den ganzen Platz herum. Es gibt keine Stühle, keine Cafés, keine Badehäuser, keine Hotels. Obststände, ja, mit Männern unter der Sonnenplane. Die Frauen, die mit Einkaufstaschen vorbeigehen, haben ihre Tücher vor die Gesichter gerafft und äugeln aus einem Spalt heraus. Nur die Kinder trauen sich was. Sich um die Ecken drückend, kichernd und pfeifend, stören sie den Vortrag über die Türen aus Palmholz und werden von dem Führer mit einem Schubs in den Rücken verjagt. An einer abweichenden Meinung ist hier niemand gelegen. Langsam beginnt Frau M. die Nonchalance der Berge zu vermissen.

In »Zwei Känguruhs beim Trinken«

»Heaven could be no more magical and mystical
than unspoiled Australia«
(Miles Franklin)

Unter dem Wendekreis des Steinbocks ist bekanntlich alles ganz
anders: Die Sonne steht mittags im Norden und Orion nachts
auf dem Kopf. Winter ist Sommer, die Bäume werfen ihre Rinde
statt der Blätter ab, der Bär ist ein Beuteltier und duftet nach
Hustenbonbons. Australien ist ozeanisch und heiß und wiederum angelsächsisch. In den kleinen Städten sperrt der Wirt
die Kneipe sonntags um neun Uhr abends zu. Kein Korso in der
linden Nachtluft. Sind alle schon im Bett? Der Fremde muß alleine lustig sein. Ein steinaltes Land und eine junge Nation, so
sieht es aus. Alle laufen in kurzen Hosen herum und reden, daß
es Professor Higgins auf den Gummibaum getrieben hätte: The
raain in Spaain ... Ihr Lächeln hat etwas entschieden Sonniges,
und der Ton liegt bei: Was kann ich für dich tun, Schatz? Man
kehrt ganz aufgeweicht von soviel Wärme, Eukalyptusdüften und
Lächeln nach Hause zurück und merkt erst auf dem Frankfurter
Flughafen, wo Kölner Witwen im Trevira-Drillich das Kommando am Gepäckband übernommen haben, daß man zwei Wochen lang auf dem Kopf spaziert ist.

Sydney, wo die Reise beginnt, ist eine aufgekratzte Stadt mit
glitzernder Skyline an einem blauen Hafen, dem größten der
Welt. Das berühmte Opernhaus, ganz aus weißen Dächern, die
an eine vielzipfelige Narrenkappe erinnern, liegt auf einer Landzunge, auf der vor zweihundert Jahren die Hütte des Aborigines

Bennelong stand. Auf seiner Seite, gen Osten hin, siedelten sich die respektablen Kolonisten an. Der Westen war dem Riffraff vorbehalten, Sträflingen mit ihren Misses und Walfängern, die mit dem stinkenden Fett und Blut der toten Tiere Schwärme von Haifischen in die Bucht lockten. Ihr Stadtviertel, The Rocks, trägt heute als einziges die Spuren der Vergangenheit. Viele sind es nicht mehr, und was stinkt, ist allenfalls die Bodenspekulation. The Rocks ist schick und niedlich, ein Stückchen Kolonial-England. Georgianische Ziegelhäuser ragen in einen vergißmeinnichtblauen Himmel. Hinter restaurierten Ladenfassaden locken Plüschbeuteltiere in jedem Format die Touristenschwärme an.

Am Circular Quay setzte Kapitän Arthur Philipp 1788 seinen Fuß auf die Terra australis. Er brachte 757 Sträflinge mit, darunter 192 Frauen und 18 Kinder. Man wurde damals ohne viel Federlesens und langen Prozeß deportiert; ein Brot zu klauen reichte schon. Aus dieser rühmlichen Zeit stammt der Spitzname für die englischen Vettern – Pom – nicht Kartoffel, sondern Prisoner of Her Majesty.

Der Kai ist noch immer Sydneys großes Tor. Die Fähren zu den Vororten legen hier ab. Man flaniert, gafft und mampft, Spinattaschen und Krabbenbrötchen, die in ein Schließfach, aber in keinen Schnabel passen. Vierschrötige braungebrannte Herren, vom Kinn bis zum Bauchnabel aufgeknöpft und tätowiert, tragen Bierdosen spazieren. Matrosen in Gamaschen und rechteckigen Schrankfalten in den weißen Paradehosen ziehen im Gleichschritt ins Vergnügen – dahinter, zwei und zwei, ein Kindergarten, alle Knirpse mit Mützen und wehendem Nackenschutz wie kleine Fremdenlegionäre. »Schlüpf in etwas Leichtes, schlämm dich mit Sonnencreme ein und schlapp dir einen Hut auf!« heißt die Regel, seit das Ozon von Süden her immer dünner wird. Ein alter Herr spielt auf dem Xylophon »Guter Mond, du gehst so stille«; ein Chinese begeigt die einzige Saite seines Er-Hu, und an einer Säule neben dem italienischen Café sitzt ein junger Aborigine und bläst mit tennisballdicken Backen auf dem Didgeridoo, einem umfänglichen Holzrohr ohne Löcher und Klappen. Es klingt wie Zikadengesumm und Froschkonzert, wie Wind über dem Gras; es schnarrt und orgelt und tutet: Hinaus nach Australien!

Es ist nicht die harte Tour, die wir uns ausgesucht haben, nicht der ziegelrote Staub des Outback und nicht die Traumpfade ins Never Never, sondern das moderate Abenteuer: ein bißchen Kanufahren, ein bißchen Reiten, im Ballon aufsteigen, Schnorcheln in ruhigen Gewässern und die Tierwelt beobachten – am liebsten mit dem Fernglas von der Veranda aus.

In Brindabella könnte ich gleich Wurzeln schlagen. Das Tal liegt zwischen der Küste und der Great Dividing Range und wird vom Goodradigby River durchflossen, dessen Name soviel bedeutet wie »Zwei Känguruhs beim Trinken«. Brian Barlin, an die Fünfzig, mit blauen Augen, großen Händen und dem Lächeln eines Mannes, der vielleicht ein bißchen schüchtern ist, aber genau weiß, was er will, holt uns mit dem Landrover am Flughafen von Canberra ab. Eine gute Stunde geht es durch die Berge und den Busch. Brian erzählt dabei von seiner Station, einer Farm von bescheidenen 2000 Acres, von seinen Murray-Grey-Rindern, vom Schafscheren, Buschfeuern und den Nachbarn. Seine berühmteste Nachbarin war vor hundert Jahren die Schriftstellerin Miles Franklin (My Brilliant Career), die zur Schule ging, wo heute das große Haus der Barlins mit dem tief heruntergezogenen Dach steht. Miles, die eigentlich Stella Marian Sarah hieß, litt unter dem dreifachen Handicap, daß sie eine Frau, intelligent und ehrgeizig war. Aus der Plackerei und dem Stumpfsinn einer heruntergekommenen Farm (von wegen brillant ...) wühlte sie sich hinauf in die literarische Welt. Aber noch als sehr

alte Dame erinnerte sie sich liebevoll ihrer Kindheit in Brindabella: an den Duft der Rosen, den Gesang des Flusses und den
Geschmack der Pflaumen. Ihre kleine Schwester liegt am Goodradigby unter einer gewaltigen Ulme begraben. Das Haus der
Franklins ist jedoch nur noch ein Haufen Steine auf einer Vieh-
weide. Eine Reihe verfitzter Quitten- und Birnbäume deutet die
Konturen des Obstgartens an. Später wurde im Tal Gold geschürft – auch die Mine ist verfallen und zugekrautet –, und es
gab ein Hotel, das vor Jahren abbrannte. Heute sind Brian und
seine spanische Frau Guillermina die einzigen Gastgeber im Tal,
die es mit gerade so vielen Besuchern aufnehmen, wie an ihren
Abendbrottisch passen.

Es ist Teezeit. Scones und Muffins werden mit Sahne und
Himbeergelee bekleckert. Ein Regenschauer prasselt aufs Veran-
dadach. Nasse blaue Zaunkönige wippen auf den Stufen zum
Garten. Jenseits des Zauns lagern zwei graue Stiere wie Findlinge. Es könnte hier auch das Nordpfälzer Bergland sein, wenn
sich nicht ein Schwarm weißer Kakadus mit gelben Federhäub-
chen kreischend in einem kahlen Baum niederließe. Guillermina teilt meine Erregung nur höflichkeitshalber. Kakadus! Als
würde sich bei uns ein Mensch am Anblick der Saatkrähe berau-
schen. »Die fressen meine Johannisbeeren und die Zuckererbsen
auf.«

In der Dämmerung kurven wir über die Hügel und halten Aus-
schau nach Känguruhs. Es ist ihre Zeit, aus dem schütteren Wald
zu den Wasserlöchern zu hüpfen. Was dachten wohl die ersten
Weißen, als sie dieses Tieres ansichtig wurden? Eine Riesenmaus?
Eine verzauberte Küchenangestellte? Wenn sie sich lauschend
aufrichten, die mageren Arme vor dem Bauch gefaltet, sehen sie
aus, als wollten sie eine Schürze glattstreichen. Und im Absprung
sind es wieder ganz andere Wesen, anmutig das Weite gewinnend.
Rosenfarbene Kakadus – Galahs – schwärmen in den Baumkro-

nen, und aus dem Busch lacht der »merry merry king«, der Kookaburrah wie ein Haufen nicht mehr ganz nüchterner Stammtischbrüder.

Auf dem Heimweg schaltet Brian die Scheinwerfer an. Wir rumpeln zum Fluß hinunter, um dort den unschuldigen Wombat zu belästigen, der bei uns auf den trefflichen Namen Plumpbeutler hörte, wenn es ihn denn gäbe: ein strammes, schwarzes Wollschweinchen, das abends aus seiner Erdhöhle zu den Weidegründen trabt. Dort sieht es sich mit Gestalten konfrontiert, die mit Taschenlampen fuchteln und bei seinem Anblick spitze Schreie ausstoßen (da! da!), worauf der Wombat wieder in sein Quartier zurückkehrt und wartet, bis der Mob sich verzogen hat. Nachts wehen wunderbare grüne Düfte zur Verandatür herein. Die Sterne stehen dick und weiß; am Ende der Milchstraße leuchtet das Kreuz des Südens.

Am nächsten Morgen wollen wir den Goodradigby bezwingen. Er ist kalt mit tiefen schwarzen Teichen und kleinen Stromschnellen. Brian fährt uns und die Boote ein gutes Stück flußaufwärts und läßt uns auf einer Kiesbank zu Wasser. Der Kanuboden rumpelt über die Wacken, dann sind wir flott. Doch nichts ist mit gemächlichem Dahingleiten unter sanften Trauerweiden. Beim Bootfahren muß man vorausschauen und den Zurufen des Steuermanns folgen: »Paddle like hell!« Trotzdem hängen wir plötzlich quer zwischen den Felsen. Stau – auffahrendes Kajak – den nächsten tunkt es über Bord. Er robbt halb ertrunken samt dem vollgelaufenen Boot aufs flache Ufer. So hatte ich mir das eigentlich nicht vorgestellt.

Der unaufgeregteste Genosse im australischen Busch ist der Koala. Ihn treffen wir im Tidbinbilla Park, unweit von Canberra, und das ist kein Kunststück. Ein Ranger geht jeden Morgen den Waldweg ab und markiert anschließend auf einer Karte am Tor die Bäume, auf denen die Bären sitzen. Der Koala verbringt nämlich ganze Tage träumend in seiner Lieblingsastgabel. Seine Neugier auf die Mitwelt hält sich in Grenzen. Mal glitzert das Knopfauge, mal richtet sich das Puschelohr auf die Spaziergänger, die entzückt unter seinem »Gumtree« die Hälse recken. In der Dämmerung mümmelt er sich durchs Eukalyptuslaub, sein bevorzugtes Stöffchen, das angeblich wie eine Droge wirkt. Doch ein Tier, das ständig bekifft ist, hat selbst die auf Überraschungen abonnierte australische Natur nicht vorgesehen. Richtig ist: Eukalyptus hat wenig Nährwert, und der Koala bewegt sich so tranig, um Energie zu sparen. Wieder etwas gelernt. Menschliche Gier, die ihm nach dem Pelz trachtete und noch heute die Eukalyptuswälder rodet, hat diesen bezaubernden, schutzlosen Kameraden nur in Reservaten überleben lassen. Das liest man dann auf dem Heimweg.

Mit Sonnenaufgang steigen wir im Heißluftballon über Canberra auf. Ein sanfter Ruck, ein beständiges stilles Gleiten, der Korb streift einen Wipfel, und dann taucht Lake Burley Griffith unter morgendlich durchsonnten Nebelschwaden auf. Wo aber ist Canberra? Die australische Hauptstadt, rund um diesen künstlichen See nach dem Prinzip einer großen Gartenstadt gestaltet, ist tagsüber fast gänzlich unter Bäumen verborgen. Erst nachts überrascht ihr ausgedehntes Geglitzer. Wer aber braucht dieses ganze Grünzeug, da der Busch gleich an der Stadtgrenze beginnt? Wer braucht dieses Straßengeschlinge, diese Einkaufszentren, diese ganze dezentrale verschnarchte Langeweile?

Der Ballon reist mit dem Wind zum Parlamentsgebäude, eine Schöpfung aus den 20er Jahren, die an einen bebauten Sportplatz erinnert. Der Eingang ist kahl und rot wie ein Tenniscourt, das Dach eine begehbare Rampe aus Rasen von schwer symbolischer Bedeutung: Bürger steht über Parlamentarier. Oder landet dort mit Ballon. Nachdem Hülle und Korb wieder auf dem Autoanhänger verstaut sind, werden die Passagiere vom Piloten mit

dem angefeuchteten Sektkorken getauft: dem Himmel überant-
wortet, Mutter Erde wiedergeschenkt, Prost! Und nun schlage
ich vor, fahren wir weiter.

Nach Perth, auf die andere Seite, wo das Land so wild ist wie
seine Hauptstadt fade. Western Australia, die ganze dem Indi-
schen Ozean zugewandte Masse ist voll bizarrer Naturwunder,
versteinerter Wogen, roter Wüsten, der Mondlandschaft des
Bungle Bungle und dem Ningaloo Riff vor der Küste.

Wiederum ganz anders als gedacht, nämlich überraschend be-
schwerlich, ist es, auf einer Tagestour zu Pferde in den Busch vorzudringen. Es schmutzt sehr, man holt sich Kratzer und Beulen –
aber welch ein Gefühl, dem Känguruh plötzlich so viel näher zu
sein und dem hochmütigen Emu, der mit wogendem Federmop
durch Busch und Düne trabt! Zwischen den Akazien stehen die
schwarzen Stämme der Grasbäume mit dem grünen Fransenkopf
wie Aborigines im Kriegsschmuck – black boys. Das Meer don-
nert auf einen einsamen Strand und zerrt mächtig an den Waden. Auf dem Heimweg muß der Braune dann nicht mehr zum
Galopp überredet werden: Hey presto über Sandpfade und
durchs um sich schlagende Besenholz!

Zum Wendekreis des Steinbocks hin wird die Luft heißer und
das Land trockener. Die Flughäfen sind nicht mehr als ein Parkplatz mit Rollbahn hinter einem Maschendrahtzaun, und Exmouth, tausend Kilometer nördlich von Perth, macht den Eindruck einer Stadt auf Stelzen, die jederzeit ihre Klamotten
zusammenraffen könnte, um der amerikanischen Basis am North-
West Cape, von der sie lebt, nachzufolgen. Mit ihren riesigen
Antennen überwachen die USA hier ihre Satelliten und den ge-
samten südpazifischen Raum, und sie denken tatsächlich daran,
in den nächsten Jahren abzuziehen. Was wird dann aus Exmouth?
Man hofft auf Touristen, denn die Stadt liegt am Rand des Cape
Range National Park mit dem Ningaloo Riff. Spinifexgras be-

deckt das halbwüste Land, auf dem die Behausungen der Termiten wie Zipfelmützen aus übereinandergekleckertem Schlamm stehen, den die Sonne gebacken hat.

Ein warmes Meer brandet hier an, dessen Farben ich zu Hause für eine Errungenschaft der Color-Fotografie gehalten habe: Ultramarin in der Ferne, Türkis in der Nähe, geteilt durch den weißen Saum des Riffs, an dem sich die Wellen brechen. Schon ein paar Schläge mit den Flossen reichen, daß sich Korallen und Fische in den Gesichtskreis der Taucherbrille schieben, deren überraschender Anblick einen tiefen Schnaufer durch den Schnorchel jagt: Korallen wie blaue Hirschgeweihe, wie gelber Brokkoli, wie Spitzenfächer und Kalbshirne; bonbonbunte Fischlein, deren Schwärme wie in einer Choreographie durchs Wasser wehen, und ein eher unheimliches Geschöpf, das sich wie ein Zelt wogend aus seinem Sandbett erhebt.

Anders als das Great Barrier Riff auf der anderen Seite des Kontinents, das weit entfernt vor der Küste liegt, ist Ningaloo die Fortsetzung der Kapberge, und man patscht geradewegs vom Sandstrand in seinen Zaubergarten hinein. Der Meerengel, ein kleiner gefleckter Hai, tummelt sich am Riff; an Land sind die versteinerten Zähne seiner Vorfahren im Fels abgedrückt.

Wasser und Erde scheinen verwandte ozeanische Elemente. Im Abgang aus der Luft besehen, kraust sich die inneraustralische Wüste in langen Furchen, ein onduliertes Sandmeer, aus dem die Gebirge wie die Rückenflossen ertrunkener Drachen ragen. Über Stunden ändert sich nur ihre Farbe mit dem schwindenden Tag: Braun – Rot – Rauchgrau – Lichtlos – und kein Ende.

Lamas lassen grüßen

When you reach the summit, keep on climbing
(Zen-Weisheit)

Lamas sehen herrlich aus, wie entrüstete alte Damen mit aufgerissenen Augen und degoutant gekrausten Nüstern: He Sie, wollen Sie nicht grüßen?! Gleich 16 von der Sorte, die aus ihrem Pferch auf die Dorfstraße von Olleros getrieben werden, sind ein einziger wandelnder Vorwurf. Dort liegen schon Zelte und Mattenrollen, Töpfe, Kessel und bunte Säcke aufgestapelt; ein Anblick, der das Lama nicht fröhlicher stimmt, denn es wird den ganzen Krempel tragen müssen.

Kamelschafe – das klingt nicht vielversprechend. Aber sie plärren nicht, und sie blöken nicht; sie knottern nur ein wenig. Werden von den Llameros an den langen Ohren gepackt, die Köpfe runter und zwischen die Knie geklemmt. Viel schleppen können sie nicht, zwanzig, dreißig Kilos. Aber entwetzen können sie damit, bockig über die Mäuerchen, und drei Männer haben Mühe, sie wieder einzufangen.

Von nun an also grüßen, denn diese Lamas haben Namen! Sie heißen wie die peruanischen Berge: Huascarán, Misti, Pumapampa, Huandoy, und das weiße mit dem langen Haarwirbel auf der Stirn, das mit meiner Tasche davonrannte, heißt El Montanero. Buenos días, amigo! Kann's jetzt losgehen? Noch nicht, ein zweites hat sich abgesetzt und kriegt von einem Bub in Sandalen, der eine leere Plastikflasche auf seinen Knüppel gesteckt hat, eins auf die Haxen; zurück in die Reihe der Küchen-, Zelt- und Proviant-Lamas! Dem dunkelbraunen hat man eine Trommel aufgeschnallt. Das Pharmazie-Lama trägt in den Satteltaschen Aspirin, Pflaster und eine kleine rote Sauerstoff-Flasche. Für wie viele und wie lange die reichen soll, fragen sich die sieben Wanderer, die am Fuß der Weißen Kordillere ihr Säckel schultern und sich hinter den Lamas auf den Weg nach oben machen. Ein paar von ihnen sind gut zu Fuß, keiner ist Alpinist. Die Cordillera Blanca fängt aber da erst richtig an, wo die meisten Steige in den Alpen aufhören, bei 3000 Metern ungefähr.

Das Lama ist ein Wahrzeichen Perus, doch in den letzten 80 Jahren gab es in den Anden kaum noch Kamelschafe. Im Hochtal von Huaylas hat erst ein Projekt von Bauern und Bergführern, *Llama 2000*, die wolligen Tiere wieder eingeführt. Aus eigenen Ressourcen sollte ein umweltverträglicher Tourismus entstehen, von dem auch die Bergbewohner profitieren würden. So kam das Lama zurück – ein ökologisch rundum wünschenswertes Tier. Kein Pferd nimmt es mit ihm an Trittsicherheit auf, kein Muli an Genügsamkeit, keine Kreatur an demonstrativer Unabhängigkeit. Auf zwiegespaltenen Sohlen schreitet es schonend über erosionsgefährdetes Gelände und knabbert unterwegs am harten Gras. Es begleitet Touristen auf der alten Pilger- und Handelsroute von Olleros über den 4700 Meter hohen Yanashallash-Paß und wieder hinunter nach Chavín de Huantar, dem Heiligtum einer geheimnisvollen antiken Jaguar-Gottheit.

Bis 1941, als der Cahuish-Tunnel von West nach Ost durch die Weiße Kordillere gebohrt und eine Serpentinenstraße angelegt wurde, war dieser 37 km lange Trail, für dessen Bewältigung Llameros 15 Stunden, Gringos aber drei Tage brauchen, die einzige Verbindung nach Chavín. Also, vamos!

Im Dorf sitzen alle auf den Türschwellen und gucken beim Aufbruch zu. Keiner geht hier ohne Hut. Die jungen Frauen in den zyklamroten und bonbonrosa Röcken mit dem Baby in der Manta auf dem Rücken und die alten, die von einem Spinnrocken Wolle zwirbeln, tragen Melonen mit Kokarde und buntem Band; die Kinder Schlapphüte und die Männer ernsten Filz; gut gegen Kälte und Höhensonne. »Gringa«, sagt eine alte Frau nickend, als ich grüßend an ihrem Haus vorbeistapfe. Damit muß jede rechnen, die in Peru Rucksack und Sonnenbrille trägt. »Gringita«, weißes Frätzchen, lautet die Verniedlichung. Sie ist, wie man hört, nett gemeint.

Es ist ein schönes, langsames Gehen im offenen Gelände. Die Berge sehen aus wie mit gelbgrünem Filz bespannt. In ihren Falten nisten kegelförmige Steinhütten unter langen, pinseligen Grasdächern und schwitzen Rauch aus. Kleine helle Felder hoch oben am Hang warten auf den Regen. Ein Mann ist mit seiner Hacke auf der Schulter unterwegs. Die Gipfel der Cordillera Blanca stecken in hellgrauen Wolken, die wie Bärte über ihre schwarzen Flanken schleifen. Dort hinauf! Auf Saumpfaden, über Trittsteine durch kleine Bäche und Sümpfe. Manchmal sitzen Gestalten mit steifen Hüten auf den Bergen. Einmal kommen sie heruntergesprungen, um ein paar Worte mit unseren Begleitern zu wechseln; und sind fast ebenso schnell wieder zurückgerannt auf ihren Posten.

Seit 3000 Jahren gehen Indios diesen Weg – in Poncho und Hut. Neu ist nur die Plastikplane als Regenschutz. Die Frau, die unterwegs jeden Fetzen Müll aufliest und in einem Sack zu Tale trägt, läuft ohne Strümpfe in Halbschuhen aus Gummi. Als seien auch wir richtige Pilger, machen wir Rast bei einem Huanca, einem prähistorischen Hinkelstein, an dem die Llameros Hirca, dem Gott der Berge, Cocablätter hinterlegen: für einen sicheren Aufstieg und ein heiles Ankommen. Zur kleinen Opfer-Zeremonie bläst Luis auf der Flöte, rührt seine Frau Martha Trommel und Shakapa-Rassel. Die beiden wandern in bunten Ohrenklappenmützen und ohne Gepäck, kriechen abends in ein unvorstellbar kleines Zelt und spielen auf, wenn die keuchenden Gringos die Kraft zu verlassen droht. Man kennt die Weisen aus den Fußgängerzonen deutscher Städte, aber hier, in großer Höhe und Einsamkeit, gewinnt der stupfende, winddurchpfiffene, bluesige Sound der Rohrflöte seinen authentischen Zauber wieder. Hirca, hilf!

Denn den Bergen ist nicht zu trauen. Sie sehen so ewig und unverrückbar aus und geraten doch unvermutet ins Wanken. Auf der Straße durch die Schwarze Kordillere sieht man ihre Verwundbarkeit. Gewaltige Geröllbahnen brechen durch die glatte Felsoberfläche, als habe man den Berg wie einen Mantel auseinandergerissen und das Futter hervorquellen lassen. An einem Sonntag im Mai 1970 geriet das ganze Callejón de Huaylas in Bewegung. Ein Eis-Überhang des 6768 hohen Huascarán brach ab; eine Geröll- und Schlammlawine schoß zu Tal und begrub die Stadt Yungai mit ihren 25 000 Einwohnern. Nur diejenigen, die auf dem Friedhofshügel waren, entkamen. Heute ragen die breitgedrückten Überreste des Kirchturms aus der um zwölf Meter dickeren Talsohle, umgeben von Rosenrabatten und Pinienhainen. Indio-Frauen verkaufen schüchtern Postkarten, auf denen Palmen und Häuser zu sehen sind, die heute unter dem Schlamm begraben liegen. Ein kleiner Mann in verschlissenem Anorak und spitzem Filzhut führt ein paar kichernde Schulmädchen herum. Almagio Ortega Lopez war 23, als die Brücke nach Yungai einstürzte, und er vom anderen Ufer aus zusehen mußte, wie das Haus seiner Familie verschwand. Er ist der einzige Überlebende, der wieder hierhergezogen ist, die Parkanlage sauberhält und den Fremden mit unbewegtem Gesicht laut seine Geschichte erzählt.

Deshalb können Musik und ein Opfer nicht schaden. Die Llameros stecken sich selbst eine handvoll Cocablätter in die Backen. Darf ich auch mal probieren? Sie schmecken rauh und bitter, aber sie helfen gegen den Schwindel und lassen die Wan-

dersfrau etwas mutiger der sich wälzenden Wetterfront entge-
genblicken. Jorge, der Führer, spannt den Regenschirm auf. Es
wird so schlimm nicht kommen… Abends, als sie im großen
Gemeinschaftszelt sitzt und klappernd ihre heiße Suppe trinkt,
läßt sich der Gedanke jedoch nicht länger abweisen, daß Europäer auf 4000 Meter Höhe eigentlich nichts verloren haben.
Zwei kehren am nächsten Morgen um.

Für die restlichen wird die Luft langsam dünn. Luis bläst um
6 Uhr Réveille. Es hat gefroren. Der Himmel ist blau und klar
wie ein Aquamarin. Hinter den gelben, in der Sonne leuchtenden
Bergen, spitzen schroffe weiße Kappen hervor. Mate-de-Coca-
Tee zum Frühstück hilft ein bißchen gegen die Kopfschmerzen.
Fuß vor Fuß und jeder Atemzug ein Schritt, so ziehen wir über
eine lange Lehne auf den ersten, den kleinen Paß. Zum Schwät-
zen ist keine Luft mehr übrig. Nur Luis und Martha haben noch
genug Puste für ein Inka-Tänzchen.

Musik gibt den Sohlen zwar keine Flügel, erhebt jedoch das
Gemüt. Auch die Lamas verschnaufen und hören zu. Hier gilt es,
Seelenstärke zu sammeln. Denn hinter dem kleinen Paß wartet
der große Paß, zu dem der widerstrebende Körper hinaufge-
schleppt werden muß. »Apachetas«, lose geschichtete Stein-
türme, kleine Siegessäulen Vorangeganger, säumen den Pfad,
dessen Stufen im weiten Zickzack himmelwärts klettern. Schnee
in den schwarzen Spalten und im ruppigen Gras. Ganz oben lege
ich einen weißen Kiesel auf eins der Türmchen. Die Kirsche auf
dem Kuchen: 4700 Meter. Bis in die Wolken. Auf eigenen
Füßen. Die Erde liegt weit unten, gesäumt von moosgrünen Bergen mit schwarzen Rippen. Keine Häuser, Felder, Vieh oder
Menschen. Rundum sind Felstrümmer verstreut. Dazwischen rif-
felt der Wind graue Kräusel über einen kleinen See. Diesmal
kommt das Wetter als dunkle Walze von hinten.

An der Kante erhebt sich der Altar der »Drei Fenster« mit

Opfernischen für die Geister des Himmels, der Erde und der Unterwelt. Älter als alle anderen spirituellen Vertreter, haben die Fenster den Schlangen- und den Jaguargott kommen und verschwinden sehen. Es hat auch nichts genutzt, daß die Spanier die Huancas umgestoßen und statt dessen Kreuze aufgepflanzt haben. Solche Berge können nicht pazifiziert werden. Die Inkas erdrosselten Kinder in 6700 Meter Höhe, um ihren Göttern nahe zu sein. Die Chimú vor ihnen brachen ihren Opfern Arme und Beine, ehe sie sie von dem Hügel neben der Mondpyramide bei Trujillo stürzten. Die Priester der Chavín-Kultur ließen tausend Jahre vor Christus in den unterirdischen Labyrinthen von Chavín de Huantar Blut für ihren säbelzahnigen Katzengott fließen – damit Mais und Kartoffeln wuchsen, die Feinde fernblieben und die Berge stillstanden.

Zwei Tage später sehen wir an der Küste in der Ausgrabungsstätte von Sechín das 3000 Jahre alte Relief riesenhafter Krieger; die einen recken ihre Waffen, die anderen sind nur noch in Teilen vorhanden. Ein Triumphzug? Die Gesichter der Sieger erscheinen ebenso fratzenhaft und gequält, wie die abgeschlagenen Köpfe, von denen die Haare fliegen und aus denen die Zungen quellen. Und immer war der Schrecken der Schönheit verschwistert. Die Chimú, die auch keinen gnädigeren Gott als die Chavín-Leute kannten, bauten Chan Chan, die größte Stadt aus Adobe-Ziegeln an der Küste und trugen ihre Herrscher geschmückt wie für ein Fest zu Grabe. Der Korridor zur Königsgruft war mit Perlmuttstaub bestreut. Zerbrochene Muscheln wiesen ihnen den Weg zurück ins Meer, aus dem alles Leben kam. Rot wie der Sonnenuntergang waren die Gesichter der Toten bemalt.

Das Meer ist weit. Wir stehen auf dem Yanashallash und schieben Cocablätter unter die Altarsteine, ehe der Schneesturm uns einholt. Musik! Und nichts wie weg! Unser Biwak liegt im Shongo-Tal, eineinhalb Wegstunden vom nächsten Dorf entfernt. In der nassen Dämmerung sind uns die Leute entgegengelaufen. Ernste Gestalten in braunen Ponchos stehen in Gruppen zwischen den Zelten. Frauen in Umschlagtüchern, Kinder in Sandalen schauen still durch den Spalt in das weiße Gaslicht, wo die Gringos in Daunenjacken beim Abendessen sitzen: Suppe, Kartoffeln, Kürbis, Reis und Huhn, Dosenpfirsich im Saft. Es ist dunkel, als zwei junge Männer sich bereit machen, Flitterkronen, schwarze Masken und Schellen um die Knöchel anlegen. Ihr Tanz gehört zum Kultur-Programm von *Llama 2000*. Er soll den Fremden ein wenig Anden-Brauchtum nahe- und den Bewohnern von Shongo eine kleine Gage einbringen. Ein Junge spielt schrill auf der Flöte und schlägt dazu die große Trommel, fünf Takte und wieder von vorn. Die beiden Männer springen von einem Fuß auf den anderen. Es ist kalt. Außerhalb ihres Kreises stehen die übrigen stumm im Dunkeln; die Gringos im Zelteingang, eher ratlos.

Am nächsten Morgen ist Carlos (10) wieder da. Er hilft den Männern die Lamas zusammenzutreiben und bekommt dafür von Jorge ein Bonbon. Die höfliche, aber dringende Bitte nach »Caramelos« begleitet uns hinfort durch die Dörfer und auf dem Saumpfad durch das Tal des Huachesca-Flusses, der am Boden des Canyons zwischen Eukalyptusbäumen und Terrassenfeldern rauscht. Es geht abwärts mit ächzenden Knien. Schulkinder kommen uns entgegen. Jeden Tag 600 Meter hinunter und wieder hinauf. »Caramelo?« Eine Frau in blauem Taftrock und grüner Strickjacke fragt mich im Vorbeigehen: »Wie lange von Olleros? Drei Tage? Brav!«

Auf der Rückfahrt von Chavín unterzieht Luis zur klirrenden Gitarre die Reise einer musikalischen Deutung in Stegreifreimen. Er singt von Peruanern, deutschen Touristen und vom wackeren Lama. Der Bus webt auf der Serpentinenstraße hin und her und immer höher. Weiße Gipfel, Wasserfälle. Dann, bei 4000 Metern, der Stich durch die Kordillere, und Luis hebt noch einmal an: La traversa, eine Sichel am Ende des Cahuish-Tunnels. Wie es hallt! Olleros – Chavín: drei Tage hin, drei Stunden zurück.

Bleichgesichter im Indianerland

Lo, The Poor Indian, whose untutor'd mind,
sees Gods in clouds or hears Him in the Wind.
(Alexander Pope)

Im *Goldrush Inn* in Whitehorse am Yukon sitzt ein älteres Ehepaar aus Neuseeland mit am Frühstückstisch. Sie sind auf einer
Gesellschaftsreise durch Alaska und Kanada und nicht ganz sicher, in welchem Land sie heute morgen aufgewacht sind. Man
ist ja ständig auf Achse, nicht wahr, jeden Tag in einer anderen
Stadt, aber schlafen könne man schließlich auch im Bus. Ach,
wir seien der Indianer wegen hier? Man habe gehört, diese Leute
würden jetzt durch den Staat zivilisiert. Gut so. Denn wenn es
nach denen ginge, lebten sie alle noch in Zelten und schössen
die Büffel tot.

Das Ehepaar aus Neuseeland ist mir behilflich bei der Rück-
kehr auf einen Standpunkt. Wir sind im Westen Kanadas, um zu
sehen, welche Rolle die »First Nations« – eine politisch korrekte
Formulierung für die 573 Indianer- und Innuit-Stämme, die wir
uns sofort und willig zu eigen gemacht haben – im Tourismus-
Boom ihres Landes spielen und welche Angebote sie selbst den
Bleichgesichtern machen. Prompt lese ich in der Broschüre
eines roten Mannes ein Gesülze, das dem Augenschein Hohn
spricht: »Jeder traditionelle Indianer weiß von dem Geheimnis
wirklichen Glücklichseins, hat den Schlüssel der Weisheit in seiner Hand, weiß von dem inneren Frieden, der in ihm wohnt.
Denn der traditionelle Indianer kennt das Leben. Er weiß Dinge,
die der weiße Mann nicht kennt, jedoch vermißt.«

Ja, wie? Kennt die weiße Frau das Leben nicht? Debiliert sie glück- und ziellos ihrer Wege? Ist sie nicht mit den herzlichsten Gefühlen für Chingachgook nach Kanada geflogen, und alles, was sie in diesem Land vermißt, ist eine unbefestigte Bettdecke und eine zivilisierte Tasse Tee? Indianer, so hat sie inzwischen herausgefunden, schieben Einkaufswagen und tragen dieselben blöden Baseballmützen wie der weiße Mann. Manche, denen der Schlüssel zur Weisheit offenbar aus dem Hosensäckel gerutscht ist, sitzen in beklagenswertem Zustand vor dem Liquor Store und versuchen ein paar Dollars zu schnorren.

Nun aber, in Hörweite des gepflegten Rassismus, sträuben sich die Stacheln wieder in die andere Richtung. Viel Erfreuliches habe der Indianer bisher ja nicht vom weißen Mann erfahren, und wenn man korrekt unterrichtet sei, zeichne letzterer verantwortlich für die Ausrottung der Büffel. Einen schönen Tag noch und gute Weiterreise!

Wir nehmen den Alaska Highway hinauf zum Kluane-Nationalpark, der großen Wildnis mit den höchsten und mächtigsten Bergen des Landes – 5000 Meter aufwärts – und der größten Eisdecke dieser Erde außerhalb der Polarzonen. Über die Wälder erheben sich die kahlen schwarzen Berge, denen Schnee wie Zuckerguß durch die Falten geronnen ist, überragt von den ganz großen, die immer Weiß tragen: Mount Logan, Mount Elias, Mount Luciana. Weidenröschen brennen in hektischen rosa Flecken zwischen den Pappeln; der Klee duftet, Heckenrosen, wilder Eisenhut, Glockenblumen und Lupinen. Im Little Kulkshu Lake schiebt ein Bieber eine lange Bugwelle vor sich her; kein Mensch, kein Boot, das Wasser wie kalte Seide. Die dunklen Spindeln der Fichten stehen gegen die lodengrauen Bergrücken, ein immergrüner Nadelpelz, der das ganze Land bedeckt.

Am luxuriösesten läßt sich Kluane vom Hubschrauber aus betrachten, der uns über die erste Bergkette ins Innere des Parks hebt: Bärenland, Elchland, Dickhornschafland, nicht zu vergessen Erdhörnchenland. Die Petze schaufelten zentnerweise Erdschwarte um beim Verfolgen des flinken Nagers, lacht Eerik, unser Führer, aber erwischt hätten sie seines Wissens noch keinen. »Rede nie despektierlich über einen Bären; er hört dich überall«, sagen die Southern Tutchones. Da ist es mir sehr recht, die Grizzlybärin mit ihren beiden Jungen von oben am anderen Ende der Luftlinie zu sehen.

Auf dem Weg zum Lowell-Gletscher pest der Helikopter tief über die Hochebene, um sich dann wie über eine Schanze schnatternd in die große Weite des Tals zu werfen. Als ein 65 Kilometer langer Eisstrom windet sich der Gletscher aus den Saint Elias Mountains und bricht unter uns in einer haushohen, schrundigen Kante in den milchkaffeebraunen Alsek River, der die Brocken wie Baiserstücke davonträgt. Am Ende breitet Eerik das Picknicktuch mitten in den Bergen aus und läßt die Sektkorken knallen. Es ist alles First Class und Second Nation: Karibu-Wurst, Räucherlachs, Oliven, Erdbeeren und Schokotrüffel. Und nun wollen wir wirklich zu den Indianern!

Am Alaska Highway bei Kilometer 1565,5 weist ein Schild auf »Kwaday Dan Kenjii«, den »Long ago ... people's place«, den Harold und Meta Johnson, ein junges Paar vom Stamm der Southern Tutchones, zur Unterrichtung der Reisenden aufgebaut haben. Harold, einer von der leisen, verschmitzten Sorte, geht uns in Mokassins in den schütteren Wald voraus. So haben seine Leute gelebt, ehe die Missionare und die Goldsucher kamen – in Häusern aus Fichtenzweigen und igluförmigen Zelten aus Elchhäuten. So haben sie Lachs, Karibu, Wolf und Luchs gefangen und in der Luft oder gut unterkellert ihre Beute vor Bär und Vielfraß in Sicherheit gebracht. Die Ältesten seines Stamms haben alle Camps und Caches besichtigt und gutgeheißen, nur vor der Fischfalle »haben sie mächtig gekichert«. Harold hatte sie nach einem Modell im Museum von Banff gebaut, das weder im Kleinen noch im Großen funktionierte. »Und diesen Hebel-Mechanismus mußte ich auch ändern. Vielfraße sind nämlich Linkshänder...« Meta brät derweil in der eisernen Pfanne Bannocks aus Mehl, Backpulver, Salz und Wasser, auf denen man Butter und ein Löffelchen Gelee zerlaufen läßt; die besten nördlich des 60. Breitengrads.

Das Wissen um ihre Kultur wurde den »First Nations«, die den Kontinent vor über 20 000 Jahren betraten, von den Nachzüglern ausgetrieben, die sich vor 200 Jahren zu Herren über ein Land aufschwangen, in dem die Ersten sie allenfalls als Untermieter zu dulden gedachten. Aus einem zunächst ersprießlichen Bündnis erwuchs ihnen, nachdem sie als Pelzjäger, Scouts und militärische Verbündete nicht mehr gefragt waren, ein Zwangs-Regime der Zweiten. Was die US-Staaten mit Pulver und Blei an den Stämmen des Südwestens verübten, vollendeten die Briten an ihrem Kolonialvolk mit Seuchen, Schnaps und massiver Missionierung. Ein Jahrhundert lang holte der Staat die Kinder aus den Reservaten, um sie in Internatsschulen zu »zivilisieren«. Alte Photos zeigen junge Indianerinnen in Korsett und Reifrock und kleine Buben in Kniehosen und Schülermützen, die in Blechinstrumente tuten. Es war »eines der düstersten Kapitel der kanadischen Geschichte«, schreibt der *Globe and Mail* anläßlich des aktuellen Prozesses gegen einen katholischen Bischof, der vor 30 Jahren als Direktor einer Indian Residential School vier Schülerinnen vergewaltigt hatte. »Sechsjährige wurden gelehrt, sich ihrer Sprache, ihrer Kultur und ihrer Familien zu schämen. Gebet und Prügel sollten sie zu guten Christen machen...«

Heute trägt keine andere Bevölkerungsgruppe so schockierende Zahlen zur sozialen Bilanz bei wie die First Nations: 80 Prozent leben unter der Armutsgrenze; ihre Selbstmordrate ist die höchste der Welt. Indianer werden fünfmal so oft eingesperrt wie Weiße, ihre Kindersterblichkeit ist über doppelt, die Zahl der Alkoholabhängigen dreizehnmal so hoch. Und obwohl der Staat 1982 die »Aboriginal Rights« in der Verfassung festschrieb, dauern die politischen und juristischen Auseinandersetzungen um Land und Rechte an.

Um die alten Wunden zu heilen, suchen viele den Weg zu den Wurzeln, zur ersten Sprache und Lebensweise, in der Gemeinsinn, Toleranz und Respekt zu den Kardinaltugenden zählten. Darüber, ob sie Touristen Einblick in ihre Kultur und Zeremonien gewähren sollen, sind die Stämme geteilter Ansicht. Die meisten haben dringendere Sorgen als die Unterhaltung weißer Zaungäste. Aber auch wer sein wirtschaftliches Heil im Fremdenverkehr sucht, läßt seine Gäste oft nach einem alten indianischen Prinzip – jeder muß für sich herausfinden, wo es langgeht – ebenso unbehelligt wie unberaten vor sich hinwurschteln.

»Wir ziehen hier keine Show ab«, sagt ein Sprecher auf dem Moosehide Gathering am Yukon, als er mit einer Kindergruppe das »heilige Feuer« entzündet. »Wir sind hier, um Freunde zu treffen und unsere Traditionen zu pflegen.« Wer mit Alkohol anlandet, kann gleich das nächste Boot zurück nach Dawson City nehmen. »Zollt den Alten Respekt!« sagt der Sprecher. Auch denen an den Spielautomaten in Diamond Tooth Gertie's Casino. Am Steg von Moosehide Village werden Uralte samt dem Rollstuhl aus dem Boot gehoben und als erste zum Essen gefahren. »Sucht ihre Gesellschaft!« Aber als es ans Singen geht, sind die Alten wieder unter sich.

Auf dem Pow Wow im Reservat der Tsuu Tina bei Calgary im Staat Alberta wandern Hunderte von Indianern und ein paar neugierige Weiße über die trockene Wiese und suchen sich Plätze unter dem großen runden Holzdach. Auch Pow Wows sind Familien- und Freundesfeste, vor allem aber Trommel- und Tanzturniere, zu denen die Profis von weit anreisen. Es ist ein wunderprächtiger Anblick, wenn sich Tänzer und Tänzerinnen in den großen Kreis um die Schiedsrichter einreihen: buntbefranste Grassdancers, die die Schritte der Scouts tanzen, die früher der Sippe vorauseilten und das Präriegras niedertrampelten; wirbelnde Fancy Dancers, geputzt wie Azteken mit wallenden Bänder-Turnüren wie Flugapparate zwischen den Schultern und überm Steiß; Jingle-Tänzerinnen mit konischen Glöckchen an allen Säumen und Traditional Dancers mit bemalten Gesichtern und Federkronen. In langen Reihen rücken die Häuptlinge in bestickten Lederkleidern und mit Adlerfedern in der Hand ein; zeitlose, literarische Gestalten. Es macht nichts, daß im Hintergrund die Pickups zwischen den Tipis parken und die Mülleimer überlaufen. Dort, wo getrommelt, gesungen, gestampft und gesprungen wird, ist alles Ernst und Hingabe. Und je weiter die Nacht fortschreitet, um so mächtiger werden die Sätze, die rammenden Schritte, das Kauern und Lauern und Aufschnellen der befiederten Jäger, das Gestöber der bunten Bänder, das Rasseln der Fußschellen und die hohen Schreie der Trommler; ein solches Gewoge, als schlage ein großer Vogel mit den Flügeln auf die Erde.

Woher diese unerhörten Laute? Es wird mir klar, als wir zu fünft mit Pferden und Gepäck nach Westen aufbrechen. Ein paar Tage wollen wir am Great Elbow River am Fuß der Rocky Mountains zelten. Nach dem ersten Tag liegt die letzte Straße hinter und die Kananaskis-Wildnis vor uns, ein klares Land, zu dem man die Augen aufhebt, und Berge von einem überirdischen Grau, auf die nur ein Schrei wie die passende musikalische Antwort klingt.

Neil McLean, Ex-Major der kanadischen Armee und Besitzer der M&M-Ranch, hat uns die Pferde striegeln, satteln und auftrensen lassen. Einem Roß den Mist aus den Hufen zu kratzen und den großen Leib zu bürsten, hilft entschieden bei der Überwindung der Schüchternheit. Meins heißt Musky und ist ein sommersprossiger Araber-Schimmel. Nach einer halben Stunde wagen wir den ersten kleinen Arbeitsgalopp. Doch meist geht es im Schritt und Gänsemarsch auf Geröllpfaden in die Berge, durch den dichten Harzduft der Wälder und über grasige Höhen, die bunt von Wildblumen sind. Neil hat am Sattel ein Gewehr stecken; er habe es noch nie gebraucht. Aber wir sind wieder im Bärenland, und so viele Pumas wie im Kananaskis gäbe es in ganz Kanada nicht, sagt James, »Spiritual Helper« vom Stamm der Tsuu Tina, der uns als Experte in Indianerfragen begleitet. Doch das einzige unerwünschte Geschöpf auf dem ganzen Weg ist nach Tagen ein schillernd grüner Mountainbiker, den wir sparsam grüßen, wobei uns das hohe Roß, die dreckigen Stiefel und die vom Lagerfeuer eingequalmten Hosen eine natürliche Stütze sind.

Wir spielen Cowboy und Indianer, schlafen im Tipi, essen zum Frühstück Spiegeleier und Speck, Kartoffeln und Heidelbeer-Pfannekuchen und lassen uns dünnen Kaffee aus rußigen Emaillekannen in die Becher gießen. Der Elbow River ist kalt; wer hineinsteigt, kommt frischgeboren wieder zum Vorschein. Am zweiten Tag schmerzen die Knie, am dritten zeigen sich blaue Flecken an Stellen, die mit dem Sattel zu tun haben, am letzten verheddert sich Musky in einer Baumwurzel und stürzt mit mir eine Uferböschung hinab. Wir stehen beide schnell wieder auf, aber der Schreck hat mich doch ein wenig aufgelöst. Was zur Sammlung hilft, ist Indianermedizin.

Zurück im Camp, bereitet James in seinem Tipi ein »Smudge«, eine Zeremonie, bei der Kräuter und Tabak in einem qualmenden Salbei-Feuerchen verbrannt werden. Kniend wie er, nehme ich eine Prise aus einem kleinen Beutel und bringe sie, die Hand von oben nach unten führend, dem »Großen Geist, Großeltern, Mutter Erde« und in einem Bogen »allen Verwandten« auf dem

Feuer dar. James schaufelt den Rauch über sich – »mach es wie ich!« –, teilt einen Becher Wasser mit mir und beklopft meine verstauchte Schulter mit einer Adlerfeder. Er flüstert, betet? Dann schaut er lächelnd auf, reicht mir die Hand und ist wieder der nette junge Schlaks mit den schwarzen Zöpfen und dem hellen Schnurrbart, den er von seinem schottischen Urgroßvater geerbt hat. »Jetzt wird's dir besser gehen.« So ist es. Manche Indianer haben ihn wohl doch, den Schlüssel zum inneren Frieden.

Schottland Übersee
Nova Scotia

In einer Ecke des großen Aquariums sitzt der Veteran, Moos auf dem Buckel oder etwas in der Art, was man unter Wasser trägt. In der Strömung wallt es flusig aus den Ritzen seiner graugrünen Panzerplatten. Opa Hummer ist an die zwanzig Jahre alt, wiegt 15 englische Pfund und macht einen durchaus flinken, kämpferischen Eindruck; die Scheren erhoben und bereit, zu zwacken, was ihnen in die Quere kommt, und sei's ein Bleirohr oder eine Ankertrosse.

So alt wird einer nur im Fischereimuseum in Lunenburg. Was knackig, jung und dumm genug ist, sich in Hummerkörben fangen zu lassen, landet in der Küche. Nova Scotia, Kanadas vorgeschobene Provinz im Nordatlantik, ähnelt in ihrer Halbinselgestalt selbst einem großen Krebs und ist führend im Angebot von Fisch und Meeresgetier: Hummer auf Fahnen und Speisekarten, als Plüschtier und Topflappen, rotgekocht auf dem Teller, grau und lebendig mit bandagierten Scheren im Kistchen auf dem Flughafen von Halifax. Schau, was ich dir aus Kanada mitgebracht habe, Liebling... An Restaurant-Tischen geht es kannibalisch mit Zangen und Spießen zur Sache. Saft spritzt, Schalen bersten, Gelenke knacken. »Hier müssen Sie drehen, dann geht es ganz leicht.«

Im Städtchen Lunenburg kann man auch Sauerkraut essen – das ist sein deutsches Erbe – oder warmen Apfelstreusel mit Vanillesoße – nach dem Rezept einer englischen Granny. Der Kolonist, zu Hause von Fürsten und Pfaffen bedrückt, flüchtete im

18. Jahrhundert in die Neue Welt und nahm alles mit: seine Ordnung, seinen Glauben, den Namen seiner Stadt, seine Häkeldeckchen, seine Wurst und seinen Dudelsack. Nova Scotia, 1755 den Franzosen von den Briten entrissen, wurde in der Folge von Schotten, Iren, Deutschen, Holländern und Schweizern besiedelt. – Indianer waren vor ihnen da, Mi'kmaqs; sehr nette, friedliche Leute, wie man so hört. Leider waren sie falsch beraten, sich in den Kolonialkriegen auf die französische Seite geschlagen zu haben. Der kanadische Staat führt sie heute gern im Rahmen einer toleranten, multikulturellen Gesellschaft. Mi'kmaqs-Siedlungen erkennt man an der nicht ganz so vorbildlichen Ordnung, den Hunden und den gesattelten, dreirädrigen Motocross-Vehikeln vor den Türen. Aktuell heißen sie »First Nations«, dafür wurden sie lange genug wie der letzte Dreck behandelt.

In Lunenburg hat sich die Vergangenheit gut gehalten – bis hin zu deutschen Zischlauten und einem freundlichen »How goes it you?« Die properen Holzhäuser mit Erkern, Veranden und geschnitzten Filetspitzen als Sims und Saum wurden 1995 von der UNESCO als Weltkulturerbe unter Schutz gestellt. Sahneweiß, himmelblau und feuerwehrrot leuchten sie unter einem nordischen Himmel, traditionsbewußt und zugleich durch fehlende Fundamente und mangelnde Gebrauchsspuren sonderbar kulissenhaft. Alles atmet Frische und den Stolz derer, die nichts zu verbergen haben, ihre Türen nicht abschließen, keine Zäune aufrichten, kein Verlangen nach der verschwiemelten Privatheit eines Gartens tragen. Der Rasen ist durchgängig drei Zoll hoch, und dabei bleibt es. Auch die Friedhöfe haben weder Mauern noch Grabeinfassungen.

Es muß wunderbar gewesen sein, den Schranken der Alten Welt entkommen zu sein, und der Glaube an die unendliche Verfügbarkeit des Landes lebt fort, obwohl jedes Grundstück mit Meerblick inzwischen bebaut scheint. Der Wind quirlt das rote

Ahornblatt um die Fahnenmasten; die Wellen haben blitzende Splitter aufgesetzt. Hinter dem Haus: Birken, Ebereschen und Fichten mit zartgrünen Tatzen. Der Sommer kommt spät und ist schnell vorbei.

55 500 neuschottische Quadratkilometer sind von 7500 Kilometern Küstenlinie gefaßt, die sich zerklüftet, bewaldet und von Schären gesprenkelt, als Salzmarsch hinter Deichen oder feste, weiße Sandstrecke um die Halbinsel zieht. Wale durchkämmen die krillreichen Ströme, Seehunde strecken die Kahlköpfe aus den Wellen, Adler segeln über die Klüfte wie in weniger spektakulären Breiten Bussarde über Kartoffeläcker.

Über hundert Jahre lebte man an der Ostküste vom Kabeljau, baute die schnellsten, anmutigsten und tüchtigsten Zweimast-Schoner, die um die Grand Banks kreuzten und fischten. Das erfolgreichste Schiff von allen war die *Bluenose*, in Lunenburg gebaut, die als »Queen of the North Atlantic« allen »Schönwetter-Yachten« davonsegelte und 21 Jahre lang die »International Fishermen's Trophy« hielt. Ungeschlagen wurde sie 1939 abgetakelt, dieselte noch ein paar Jahre durch die Karibik und ging in einem Sturm vor Haiti verloren. Heute ist sie Nova Scotias Paradestück, dreht sich als Wetterfahne auf dem World Trade and Convention Centre in Halifax, ist auf jede kanadische Zehn-Cent-Münze geprägt, und ihre Replik, die *Bluenose II*, fährt mit Chartergästen spazieren. Es heißt, sie sei so elegant und schnell wie ihre Vorfahrin, aber sie tritt zu keiner Regatta an; das hat sich der Kapitän der alten *Bluenose* verbeten – d e r Goldrand soll seinem Schiff erhalten bleiben.

In Port Royal an der Westküste landeten 1605 die ersten französischen Siedler. Sie nannten sich Acadiens; ein Wort, das sie von den Mi'kmaqs gelernt hatten und das soviel wie Bewohner eines schönen Ortes heißt. Die Bay of Fundy mit ihren riesigen Flutwellen ist nahe, aber auch das Annapolis-Tal mit seinen Apfelbäumen. Großmächtige Häuser von Schiffsmagnaten und Kapitänen, umgeben von alten Ulmen, stehen in Wolfville; und auf dem Lande im ungemähten Gras so manche ergraute, windschiefe Erscheinung. On parle Acadiens, und der Luftraum ist beherrscht von Mauerseglern. Das Wort Acadien mutierte nach der Vertreibung der Franzosen nach Louisiana zu Cajun. Ihre hart akzentuierte Sprache und die Cajun-Küche haben nach Nova Scotia zurückgefunden. In Pointe de L'Église wird jeden Sommer eine Musical-Version von Longfellows epischem Gedicht *Evangeline* auf Acadien-Französisch aufgeführt – die Geschichte einer englisch-französischen Liebe in den Zeiten des Krieges.

Für die Bewohner von Cape Breton, das eine schmale Landbrücke an Nova Scotia bindet, ist die Halbinsel Festland, denn auf Cape Breton ist man noch einen Tick insularer. Auch hier gibt es kleine Orte, in denen Französisch, und andere, in denen schottisches Gälisch gesprochen wird. An seiner äußersten Spitze, Cape North, soll John Cabot, der eigentlich ein Giovanni Caboto in englischen Diensten war, 1497, ein Vierteljahr vor Columbus, die Neue Welt betreten haben. Die genaue Stelle kennt indes niemand; es geschah irgendwo zwischen Labrador und Massachusetts; ein kleiner Schritt für Mr. Cabot, ein großer Akt für das Empire, das in Bausch und Bogen den ganzen Landstrich annektierte. Auf dem Cabot-Trail kann man heute die Highlands von Nova Scotia umrunden. Zwar sind sie höchstens 500 Meter hoch, aber es reicht für das Gefühl, das Ende der Welt erreicht zu haben, durch tropfenden, bärtigen Fichtenwald auf einen nebelumwallten Felszipfel hinauszufahren, dessen nächster östlicher Nachbar Irland heißt. Und plötzlich wechselt ein Luchs die Straßenseite.

Auf Cape Breton gibt es ein Iona, ein Inverness, eine Glencoe Station und einen Loch Lomond. Im »Gaelic College« in St. Ann's wird Gälisch gelehrt, auch Dudelsack, Harfe, Step Dance,

Weben und Spinnen. Und selbstverständlich haben die neuen Schotten sich ein eigenes Tartanmuster gegeben: grün wie die Wälder, gelb wie der blühende Ginster, grau wie der stürmische Atlantik und schwarz wie die Kohle, die sie in Glace Bay unter dem Meer herauspickelten. Auf Festivals und Tattoos in der Alten Welt zählen Pipes & Drums aus Nova Scotia zu den Gewinnern. Selbst im *Lower Deck*, einer Kneipe an Halifax' schicker, junger Waterfront, spielt die Band als Auskehrer eine rockige Version von *Scotland the brave*. Über's Meer und hinter den sieben Bergen ist die gälische Sprache rein geblieben und der Enthusiasmus ungebrochen.

Alexander Graham Bell, in Edinburgh geboren, baute sich über dem Bras-d'Or-See bei Baddeck auf Cape Breton ein Sommerhaus. Er kenne keinen schöneren Platz auf der Welt... Es sollte eine Hütte werden mit einem Steg, vielleicht ein Boot daran vertäut; es wurde eine Villa, und Bell, rastloser Erfinder nicht nur des Telefons, baute hier Propeller, Schwingen und Flugmaschinen sowie 1919 das erste funktionierende Tragflügelboot HD4, eine gewaltige Zigarre, die, von zwei Flugzeugmotoren neben der offenen Pilotenkanzel getrieben, mit 113 Sachen über den Bras d'Or bretterte. Am Steuer saß Mrs. Mabel Bell; sie war taub. Die Kühe am Ufer waren es nicht und verschwanden in den Wäldern. Bell experimentierte mit Männern in Flugdrachen und Schafen in einer Art eiserner Lunge. »Er gab den Leuten von Baddeck was zu reden und eine ziemlich lustige Zeit«, sagt Kris, Führer im Alexander-Graham-Bell-Museum, mit dem die Sommerfrische am See heute ihren genialen und geräuschvollen Bürger ehrt.

Der Bras-d'Or, ein Salzwasser-Binnensee, ist dem Vernehmen nach ein wunderbares Segelrevier. In der Luft der Weißkopfadler und unter dem Kiel eine zweite, selten geschaute Welt. Jim und Janice Fennell, beide Meeresbiologen, geben auf Super-Natural-

Katamaran-Törns für ihre Gäste ein Stück aus dem geheimen Leben der Wasserflöhe. Der Nebel über dem See so dick, daß man kein Ufer sieht? »Macht nichts, Freunde, es spielt sich direkt vor euren Augen ab! Das Leben im Tropfen unter dem Mikroskop spaltet und mehrt sich, Wesen wie aus Glas und feinstem Draht, Fischeier, Plankton, Minikrebse; das zuckt und füßelt und flitzt. In Eimern und Gläsern wabern Medusen mit kobaltblauen Glatzen, lauern hungrige Seesterne darauf, ihre Mägen über Muscheln zu stülpen und halten sich Austern streng bedeckt. Wer sie allesamt für eher belanglose Zeitgenossen gehalten hat, erfährt hier von ihrer tragenden Rolle in der Nahrungskette. Ohne das ganze Gefussel kein pochierter Lachs, kein gegrillter Schwertfisch, keine Kamm-Muscheln mit Knoblauch, keine Lobster Linguini.

Die Brücke über die Grand Narrows fährt lautlos zur Seite, als der Katamaran sich nähert, eine zweite klappt nach oben. Eine Seemöwe auf dem Pfeiler verschlingt einen Tintenfisch. Sonst geschieht nicht viel. Als wir in Baddeck festmachen, teilt die Sonne den Nebel: grüne Ufer, ein weißer Leuchtturm mit roter Mütze, Jollen mit klirrenden Masten, bunte Holzhäuser, ein friedliches, funkelndes Ambiente. Nur unter Wasser ist wie immer der Teufel los.

Gott Vishnus eigenes Land
Kerala

Im Sonnenuntergang spazieren indische Familien über den Strand von Kovalam. Die Luft ist erfüllt vom Brausen der stürzenden Wellen. Eine dicke Frau im korallenroten Sari, die Ankertrosse ihres schwarzen Zopfes über dem Rücken, sitzt auf breiten Schinken im spiegelnden Sand und läßt ihre Beine von den Zipfeln der Arabischen See umspülen. Ein Trupp junger Mädchen, am Ende eines Ausflugstages, flutet bis zu den Knien in der Brandung seine smaragdgrünen, krokusblauen und zitronengelben Tücher. In einer kollektiven Laune haben sie sich alle mit denselben kegelspitzen Strohhütchen ausgestattet, die ihnen einen entfernt tirolerischen Akzent verleihen. Zwielicht und Gischt dämpfen Farben und Stimmen, verwandeln das Getümmel in eine anmutige Feierabend-Inszenierung.

Kerala im äußersten Süden von Indien nennt sich mit gutem Recht »God's own country«. Parasuran, die sechste Inkarnation Vishnus, schleuderte einst von den Gipfeln der Western Ghats seine Axt hinaus aufs Meer. Was daraufhin frisch aus den Fluten stieg, war Kerala – gesegnet mit fetter Erde, Kokospalmen, Reis und Gewürzen, mit wilden Tieren und schönen, freundlichen Menschen. Bis auf den heutigen Tag bezaubert es die Fremden mit Bildern entrückter ländlicher Stille – nur um ihnen hinter der nächsten Ecke den Schädel mit infernalischem, städtischem Krach zu spalten. Niedergeknattert, eingestänkert und zusammengebimmelt von einem keiner sichtbaren Regelung gehorchenden Straßenverkehr, fühlt sich der Gast jederzeit zu einem

Sprung in die falsche Richtung aufgelegt. Dreirädrige braune Vespa-Taxis burren heran wie Maikäferschwärme, vollgestopfte Überlandbusse brausen ihm auf schlaglöcherigen Pisten trompetend entgegen. Die unwahrscheinlichsten Dinge schrammen auf Fahrrad-Gepäckträgern seinen Weg: zwei Propangasflaschen übereinander, ein Fischernetz voll blinkender Töpfe, eine gefesselte Geiß. Federnden Gangs hastet ein Mann mit vier Steigen leerer Limonadenflaschen auf dem Kopf heran, und durch die Dunkelheit zottelt ein unbeleuchteter Arbeitselefant, im Rüssel eingerollt seinen Proviant tragend, einen Haufen Palmwedel, quer zur Fahrtrichtung, versteht sich. Gut, daß auf dem Armaturenbrett unseres Busses ein Figürchen des Elefantengottes Ganesha jeden Morgen vom Chauffeur mit einem frischen Kranz Tuberosen auf seine Schutzfunktion hingewiesen wird. Bei Einbruch der Dämmerung beginnen rote und grüne Lämpchen vor ihm zu blinken. Ganesha hilf bloß! Manchmal sind's nur zwei Fingerbreit zwischen dem Bus und der nächsten Kuh, der nächsten Fußzehe, der nächsten Lenkstange. Kerala ist der volkreichste Bundestaat Indiens. Und offenbar hält es keinen seiner Bürger zu Hause.

In das Bambusverdeck des alten Reisboots hat der indische Skipper Hibiskusblüten an Grashalmen geknüpft, die im Fahrtwind schaukeln. Am Ufer sind die Kinder zusammengelaufen und krähen »Saipe Saipe!« – Weiße, Weiße! In Korbstühle gelagert, gleiten wir an Kokospalmen vorbei und durch Reisfelder. Schmale Kanäle, an deren Rändern Frauen in bunten Saris ihre Wäsche auf die Steine klatschen, wechseln mit Lagunen voll schwimmender Wasserhyazinthen-Inseln, durch die die Bootsleute den Kahn mit meterlangen Bambusstangen staken. Gelegentlich kommen unserer Lustbarke Arbeitsboote entgegengelitten, beladen mit Muschelkalk oder Kokosschalen, ein Paddler im Einbaum, der einen Schwarm brauner Enten wie ein lebendiges Floß vor sich her zum Markt treibt, eine Fähre voll winkender Leute unter Sonnenschirmen oder der reguläre Wasserbus, gegen den die *African Queen* wie ein Luxusliner aussieht, zusammengehalten von Restfarbe, Rost und Bändeln: Alleppey – Quilon, 58 Kilometer, 56 Stops, acht Stunden.

Unser Reiskahn ist eines der alten Cargoboote, wie sie früher in großer Zahl auf den Backwaters verkehrten, jenem 1500 Kilometer langen Wasserstraßen-Netz, das sich, mit dem Arabischen Meer verbunden und gespeist aus 42 Flußquellen, hinter der Malabar-Küste ins Landesinnere zieht. Seit 30 Jahren werden keine Kähne mehr gebaut, nur die alten zurechtgeflickt, aus eisenhartem Jackfruitholz und Palmstricken, ohne Nagel und Dübel: Kettu Wallam – zusammengenähte Boote, eine sehenswerte Kreuzung aus venezianischer Gondel und Wikingerschiff. Unser Gastgeber verkehrt mit einer kleinen Flotte auf den Backwaters, die für »Saipes« mit gewölbten Bambusdächern zu Ausflugs- und Hausbooten schön herausgeputzt wurde. Ganze Tage möchte man in ihrem Schatten verträumen, die Milane beim Kunstflug beobachten, die blauen Blitze der Eisvögel in die Palmwipfel fahren und winzige Fische wie Silbermünzen übers Wasser pitschen sehen. Büffel werden am Ufer gebadet, Zähne geputzt, Teller gespült, Köpfe eingeseift. Ein nackter Zwerg mit einem Glöckchen am Pimmel steckt den Daumen in den Mund. Setzt man den Fuß an Land, sind sie gleich alle da: »How old are you?« »Five Rupees«. Auch recht.

Unter den Palmen wird Reis gedroschen. Frauen stehen in Reihen an einer schulterhohen Bambusstange, gegen die sie sich mit ausgestreckten Armen stützen, während sie mit nackten Füßen die Reisbündel um und um wälzen und treten, bis das letzte Korn herausgeschüttelt ist. Sie lachen, als sie uns im Anmarsch sehen. Solche Gestalten erblickt man hier nicht alle Tage. »What's your name?« So fangen in Kerala die Gespräche mit Fremden an. »And your name?« »Bridget.« Nicht nur Vishnu und Allah, auch Jesus Christus genießt Verehrung, und hier im Süden verbrennt keiner des anderen Tempel. Vor dem Hindu-Heiligtum in Trivandrum sitzen in den Regalen der Devotionalienhändler ganze Reihen buntlackierter »Murtis« – Idole mit einem möderischen Grinsen im Gesicht und einem Wackelkopf wie bei uns die Nick-Hunde auf den Auto-Hutablagen. »Nehmen Sie einen«, sagt der Händler, »er tut Ihnen nichts. Nur 30 Rupien.«

Zurück aufs Boot. »Saipe Saipe!« Ein kleines Mädchen wirft einen Armvoll Hibiskusblüten ins Wasser. Da ist man doch wirklich gerne mal Tourist.

In der Abenddämmerung staken uns die Bootsleute in einen halb zugewachsenen Seitenkanal. Männer mit Fackeln kommen uns entgegen; der Damm zwischen den Reisfeldern zu dem gastlichen Dach ist mit brennenden Öllämpchen gesäumt. Fern oder doch schon nah rumpelt ein Gewitter. Auf den Stufen zur Veranda sind Kampfer, Kokospalmenblüten, Reis und Wasser zu einem kleinen Hausaltar aufgebaut. Die Gaben der Erde gehören zum Begrüßungszeremoniell wie der Pantomime-Tanz *Ottam Thullal*, zu dem der 13jährige Suresh in einer Ecke der Veranda geschminkt und angekleidet wird: das Gesicht grellgrün, schwarze Balken um die Augen und ein granatroter Mund; rote Pluderhosen, ein brokatener Rock, schimmernder Harnisch und eine bunte Krone. Da das Gewitter die Stromversorgung ausgeschaltet hat, mimt und singt Suresh beim Schein der Petroleumlampen die Geschichte einer Frau, die fünf Edelmänner ausschickt, ihr die einundeinzige Blume zu bringen, und von Tüchtigkeit und Glück des Prinzen Bihma. Im Schatten antworten drei Stimmen seinem Gesang und rühren dazu sanft Zimbel, Trommel und Harmonika. Der Regen läuft in Schnüren vom Dach, als Suresh tanzt, mit harten Fersen, anmutigen Armen, Händen schnell wie Kolibris, rollenden Augen und zuckendem Mund – ein Shiva im Reisfeld.

»Die Kunst ist größer als das Leben«, erklärt Direktor Devan vor einer Kathakali-Demonstration – der hoch verfeinerten Art des Pantomime-Tanzes – in seinem Theater in Cochin. Daher die grellen Gesichter, die ausgestopften Kostüme, die überlebensgroßen Gesten. Nicht einmal, zehnmal brüllt der Dämon über die kleine Bühne, bis auch der letzte Zuschauer aufgewacht ist. Größer als das Leben ist auch die indische Kinokunst, die sich, als sei der Film noch stumm, mit überdeutlichen Gesten des Schreckens, der Gewaltbereitschaft und der keuschen Hingabe auf allen Mauern darstellt. Allein: Wo geküßt wird, decken Zensurbalken alles zu. Junge Damen in Männerarmen sehen aus, als hielten sie die Luft an und kniffen die Augen zu. Selbst die Trapezartistin auf dem Plakat des *New Grand Circus* trägt statt Ausschnitt über beide Backen einen ordentlichen Schlüpfer. Wer mehr sehen will, schaue sich den schmunzelnden blauen Krishna im Palast von Cochin an, der mit sechs Händen und zwei Füßen sieben Damen liebkost und dazu Flöte spielt, während allerlei aufeinandersteigendes Getier zu seinen Füßen »are giving themselves up to merry enjoyment« (Tafeltext). Once upon a time in India.

Guru Balachandran empfängt uns am Eingang seines Ashrams in rot und weiß gewickeltem Lendenschurz. Ein Bär von einem Mann, schon licht um den Scheitel, aber mit Vollbart und gelockter Brust, führt er in Trivandrum eine Schule für Kalaripayattu, die Urform vieler Kampfsportarten. Jeden Morgen um fünf versammeln sich seine Jünger zum dreistündigen Training; und einmal in der Woche zeigen sie den später Aufgestandenen die hohe Kunst des Angriffs und der Verteidigung. Was sich dabei in dem großen, matt erleuchteten und vom Duft der Räucherkerzen erfüllten Raum abspielt, hat nur sehr entfernt Ähnlichkeit mit den Vorgängen in einem westlichen Fitness-Studio. Hier wird Ernst gemacht. Hier wächst die Kraft aus der nackten Erde, aus der Hingabe an die Gottheit – und an das Wort des Meisters. Ehe die jungen Männer einander anspringen, erst mit leeren Fäusten, dann mit Messern, Stöcken und Schwertern sich gegenseitig überrennen, niederwerfen und einen angedeuteten Todesstoß versetzen, empfangen sie kniend Balachandrans Segen. Zu dritt treten sie schließlich gegen den Meister selbst an, der sie in zauberhafter Schnelligkeit entwaffnet und zu Boden schickt. Später beim Tee in seinem Kräutergarten ist Balachandran ganz Huld und Lächeln, ein Mann, den die Aura von Unbezwinglichkeit und Autorität wie ein Mantel umsteht. »Ja, ich bin ein Krieger.« Kalaripayattu ist durch Vater-Generationen auf ihn gekommen, und er wird diese Kunst seinem Sohn und Meisterschüler vererben. Ob es für den Sohn nicht schwierig sei, in ihm den Vater und den Guru zugleich zu akzeptieren? So eine dumme Frage kann natürlich nur aus dem Westen kommen. Wo liegt das Problem?

Von weitem sehen die Frauen aus wie Schmetterlinge in dem dichten, weichen Grün, das die Kuppen der Nilgiri-Berge bedeckt. Aus der Nähe lächeln sie und winken zur Straße hinauf. Die Körbe auf den Rücken werden von langen Stirnbändern gehalten; vor ihnen liegen Bambusstangen, mit denen sie die steilen Hänge hinaufbalancieren. Teepflücken gehört zu den mühseligsten und am schlechtesten bezahlten Arbeiten: 15 Rupien am Tag, 7,50 Mark. Dazu gratis die Pestizide, mit denen die Plantagen großzügig eingenebelt werden. Eine Familie, die sich eine Lastwagenladung Granitbrocken aus dem Steinbruch kommen läßt und sie zu Straßenbelag zerklopft, ist dagegen fein raus: 1000 Rupien – wenn alle anpacken, in einer Woche geschafft. Überall hocken Frauen am Straßenrand, mit nichts als einem Palmwedeldach gegen die Sonne über, einem flachen

Stein und einem Hammer vor sich, und klink klink klink geht es kilometerweit durch diese graue Zerkleinerungswerkstatt: Fels – Geröll – Grobsplitt – Feinsplitt. Manchmal blicken sie auf und lächeln in die fassungslosen weißen Gesichter hinter der Busscheibe.

Das Sommerhaus des Maharadschas von Travancore auf einer Halbinsel im Periyar-See ist heute ein Hotel von der feineren Sorte, eingebettet in ewiges Grün. Der Regen hat rote Baumblüten auf die Gartenwege geworfen, kostbar geformt wie Becher von Lalique. Auf der Veranda sind die Polstermöbel mit Tigerplüsch bezogen für das Katzenschläfchen nach dem Dinner, das man sorglos und genießerisch mit der rechten Hand in sich hineingeschaufelt hat: Reis mit milder Linsen-Soße, scharfes Lamm-Curry, Kokos-Chutney, Fisch in Bananenblatt, Gemüse zum Auszuzeln, höllische Chilis, Joghurt gegen den Brand. Der Kellner reicht die Wasserschale und eine gestärkte Leinenserviette. Trotzdem riechen die Fingerspitzen bald unabwaschbar nach Curry.

Um den Periyar-See und über die Grenze zum Nachbarstaat Tamil Nadu gehören 800 Quadratkilometer zu einem Dschungel-Reservat, in dem noch der eine oder andere Tiger herumschleicht, das Wildschwein grunzt, das indische Riesen-Eichhorn durch die Wipfel kracht und der gewitzte Blutegel jeden anfällt, der sich nicht bis zu den Knien herauf mit stinkendem Schnupftabaksaft eingerieben hat. Kormorane lüften ihr Gefieder auf den Spitzen ertrunkener Bäume, die über den Wasserspiegel des vor hundert Jahren gefluteten Stausees ragen. Hier ist man betrüblicherweise selbst am frühen Morgen nicht allein mit sich und allen Tieren. Ganze Schulklassen spotzen in Ausflugsbooten über den See und schlagen gewaltig Krach, wenn sich ein Schwanz am Ufer zeigt. Und doch, da gibt es diese wunderlichen fünf Minuten, wenn das Boot um eine Landspitze biegt und un-

weit eine Elefantenherde Gras raufend am Waldrand entlangzieht; nur einmal trompetet die Hüterin der Herde, als ein
Leichtmatrose vom schlüpfrigen Bootsdeck ins Wasser plumpst.
Gelassen und frei wanken sie davon, verschwinden in einer Hü-
gelfalte, größer als das Leben.

Vom Zauber der Verlassenheit
Madhya Pradesh

Es ist Monsunzeit. Wetter für Wasserbüffel. Ihre schwarzen Rücken
ragen wie Schilde aus den Tümpeln entlang der Straße. Madhya
Pradesh ist grün; grün wie Teichlinsen, wie junger Weizen und
die frischen Wedel der Tamarindenbäume. Im Rama-Tempel von
Orcha fegt ein Mann mit langem Reiserbesen schwungvoll das
Regenwasser vom Schachbrettmarmor des Innenhofs. Die Pfüt-
zen sind lauwarm. Unter dem doppelten Dach eines großen
Baums und eines steinernen Pavillons sitzt ein halbnackter,
weißbärtiger Mann in Lotushaltung und raucht einen Joint vom
Format einer Kindertrompete. Ein rotes Fähnchen, das an einem
Stock aus einem der Spitzbögen ragt, meldet: the holy man is in.
Der Betwa-Fluß zu seinen Füßen führt Hochwasser. Gestern hat er
einen Teil der Brücke weggerissen, aber heute spült das Wasser
schon wieder so menschenfreundlich um die Felsbuckel in seinem
Bett, daß die Kinder darin herumplanschen und die Wäsche
gewaschen wird.

Entlang dem Fluß liegt Orcha; keine Stadt so glanzvoll und
mit Schätzen gesegnet wie Gwalior, Agra oder Jaipur, eher so
leise verschnarcht, wie ihr Name klingt, aber von einem Zauber
der Verlassenheit umschwebt, über den keine ihrer berühmteren
Nachbarinnen innerhalb und außerhalb der Bundesstaatsgrenze
gebietet.

Indien ist reich an solchen verwunschenen Orten, reich an
Tempeln, Grabmälern, Forts und Palästen, die sich selbst, den
Vögeln und den Fledermäusen überlassen sind; architektonische

Zeugen seiner politischen Zerrissenheit, in der die Fürsten einander und die »Britishers« an Prunk und Wahnwitz zu übertrumpfen suchten. Jedoch: Die klimatische Lage ist Menschenwerk nicht zuträglich; die finanzielle erlaubt es den heutigen Besitzern kaum, ihre Altbauten vor dem Einsturz zu retten. So schimmeln wundervolle, gebieterische Ruinen am Rand armseliger Dörfer vor sich hin. Der Fremde tastet sich durch den Straßenkot – von Kindern begrüßt (»Hello pen!«) und von Ziegen angemeckert –, um sich vor Mauern wiederzufinden, die von steinernen Elefanten gekrönt, und auf Terrassen, die mit smaragdgrünen Moosteppichen ausgekleidet sind. Geier rasten auf den gerippten Kuppeln des Datia-Palasts; Schwalben flitzen durch die türlosen Gemächer, in denen einmal Brokat und bestickte Seide wehten, Kerzen im Spiegelreflex strahlten. Der Blick der Hofdamen fiel durch zierlich gemetzte steinerne Fenstergitter auf eine Außenwelt, die ihnen so fremd wie der Mond war. Heute häckeln die Dorfbewohner ihre Zwiebelbeete in den verlassenen Lustgärten.

Über das ehemalige herrschaftliche Haus eines Ministers in Dhubela hält der Staat seine öffentliche Hand. Es ist Museum; eins von der Sorte, das man nicht versteht, weil es nichts erklärt, und in dessen fadenscheiniger Fremdheit man dennoch ganz bezaubert herumwandert. Von den Wänden schauen die Fürsten von Rewa mit schwarzen Augen und gesträubten Bärten, Ohren und Hände mit Karfunkelsteinen beladen. Ein Hochzeitszug. Wer ist wer? Draußen an der Gartenmauer stehen Hindugötter grüßend in der Sonne. Nur einmal dem kopflos Meditierenden die Hand auf das warme schwarze Marmorknie legen!

Im Palast von Orcha wird die Stille vom Knallen der Holzschlegel unterbrochen, mit denen zwei hockende Männer Estrich in einem der Räume festklopfen – einem von 300, die Raja Bir Singh Ju Deo im 17. Jahrhundert einrichten ließ, um seinem Kaiser Jehangir, sollte der je mals bei ihm übernachten wollen,

ein standesgemäßes Quartier anbieten zu können: fünf Stockwerke, darüber Kuppeln, Türme und Terrassen, alle Räume mit
Fresken aus pulverisierten Halbedelsteinen geschmückt, Brun-
nenhof, Elefantenställe – bittesehr! Die Geste zahlte sich nicht
aus; Jehangir, alkohol- und opiumsüchtig, wurde abgesetzt. Den
Nachfolger, Shah Jahan, der mit dem Taj Mahal, dem weißen
Prunkgrab für seine Lieblingsfrau, in 22 Jahren einen Schatz ver-
baut hatte, sperrte sein Sohn ein, ehe er die Staatsfinanzen gänz-
lich verprassen konnte. 1666 starb er im roten Fort von Agra mit
Blick auf den himmelschönen marmornen Kuppelbau in der
Ferne. Kein Kaiser kam je nach Orcha. Raja Bir Singh Ju Deos
Palast verfiel.

Aus dem Wald links des Betwa-Flusses ragen die Zenotaphen
weiterer Fürsten, eine Reihe großmächtiger Ehrengräber, jedes
ein kleines Bollwerk des Todes, denen das Gras wie Haar aus den
steinernen Mützen der Dächer sprießt. Wir steigen die Treppe zu
einer der umlaufenden Galerien hinauf, während der Monsun
das Wasser in sprudelnden Schwaden über den Platz in ihrer
Mitte jagt. Noch mehr Simse, Deckel und Knäufe im wehenden
Grün jenseits der Mauer. Das rote Fähnchen am Pavillon ist indessen eingeholt. Der heilige Mann hat sich in einen Verschlag
zwischen den Wurzeln seines Schutzbaums zurückgezogen.

In Agra, Jaipur und Gwalior ist das architektonische Erbe der
großen Dynastien teilweise restauriert, um den Fremden eine
Ahnung von der Prachtliebe der Rajputen und der Mogulkaiser
zu geben, die zwar auf dem Boden saßen, aber Licht, Duft, Kühle,
Klang, Farben und Textur in höchster Finesse zu genießen verstanden. Im Amber-Palast über Jaipur schickt der Führer im
verdunkelten Schlafzimmer des Maharadschas mit zwei Kerzen-
flämmchen funkelnde Wellen über die wie aus zerbrochenen silbernen Christbaumkugeln zusammengestückte Decke. Der König in Gwalior wurde von den Fußglöckchen der Tänzerinnen

geweckt, die hinter der von Schallfenstern durchbrochenen Wand entlangtrippelten. In Agra leuchtete die Sonne durch milchweißen Marmor und bunte Mosaik-Scheiben auf 500 Prinzessinnen, die in parfümiertem Wasser plätscherten. Der Wein ihres mohammedanischen Gebieters reifte unter schützenden Planen im Innenhof; die gute Erde kam aus dem Himalaya.

Ganz so geschmackvoll trafen es die Nachgeborenen nicht mehr an. Die britischen Kolonialherren (Wo wir sind, ist England!) brachten einen Haufen unpraktischer Möbel ins Land, deren Steiflehnigkeit sich mit fernöstlicher Üppigkeit paarte und als Ergebnis alles an Scheußlichkeit übertraf, was Orient und Okzident je getrennt hervorgebracht hatten. Man begann Tiger auszustopfen und Seidenblumensträuße unter Glasstürze zu stellen. Wunderliche Beispiele dieses transkulturellen Spleens sind im Jai Vilas Palace zu besichtigen, der Residenz von Maharadscha Rao J. Scindia in Gwalior, der sein indisch-viktorianisch-toskanisch inspiriertes Heim seinem Urgroß- und Großvater verdankt. Bitte einzutreten: der Durbar Bankettsaal mit den schwersten Kronleuchtern Indiens – Asiens – der Welt! Jeder 3,5 Tonnen schwer. Sieben Elefanten standen vorher sieben Tage lang auf dem Dach, um dessen Festigkeit zu prüfen. Die silberne Spielzeugeisenbahn, in der der Hausherr nach dem Dinner die Cognac-Karaffe über den Tisch rattern ließ. Sein Bad, das er mit viktorianischem Soft Porn ausstattete (Leda unterm Schwan, dreidimensional). Der Eßtisch für den kleinen Kreis wiegt 600 Kilogramm; die Anrichte sieht aus wie ein Altar in Mooreiche. Für die nur zwergengroße Maharani wurde alles eine Nummer kleiner geschnitzt. Ihre Tage vertändelte sie auf einer Schaukel aus italienischem Glas mit goldenen Säulen und schillernden grünen Pfauen. Poor little rich girl.

Ein Fürst von der aktiven Sorte war der Maharadscha von Alwa, den die Engländer aus dem Verkehr zogen, nachdem er bei einem für ihn unbefriedigend verlaufenden Polo-Match sein Pferd totgeprügelt hatte. Die »Hunting Lodge« dieses Gentleman, ein Schloß in Gelb und Rosa am Rand des 800 Quadratkilometer großen Sariska-Nationalparks, ist heute ein Hotel und hat die letzte Runde erreicht, in die ein stolzes Haus absteigen kann. Die Herren von Alwa waren Großwildjäger. Noch heute gähnt ihre zahnlose, von Kreuzstichen zusammengeheftete, mottenzerwirkte Beute die Gäste im Salon an. Sepiabraune Photos im Treppenhaus zeigen Jagdpartien: die Herrschaften in der ersten Reihe, Turbane und Tropenhelme; dahinter die Menge der braunen Gesichter. Vorne Donnerbüchsen, hinten Stöcke. Offene Automobile, Breeches und Wickelgamaschen, Sonnenschirme und Picknickkörbe. Eis wurde in gepolsterten Kisten mitgeführt. Überhaupt war das Leben damals, wenn man nicht gerade Polo-Pferd, Hirsch, Tiger oder Jagdgehilfe war, bedeutend farbiger und komfortabler. Man versuche, sich den Anfall des Maharadschas von Alwa vorzustellen, wenn er erleben müßte, daß es in seiner Jagdhütte heute weder Eiswürfel noch Tonicwater gibt. Daß man im Keller speist. Und zwar ziemlich schlecht.

Touristen rumpeln in Jeeps durch sein Revier, um nach Nilgai-Antilopen, Sambarhirschen, Affen, Leoparden, Wildschweinen – and his majesty himself auszuspähen. An die 25 Tiger sollen im Sariska-Park umherschweifen, streng geschützt, versteht sich. Es ist Monsunzeit; das Gras steht hoch, die Wasserlöcher sind voll. Kein schwarzgelb gestreifter Schwanz läßt sich blicken. Nur die wilden Pfauen schlagen mitten auf der Piste ihr Rad.

Ein Ort, der Hunderte von Jahren im Dschungel versunken war, an dem 1835 ein englischer Hauptmann schockiert kehrtmachte (»extrem unzüchtig und anstößig«) und der erst in den fünfziger Jahren dieses Jahrhundert aus seinem Märchenschlaf gerissen wurde, ist Khajuraho: früher ein von Banditen und Schlangen geplagtes Nest, heute ein Flugplatz, ein Dorf, ein sauber gestutzter Park und 22 Tempel auf hohen Terrassen, die vor tausend Jahren von den völlig entfesselten Steinmetzen der Chandela-Dynastie in den Himmel gestemmt wurden. Aus der Ferne wirken sie wie ein sandfarbenes Perlen-Steckspiel; aus der Nähe sind es unzählige Skulpturen, die neben- und übereinander die Mauern der Kegel bis zum Knauf auf der Spitze bedecken: Götter, Nymphen und Krieger. Sie jagen, tanzen, reiten, flöten, salben, bespiegeln sich und kopulieren in tantrischer Lust. Khajurahos Tempel werden gern auf ihre erotischen Stellen hin abgesucht, denn in dem unendlichen Bilderstreifen gibt es die flottesten, hochakrobatischen Begegnungen zu sehen. Im Glauben, daß der Mensch im Befriedigen seiner irdischen Gelüste dem Nirwana und der Erlösung näher rücke, haben die Bildhauer Sex mit der gleichen Gelassenheit wie Essen, Trinken und Tanzen dargestellt. Alle Gestalten sind gleichermaßen schön und geschmeidig um die Hüften; die Frauen mit engen Taillen und Melonen-Brüsten, die Männer mit glatten, vom guten Leben gezeichneten Körpern. Unter ihren wie mit halben Nußschalen bedeckten Augen, spielt ein wissendes Lächeln um ihre Anmut, die kein Alter, und ihre Ruhe, die keine Zeit kennt: Vishnu und Lakshmi, Shiva und Parvati. Das tausendjährige Khajuraho erscheint wie ein einziger Schöpfungstag.

Das Ende kommt in Varanasi, der heiligen Stadt am Ganges, die die Muslime Benares nennen. Hier lächelt kein Gott. Es ist die Stadt der Elenden, der Sterbenden, der Toten, der Verbrannten – ein Ort großer Frömmigkeit und großer Geschäftstüchtigkeit, an dem sich das Baden und Bestatten, das Beten, Opfern, Betteln und Hökern, das Pinkeln und Popeln, Werken, Kochen und Schlafen öffentlich, gleichzeitig und massenhaft vollziehen, und ohne daß sich einer vom anderen dabei stören ließe.

In den Gassen der Altstadt steht die Luft wie Wasserdampf. Es riecht nach Pisse und Weihrauch. Die roten Tempel glänzen von

Zucker, Blumen und Fett. Jeder Eintretende schlägt scheppernd auf die Glocke: Hier bin ich, Lord Shiva, leiht mir Euer Ohr!

Am frühen Morgen lassen sich die Fremden den Fluß hinauf und hinunter rudern, der für gläubige Hindus Lebensader und Totenwiege ist, für Ungläubige eine Kloake, die Gift und Gülle durchs nordöstliche Indien wälzt. Am Manikarnikaghat lodern die großen Hoffnungsfeuer, die Scheiterhaufen, auf denen die Leichen der Frommen verbrannt werden. Die Reste trägt der Fluß davon.

Es ist Monsunzeit. Der Ganges hat das städtische Steilufer überschwemmt. Tempel und Straßenlaternen stehen im reißenden Wasser. In einem Mahlstrom aus Müll, Asche und gelben Blumengirlanden strudelt eine tote Kuh vorbei. Drei Bootsmänner spannen alle Kräfte an, um den Kahn flußauf um die Hausecken zu stemmen. Was für ein Ufer! Tempel und Paläste, Dachterrassen, Veranden, Erker, Kuppeln und Wellblechdächer, die, neu oder alt, alle gleichermaßen baufällig erscheinen, sind zu einer großen Wasserfront zusammen- und übereinandergeschoben, rote, gelbe, mit sorglosem Pinsel gestreifte Fassaden, und dazwischen die Badenden auf den Stufen der Ghats, die angeklatschten Saris, Wasser schaufelnden Hände, spuckenden Münder und die starken, laut rufenden Schwimmer in der braunen Flut.

Aus einem Wolkenspalt wirft die aufgehende Sonne einen rotgoldenen Streifen über den Fluß und schenkt der Stadt einen Moment des Glanzes. Hindus schöpfen Gangeswasser in bronzene Deckeltöpfchen, um es im Handgepäck nach Europa oder unter Baldachinen in langen Fußmärschen in ihr Dorf zu tragen. Blätterschalen werden aufs Wasser gesetzt, in denen ein Kerzenfleck auf einem Blütenkissen in einem Pralinenpapierchen flackert. Es sind Gaben an Mutter Ganga oder ein Tribut an die Poesie des Augenblicks, die als schaukelnde Lichtpunkte stromab reisen, verlöschen und untergehen.

Nebel über der Wüste

Herrlich muß es sein, in der Morgenfrische mit dem Heißluftballon über der Namib-Wüste aufzusteigen. Rosig durchsonnt leuchtet der Sand, Tau blitzt auf dem Akaziengestrüpp, und aus ihren Geröllverstecken rufen laut die balzenden Zwergtrappen. Herrlich muß es sein, still mit dem Wind zu reisen über Düne und Fels. Tief unten verschwinden die hellen Zelte des kleinen Camps, der rote Windsack, die Pistenmarkierungen und die wie ein braunes Zebra angemalte Cessna »Caravan«. Als kakifarbener Klecks mit grünem Leinenhütchen bleibt der Düsseldorfer Autohändler zurück, der hofft, an diesem wüsten Ort mit Ballonfahrten ein Geschäft zu machen, und der jedem vor dem Start einen Audi-Sticker überreicht hat. Zurück bleibt Mr. Loutit, Direktor des Skeleton Coast National Park, der den Autohändler mit seinem Ballon und acht Journalisten zum Teufel wünscht und dessen Grimm über den Landrover- und Lastwagen-Troß nur von einem dünnen Anstrich Diplomatie zusammengehalten wird. Ein Masterplan soll seinen 16 400 Quadratkilometer großen, fragilen Wüstenpark schützen, aber der Staat braucht Investoren im Tourismus-Geschäft, und zusammen fressen sie den Kuchen auf, den sie eigentlich ganz vorne im Fenster ausstellen wollten: unberührte Natur. Geld für den Schutz der Nashörner und Wüstenelefanten vor Wilderern bleibt dabei nicht übrig. Verständlicherweise ist Mr. Loutit deshalb nicht ganz so amüsiert wie die Luftschiffer. Noch ist ihr Lachen zu hören; dann treibt der Ballon über einen braunen Berg, und dann ist er weg.

Herrlich muß es sein, so zu entschweben. Bis man merkt, daß der Funkkontakt gerissen ist und der Wind auffrischt; daß der blöde Ballon nicht mehr zu bändigen und auf Meilen keine Piste zu sehen ist, auf der man landen könnte. Kein Gedanke an einen geordneten Abstieg. Während der Autohändler mit seinem sprachlosen Walkie-Talkie auf einen Hügel klettert, schleift der Korb irgendwo rumpelnd durch die Wüste, sackt die Ballonhülle leise rauschend in sich zusammen. Ganz blöd, wenn man dann kein Frühstück und kein Wasser, nicht einmal einen Hut dabei hat und niemand weiß, wo man steckt. Es sollten doch nur zwanzig Minuten sein, und dann werden es fünf Stunden, in denen zwei Flugzeuge und zwei Geländewagen nach den vier verschollenen Aeronauten suchen.

Daß die Wüste kein Ort für Kapriolen ist, hat man wohl geahnt, aber es bedurfte dieses Strahls praktischer Erkenntnis, daß auch den im Camp Zurückgebliebenen für einen Moment das Herz stehenbleibt. Natürlich sind wir perfekt ausgerüstet, aber sehr weit vom nächsten Radioposten und über eine Flugstunde vom Bereich der Air Control in Windhoek entfernt. Keiner der Gestrandeten hat daran gedacht, die orange und weiß gestreifte Ballonhülle mit dem großen Logo auszubreiten, und so ist es eher Zufall, daß Mike, der Pilot der »Caravan«, den Korb in der Wüste findet. Dazu drei begeistert winkende Passagiere. »Ich flieg' nicht zurück, ehe der vierte Mann nicht aufgetaucht ist«, brüllt er gegen das Motorengeräusch. »Wenn einer hier anfängt zu laufen, finden wir ihn nicht mehr.« Eine auf eine Kotztüte gekritzelte Botschaft, um eine leere Bierdose gewickelt, fliegt durch die Fensterklappe im Cockpit: »Nicht weggehen, der Wagen kommt.« Der vierte Mann sitzt derweil im umgestülpten Korb und denkt nicht im Traum daran, sich bemerkbar zu machen.

Der Landstrich, über dem wir bis zum Erbrechen in rasanter Schräglage kreisen, heißt nicht umsonst Skelettküste, eine Gegend von atemberaubender Feindlichkeit und ebensolchem

Zauber. Hier stößt der Westrand von Namibia an den Südatlantik mit dem kalten Benguela-Strom. 500 Kilometer, vom Ugabbis zum Kunene-Fluß an der Grenze zu Angola, und bis zu 150 Kilometer tief erstreckt sich die nördliche Namib, die älteste Wüste der Welt. Heute bleichen Walknochen auf dem Strand, aber bis vor Jahrzehnten waren auch Schiffbrüchige oder allzu kühne Prospektoren den Elementen ohne Chance ausgeliefert: ertrunken, erfroren, verdurstet. Halb begraben ragen die hölzernen Rippen und eisernen Aufbauten zerbrochener Schiffe aus dem Sand. Die steife Brise ist satt vom Gestank toter Seehunde, die wie pralle Müllsäcke auf dem von Treibholz übersäten Ebbestrand liegen. Nachts machen sich Schakale an ihnen zu schaffen. Am Rocky Point ist das Grab des Skippers Mathias Koraseb aus dem Geröll aufgemauert, der im November 1942 beim Versuch, die 106 Schiffbrüchigen der *Dunedin Star* zu bergen, ertrank.

So wild wie das Meer ist die Wüste. Da die Berge reich an Mineralien sind, wandert man darin zuweilen über eine feine Kruste aus Achat und Rosenquarz, Amethyst, Bergkristall, Topas und Granat. Diamantenschürfer durchwühlten sie in der meist vergeblichen Suche nach Hochkarätigem. Ihre Spuren, die Reihen aufgesiebter Pyramiden, hat der Wind nicht verweht. Die Wüste behält alles. Im feinen Kies verschwinden selbst Fußstapfen nicht. Die Reifenspuren, die die Militärs im Angolakrieg in die Skelettküste frästen, sind so frisch wie im Jahr 1975. Zwischen Möwe Bay und Rocky Point wurden die Überreste dreier Prospektoren mit einem Loch im Schädel gefunden. Ihre Zeltpfosten stecken noch im Sand. Abends, beim Essen unter dem Orumborumbonga-Baum, kommen dann die übrigen Geschichten heraus: von Propellern, die sich in Dünen bohrten, und Piloten, die spurlos verschwanden, von verlassenen, windzerfetzten Zelten und den 200 Portugiesen, die vor dem Krieg in ihren Autos über den Kunene flohen und glaubten, sie fänden auf der anderen Seite so etwas wie eine Straße.

Der Mann, der uns dergestalt die Zeit verkürzt, ist Ernst Karlowa, ein 72jähriger Herr mit leiser, norddeutsch-flacher Stimme, hellen Augen und schmalem Lächeln in einem Eidechsengesicht. Herr Karlowa, der zwischen Walvis Bay und Otjiwarongo Onkel Ernst heißt, gilt als exzellenter Kenner der Skelettküste. Auch im Schatten und des Nachts trägt er einen breitrandigen grünen Filz, den er nur zum Gruß lüpft: »Wünsche wohl geruht zu haben.« Als einziger hat er eine gefütterte Fliegerkombi eingepackt, um die ihn abends mancher Sakkoträger beneidet. Früher hatte er den Wetter- und Rettungsposten in Cap Frio bemannt, Diamanten geschürft und für die Northern Namibia Development Company in Angra Fria eine Station gebaut, der einmal ein Hafen folgen sollte. Daraus wurde nichts. Von den Hereros, die uns schweigend und distanziert bedienen, spricht er gutgelaunt als »seinen Kaffern«. Gefragt, ob es Schwarze gäbe, zu denen er ähnliche Beziehungen wie zu weißen Afrikanern unterhalte, überlegt er nicht lange: Ja, einer, aber der sei gestorben – ein Gentleman. Wenn Karlowa seine Pfeife anzündet und seinen Kaffee im Emaillebecher kalt werden läßt, beginnt meist eine längere Geschichte, der man durch alle Paff- und anderen Kunstpausen widerspruchslos folgt ... Jo, da sind wir also los von Möwe Bay, und zwei Mann mußten sich auf dem Rollfeld an die Tragflächen hängen, denn der Südwest blies so stark, und man sah keine dreißig Schritt weit ...

Antarktisches Wasser und heißes Land schaffen an der Skelettküste ein verrücktes Klima, das als Nebel die tückischen Klippen und die endlose Öde verhüllt und auch die einsamen Camper narrt, wenn sie früh vor ihr tropfnasses Zelt treten: November in einer deutschen Kiesgrube?

Fliegt man eine Weile über die Grenze zwischen dem brausenden, stürzenden, von Plankton gelbgrün schäumenden Meer und der stillen Wüste, scheint sich die Wirklichkeit zu verflüchtigen. Thule und Avalon, kein Land, sondern ein Zustand. Oder ein fremder Stern. Die Maschine steigt durch den Küstennebel, und der dreifach gerüschte Brandungssaum fließt wie ein Element in ein gleiches. Zehntausende von schwarzen Pelzrobben sprenkeln das hellsandige Cap Frio. Hier gibt es Land, das noch nie ein Mensch betreten hat: schnittige gelbe Wanderdünen, braune Hügel, wie aus Leder gefaltet, und andere, die aus Buttercreme gespachtelt scheinen. Reine Form und reine Farbe. Schroffes ragt hinter weichen Konturen, die der Wind wie mit Zimt bepudert hat. Zwischen den scharfen Rückgraten der Berge wälzen sich Ströme von Sand, und auf die Hochebenen hat das verdorrende Gras einen blauen Schimmer gezaubert. Was morgens rosig glühte, füllt sich nun mit mauvefarbenen Schatten. Die Sonne ist nur noch eine halbe Kupfermünze, als Mike in einer steilen Linkskurve aus dem Cañon kommt und auf der Piste über dem Camp landet. Vielen Dank; hat vielleicht jemand etwas gegen weiche Knie dabei?

Am nächsten Tag fliegen wir zum Naukluft-Park in der südlichen Namib. Dort in der flachen Pfanne des Sossusvlei wachsen wie aus Eisentauen gedrehte graue Kameldornbäume, hinter deren struppigen Kronen sich bis zu 300 Meter hohe ziegelrote Sanddünen erheben. In der Morgensonne ist es ein leichtes, auf ihrem wie mit dem Messer gezogenen Grat hinaufzustapfen. In langen Schwüngen hingeschmeichelt und in seiner Unaufhaltsamkeit von subtiler Brutalität, wälzt sich das Dünenmeer bis zum Horizont, greift mit scharfen Schnäbeln über Pisten und trocken liegende Flußbetten, unberührt bis auf die wenigen Reißverschlußpfade über seine Kämme. Gleich darüber beginnt der strahlende Weltraum.

Unfern der Dünen liegt der Sesriem-Cañon, in den die Trecker durch Südwest ihre Wassereimer an sechs Längen Ochsenriemen hinunterlassen mußten, um sich und ihre Tiere zu tränken. In der Trockenzeit stehen nur ein paar schlammige Pfützen zwischen den porösen Felswänden, und die schattigen Seitenschluchten sind erfüllt von den zarten Trillern unzähliger kleiner Vögel, die dort mehrstöckig übereinander hausen.

Anders als in Namibias zweitgrößtem Nationalpark, der Etoscha-Pfanne, gibt es auf den Safaris in die Namib nur wenige wilde Tiere zu sehen: ein Dutzend Springböcke an der Sarusas-Quelle, auf deren Näherziehen wir lange warten; eine einsame Oryx-Antilope zwischen den Dünen. Abends besucht uns eine graugetigerte Ginsterkatze aus dem dicken Gestrüpp, das unseren Eßplatz beschirmt, um sich an abgenagten Kotelettknochen den Magen zu verderben. Morgens finden sich Schakalspuren um das Camp. In einem Tal liegt trockener Elefantendung unter den schütteren Palmen. Die schwarzen Nashörner lassen sich an ein paar Händen abzählen. Manchen Tieren reicht es, den Nebel von den Steinen zu lecken oder auf Sukkulenten herumzukauen. Käfer und Reptilien haben sich in Millionen Jahren zu hochspezialisierten Überlebenskünstlern entwickelt, aber Giraffen, Zebras und Warzenschweinen ist es doch einen Tick zu trocken. Damit die Touristen nicht leer ausgehen, hat der Veranstalter um den Ausgangsort der Safaris, die komfortable Oropoko-Lodge auf einem Berg über der Busch-Savanne, einen 11000 Hektar großen Wildpark angelegt. Abends werden die Gäste in Geländewagen über die Sandpisten geschaukelt und sehen dabei im dornigen Gesträuch den scheuen Kudu mit seinen Segelohren, den wehrhaften Oryx, das flinke Warzenschwein, den vorsichtigen Pavian, den hochmütigen Strauß und das niedliche Perlhuhn. Aus den Schatten, die wie Rauch zwischen Schirmakazien und hohem Gras hängen, äugt ein Trupp Säbelantilopen. Das ist sehr schön, aber wer den Kopf noch voller

Bilder in Umbra, Zinnober und Gelb hat, dem scheint das schüt-
tere Grün um Oropoko von geradezu obszöner Üppigkeit, und er
möchte dahin, wo er gerade hergekommen ist: in die Namib.

Afrika war eine Firma

Was Prokurist Vogelsang aus Bremen bewog, in Angra Pequena zu landen – und zu bleiben, ist letztlich sein Geheimnis. Es kann sich um Abenteuerlust, kaufmännisches Sendungsbewußtsein oder verschärften Drang zur Selbstbestrafung gehandelt haben. Vielleicht auch um eine längere Seekrankheit. Endlich eine Bucht! Hier machen wir fest! Landschaftlicher Reiz und winkende Einheimische scheiden hingegen aus.

Andere hatten vor ihm aufgegeben. Die Portugiesen, die Holländer, die Engländer. Aber die Deutschen waren schon immer etwas zäher als Biltong-Fleisch und härter als Kameldornholz und gründeten im Auftrag des Kaufmanns Adolf Lüderitz vor über hundert Jahren eine Handelsniederlassung an Afrikas Atlantikküste: Lüderitzbucht.

Das Meer ist wüst und kalt, das Hinterland wüst und heiß, der Sturm bläst an 220 Tagen im Jahr, es gibt weder Quellen noch Grünzeug, noch einen Weg hinaus. Vielleicht stand ein einsamer Namahirte auf dem nackten Felsbuckel, der später Diamantenberg heißen sollte, und drehte sich auf der Ferse um, als er die Brigg *Tilly* heransegeln sah. Prokurist Vogelsang und sein Chef fanden Wege, die Namas um ihr Land zu prellen und das Terrain vom Kaiserreich unter militärischen Schutz stellen zu lassen. Auf seinen 75 000 Quadratkilometern tauschte Lüderitz Rinder gegen Schnaps und Gewehre, erhob Zölle und suchte nach Bodenschätzen. Der Anfang der Kolonie Deutsch-Südwest-Afrika war eine Firma.

1904 kam der erste Aufschwung mit einem großen Truppenaufmarsch, als die Deutschen die Namas, die sich nicht unter ihren Schutz begeben wollten, niederschlugen. 1905 kam die Eisenbahn, drei Jahre später der Diamantenboom. Es war der Streckenarbeiter Zacharias Lewala, der seinem Vorgesetzten, dem Oberbahnmeister August Strauch, im April 1908 einen interessanten Stein brachte, den er beim Schienenfegen aus dem Sand geklaubt hatte. Lewala hatte schon in Südafrika im Big Hole von Kimberley gearbeitet und wußte, wie ein Rohdiamant aussah, als er sich an der Station Grasplatz bei Bahnkilometer 16 nach dem großen Klunker bückte. Am Grasplatz wächst kein einziges Hälmchen, aber früher lagerte dort Futter für die Ochsengespanne, die die 370 Kilometer von Lüderitzbucht landeinwärts durch die Wüste nach Keetmanshoop treckten. Nun aber gab es die Eisenbahn und August Strauch, dem der Fund seines Streckenarbeiters ein gewisses Glitzern in die Augen zauberte. Von Zacharias Lewala ist hinfort nie wieder die Rede – denkbar, daß er den Rest des Tages freibekam –, aber vom Oberbahnmeister wissen wir, daß er in höchster Eile mit drei anderen »Männern der ersten Stunde« die Diamantenschürfgesellschaft Kolmannskuppe gründete und bereits 70 Schürffelder auf rund 22 000 Hektar Wüstenland erworben hatte, ehe im Juli die übrigen Glücksritter im südlichen Afrika und der fernen Heimat aufwachten und ein Diamantenfieber einsetzte, das die bislang eher pflichtschuldig geliebte Kolonie des Kaiserreichs zu einem heißbegehrten Ort aufsteigen ließ. Im September erklärte die Reichsregierung einen hundert Kilometer breiten Küstenstreifen vom Oranjefluß bis zum 26. Breitengrad zum Sperrgebiet. Zwei Jahre später wurden über 60 deutsche Schürfgesellschaften in Lüderitzbucht registriert, die bis zu 55 Prozent Dividende ausschütteten. Es muß hoch hergegangen sein. Die Barmädchen ließen sich in Brillies bezahlen. Fünfzehn Kilometer von Lüderitz wuchs eine Stadt in der Wüste. Sie war klein und parvenühaft, aber sie nannte sich die reichste Afrikas: Kolmannskuppe.

Namibia ist seit 1990 eine unabhängige Republik mit einem schwarzen Präsidenten, aber in Lüderitz hat sich nicht so furchtbar viel verändert. Seine große Zeit als Boomtown der Diamantenschürfer ist vorbei, die Eisenbahnverbindung nach Windhoek eingestellt, die Zeitung drei Tage alt. Eine deutsche Kleinstadt mit schwarzen Bürgern: Bismarckstraße, Reichsapotheke, Turnhalle, *Franzls Restaurant*, lutherische Kirche, Afrika-Bank. Ein Großteil der Geschäfte ist sichtbar seit Monaten verrammelt. Der steife Südwest bläst den Müll aus der Stadt hinaus, wo er sich in den Zäunen des Diamantensperrgebiets fängt, und im Strandcafé serviert eine Namafrau mit schrägen Augen Seeteufel mit Salzkartoffeln und Mischgemüse; zum Nachtisch Apfelstrudel.

Zum Diazpoint auf die Klippe führt ein langer, von Gischt überstäubter Holzsteg hinaus. Der Sturm schmettert um die Ohren. Hier hatte der Portugiese Bartholomeu Diaz 1488 ein Steinkreuz errichtet. Es war wohl eher eine Geste als eine wirkliche Landnahme. Die unendliche, kaum zu überwindende Ferne zur bekannten Welt, Einsamkeit und Ausgeliefertsein drängen sich auf diesem umtosten Stein noch heute auf. Welch eine Idee! Robben kauern im Windschatten der Felsen. Pinguine suchen Schutz in den verlassenen Häusern der Guano-Sammler auf Halifax-Island. Nur in den stilleren Lagunen stehen schön formiert die Flamingos wie Seerosen auf Stelzen.

In Lüderitz wird dem Besucher klar, daß Namibia es ihm nicht leichtmachen wird. Zwischen die Bilder von roten Dünen und gewaltigen Canyons, Oryx-Antilopen im Galopp und Köcherbäumen vor Sonnenuntergang hat die Geographie die Staubpiste gestellt. Namibia ist groß, seine Straßen sind schnurgerade und in der Regel von einem Zaun begleitet; Rinderzäune, Wildzäune, Sperrgebietszäune, kriechsicher, schakalsicher – jede Menge Draht. Davor und dahinter ist das Land Wüste und Halbwüste vom Liebreiz einer Abraumhalde. Stundenlang. Die Augen schmerzen von zuviel Licht und Leere. Schließen wir sie einen Moment und machen sie in Kolmannskuppe wieder auf.

So wie diese Stadt heute in der Wüste steht, ist sie nicht mehr ganz von dieser Welt; ein Ort, der mit großer Geste vorführt: Schaut, wie schön wir es hatten! Und zugleich: Mein Gott, wie blöd sie waren! Deutsche Bürgerhäuser liegen zwischen den Dünen bis über die Verandastufen im Sand; Häuser mit roten Satteldächern, von denen der Schnee abrutschen konnte, großen Fenstern, die Licht und Wärme hereinließen, und Balkonen für das Sonnenbad. Was am Rhein frommte, konnte in Afrika nicht verkehrt sein. Fünf Millionen Karat wurden bis zum Ersten Weltkrieg gefördert, tausend Kilogramm oder 150 Millionen Reichsmark, 20 Prozent der Weltproduktion. Die Kolmannskupper konnten sich Schampus, Grammophonplatten, Badewannen aus Deutschland und Trinkwasser aus Kapstadt schicken lassen. Es gab ein Meerwasserschwimmbad, eine Kleinbahn, eine Volksschule, eine Limonadenfabrik, den Kegelclub *Gut Holz* und jeden Morgen frische Brötchen.

Daß alles eitel war, daß Wind und Sand durch Fenster und Türen brechen, die Sonne Bäume und Vorgärten verbrennen würde, hätte die neuen Reichen vielleicht nicht einmal traurig gestimmt. Als der Sand durchgesiebt war und am Oranje die größeren Steine auftauchten, zogen sie stehenden Fußes um. Wer zu spät kommt ... Sie waren so verflixt tüchtig. Die Photos im Museum zeigen ihre runden, zufriedenen Chef-Gesichter. Breite Krempen und Vatermörder-Kragen. Theater-Aufführungen, Turnfeste und patriotische Veranstaltungen im Kasino, ein Picknick in der Wüste: die Damen unvermeidlich in Seidenstrümpfen und Topfhüten, in den spärlichen Schatten einer Dornakazie gelehnt. Afrika? Wo?

Nach dem notwendigen Baren ließen die Kolmannskupper andere sich bücken. Neben 300 Weißen lebten ein paar tausend

Ovambos in der Wüste, wahrscheinlich in nicht ganz so behaglichen Verhältnissen. Die Arbeiter robbten durch die Claims, auch nachts mit Stirnlaternen, und sammelten die Rohdiamanten ein: ein halbes Marmeladenglas pro Tag. Überall im Sperrgebiet liegen Häuser und Alteisen halb begraben, monströse Maschinen und Ziegelmauern, die der Wind bis auf die Mörtelnähte durchsiebt hat. Die Wüste ist hier nicht sehr berückend. Nichts von den schnittigen Dünengebirgen der Namib im Sossusvlei, sondern gewellte Ödnis, gleißender Fels unter flüchtigem Sand. Wenn der Wind vom Meer bläst, bezieht sich der Himmel in einem kalten Grau.

Im Ersten Weltkrieg wurden die deutschen Kolonisten interniert; Südafrika kassierte die Claims. 1944 verlegte die Consolidated Diamond Mines, Nachfolgerin der Deutschen Diamantengesellschaft, die Verwaltung von Lüderitz nach Oranjemund, wo es reichere Vorkommen gab. 1950 zog der letzte Nachtwächter ab und überließ Kolmannskuppe der Wüste und den Plünderern. Dreißig Jahre später, als die Häuser fast bis über die Dachfirste im Flugsand verschwunden waren, entsann sich die CDM ihres Erbes und schaufelte einige der Häuser wieder frei. Ghosttown Kolmannskuppe ist ein Freilichtmuseum, doch bis auf das Kasino mit der restaurierten Kegelbahn und dem prachtvollen Theater- und Turnsaal sind die meisten Häuser unrettbar verloren. Das Meersalz im Sand, mit dem aufgemörtelt worden war, begann schon bald auszublühen. Und wo etwas bröckelte, da bohrte und raspelte der Wind – der Wind, der Tag und Nacht über Kolmannskuppe bläst: Sand in den Haaren, Sand zwischen den Zähnen, Sand im Teppich und im Vertiko. Jeden Morgen war das Personal wieder mit Schipp' und Besen unterwegs. Kein Haus steht hier im Windschatten eines anderen. Man war über die Maßen großzügig, und ganz oben auf der Kuppe mit dem allertrostlosesten Ausblick ragt die Villa des Verwalters. Risse spalten sie vom Dach bis zu den Grundmauern. Tapetenreste lappen von den Wänden. Hier war die Küche mit dem himmelblauen Schablonenfries aus Kaffeekannen und Tassen, dort das Badezimmer mit schwarzweißen Fliesen. Letzte Verandascheiben klappern im Skelett eines Schiebefensters. Dünen wandern durch die Räume, füllen Waschbecken und Wandschränke.

Im Krankenhaus, das als erstes im südlichen Afrika einen Röntgenapparat besaß – weniger zur Diagnose als zur Durchleuchtung der Mägen auf geklaute Glitzersteine –, rieselt Sand in einem hauchfeinen Strahl durch die Decke ins Parterre und hat dort einen raumfüllenden Kegel gebildet. Sollte man auch hier schaufeln und kehren, die Sanduhr stopfen? Oder Kolmannskuppe ganz sterben lassen, begraben und unterm Sand bewahren, wie eine alte, schwerbegreifliche Kultur?

Die Bahn, die Lüderitz und Kolmannskuppe früher mit dem Landesinneren verband, endet heute in Aus. Erz aus Südafrika wird dort von Lastwagen in Waggons verladen. Es gibt eine Tankstelle, ein Bahnhofshotel und einen Laden für alles. In Aus warteten 1500 deutsche Schutztruppler, die vor den Südafrikanern kapituliert hatten, das Ende des Ersten Weltkriegs ab, bauten Häuschen und pflanzten Gemüse. Nächste Station ist Keetmanshoop, wo man sich ums »Kaiserliche Postamt« herum an frischem Grün, blühenden Bougainvilleen und plätscherndem Wasser labt, ehe es endgültig ins Dürre geht – zum Fischfluß-Canyon.

Man kann in Namibia aber gar nicht so weit fahren, daß man nicht auf einen Deutschen träfe, der sich nützlich machte. In Keetmanshoop ist es Lothar Gessert. Geboren in Namibia, hat er in Heidelberg Geologie studiert, sein Herz jedoch – auf die unvermeidliche, blöde Frage – an die Sockel- und Sedimentgesteine der südlichen Namib verloren. Folglich hat Gessert zwei »mittelgroße Farmen« von zusammen 43 000 Hektar am Fischfluß-Canyon aufgekauft, Schafe und Ziegen »hinausgekehrt« und neben dem staatlichen seinen eigenen Naturpark gegründet. Dem Auge des Touristen verborgen, der von »Gras« ein abweichendes Bild hat, vollzieht sich zwischen Dornen, Geröll und den ungenießbaren Storaxen der Milchbüsche eine sachte Regeneration. Kudus und Oryx, Bergzebras, Strauße und Springböcke werden bald wieder etwas zu knabbern finden, unbelästigt von einheimischen Farmern und europäischen Trophäenjägern.

Vom Fischfluß-Canyon heißt es, er stehe dem Grand Canyon in Arizona an Erhabenheit kaum nach; 160 Kilometer lang, rund 25 Kilometer breit, prachtvoll in grauen, rosa und wüstengelben Stufen geschichtet, von der Eiszeit plattgehobelt und am Fuß seines bis zu 550 Meter tiefen grünen Bettes über 600 Millionen Jahre alt. Allerdings befindet sich der Reisende am Fischfluß-Canyon nicht in Gesellschaft von allzu vielen Gleichgesinnten. Auf dem Tafelberg, zehn Schritte vom Canyonrand zwischen alten Köcherbäumen, ist das Camp aufgeschlagen: acht Zelte, zwei Eimer-Duschen; die Lokuswand trägt nachts der Wind davon. Der Mensch als Fliegenschiß in der Schöpfung. Auf die Terrasse vor das große Küchenzelt gebannt, hört er bei Rotwein und gegrilltem Lamm den Wind in der Tiefe grummeln wie das Meer. Ein Gasthaus mit tausend Sternen, deren Bilder auf dem Kopf stehend über ihn wandern oder als Schnuppen durchs Gewölbe zischen. Vor Tagesanbruch hockt man schon wieder an der Kante und wartet, daß die Sonne rot und zügig herausrückt, ihr Licht in den Abgrund gießt und die Knie wärmt.

Kann man sein Herz an so ein Land verlieren? An die heißen Steine, die nackten Kegelberge, denen ein riesiger Backenzahn als Krone geblieben ist? An die roten Dünen, auf die seit Jahren kein Regen gefallen ist? Wer sich traut, geht eine kompromißlose Beziehung mit einem überwältigenden Gegenüber ein.

Prickelnder Sand paniert uns die Gesichter, als wir auf dem

Dünenkamm in der Kalahari sitzen und über die Wipfel der Akazien blicken, ein schütterer Wald bis zum Horizont, der ohne Unterholz aus der ziegelroten Erde wächst. In Erwartung der Regen-
zeit haben einige Arten zu blühen begonnen mit kleinen gelben
Bommeln wie Mimosen oder weißem, süß duftendem Flaum,
wehrhaft unter Dornen von Nähnadel-Format. Als wir aufstehen, bleibt eine Reihe von Traktorensitzen im Sand zurück und
ist im Nu zugeweht.

Noch sind die wilden Tiere im »Fishriver Canyon Nature
Park« rar und keineswegs sicher vor Wilderern, die nachts mit
Lampen ihrem schändlichen Gewerbe nachgehen. Wer Oryx
und Gnu, Adler und Strauß, Springbock und Löwe aus der Nähe
sehen will, muß ein Stück weiter fahren, na gut, ein ziemlich langes Stück.

Der Kalahari Gemsbok Park liegt hinter der Grenze zu Südafrika. Die Lodge im Park ist nach dem *Rasthaus Abgrund* an
Ästhetik und grandioser Naturversorgung eine leichte Enttäuschung, aber wir wollen ja nicht auf dem Plastikstuhl in der
Grillecke sitzen bleiben, sondern früh aufstehen und große Tiere
sehen. Der Oryx ist so ein großes Tier, immer fesch, sozusagen
der Gentleman unter den Antilopen, in grauem Flanell, weißen
Gamaschen und sehr ansprechenden Seitenstreifen. Das Gnu
gemahnt mit seinem finsteren Gesicht und der zotteligen Iroke-
senmähne eher an den westeuropäischen Punk. Springböcke bilden im Rudel schöne Farb- und Formrhythmen, und wenn sie im
steilen Bocksprung davonsetzen, entfalten sie am Hinterteil
weiße Pompons wie aufgekratzte Cheerleaders. Der erstaunlich
gesellige Webervogel, der, wenn er keinen Baum für seine Groß-
kommune findet, auch Telefonmasten vermummt, hat die Kronen der gewaltigen Kameldornbäume mit seinen walzenförmi-
gen Gras-Nestern eingewickelt: weiter, dicker, mächtiger, bis
Regen die Kolonie durchweicht und der ganze Kladderadatsch

samt dem halben Baum herunterkommt. Vorher wird keine Vernunft angenommen, und danach fängt alles wieder von vorne an: im selben Baum.

Und dann die Löwen in der ockergelben Abendhitze unter dem Akazienschirm. Ihnen gehört dies alles hier. Keine Augenbraue hebt sich, kein Pelzohr zuckt, wenn ein unschmackhaftes buntes Blech auf der Piste hält und entzückte Schreie herausdringen. Ein Gähnen, ein Schütteln der Mähnen, eine Schwanzquaste, die durch die Luft fegt: König und Königin sind sie, geschmeidig, gelassen, groß und stark.

Wenn die Sonne sinkt, stiebt der Mensch in glühenden Staubfahnen den Parktoren zu, denn nun ist Schluß mit der holden Gelassenheit. Hinter ihm beginnt das große Jagen und Sterben, das Reißen und Fressen, und das kann er allenfalls auf der Leinwand ertragen, während der Steward von Air Namibia den Straußenbraten serviert.

Löwin auf halb neun

Gertraude Bleks (73) schießt auf Paviane, und meistens trifft sie auch. Die Biester verwüsten ihren Gemüsegarten, und darauf steht die Todesstrafe. Der letzte blieb in den Zweigen eines Pfefferbaums hängen und faulte im Lauf der Zeit herunter. »Was unten ankam, haben die Schakale gefressen«, sagt die grauhaarige Dame mit feinem Oberlausitzer Akzent und ungerührtem Lächeln. Vor fast 30 Jahren ist sie mit ihrer Familie von Deutschland nach Namibia ins Khomas-Hochland westlich von Windhoek gezogen, und obwohl seit dem Ersten Weltkrieg von Deutsch-Südwest hier nicht mehr die Rede sein kann, umweht Frau Bleks noch die starke Individualität und Entschlossenheit einer Kolonistin.

Ihr Mann, »Mr. Helmut« Bleks (80) hat in der Nähe ihrer Lodge ein Schuldorf für schwarze Kinder – Baumgartsbrunn – aufgebaut, eine adrette Siedlung samt Klinik, Kirche, Lehrwerkstätten und Schulgarten; weiße Mauern und rote Dächer um einen tausendjährigen, vom Blitz gespaltenen, aber grünenden Kameldornbaum. Über dem Schreibtisch des rüstigen Herrn in Khaki hängen die Öldrucke zweier von ihm Bewunderter: Goethe und der Alte Fritz. Den dritten zitiert Mr. Helmut als Antwort auf die Frage, ob ihm die Sache nicht manchmal über den Kopf wachse: »...und siehe, die Pflicht war Freude.« Rabindranath Tagore. So etwas spricht sich ironiefrei wohl nur noch jenseits der Bundesrepublik aus; und das Gestrige, für dessen Geist die deutschstämmigen Namibier gerne gescholten werden, gewinnt in Baumgartsbrunn eine unerwartet positive Note.

Zurück nach Deutschland will keiner von den Bleks. An diesem Abend glüht der Himmel gelb und rot zwischen schiefergrauen Wolkenbändern über dem Hochland. »Solche Sonnenuntergänge gibt es sonst nirgendwo«, sagt Gertraude Bleks. »Dann werden die Berge knallblau. Und deshalb kann man nicht weg von hier.« – Paviane im Garten, Zebraschlangen auf der Terrasse hin oder her. Man ist ja bewaffnet. Ihr Sohn Matthias hat das Jagen und Schießen indessen aufgesteckt. »Ich könnte auf keinen Kudu mehr abdrücken. Kudus sind die schönsten von allen Antilopen.« Wenn ein Braten für die Küche der *Eagles Rock Lodge* gefragt ist, schickt er seinen älteren Bruder Michael in die Savanne.

Gekommen sind wir, um lebendige Tiere in voller Schönheit zu sehen. Aber das ist in diesem südafrikanischen Winter ein Kunststück. So grün war Namibia schon Jahrzehnte lang nicht mehr. So viel geregnet hat es, daß selbst zwischen den ziegelroten Sicheldünen im Sossusvlei das Wasser steht und die grauen Baumveteranen Blätter treiben. In wenigen Tagen ist das Silbergras aufgeschossen, ruschelt, vom Wind gestriegelt, in glänzenden Wellen über die Wüste, hier noch pistaziengrün, dort schon vanillegelb, brandet um rote Berge, die ihre Ausläufer wie Pratzen in dieses weichbewegte Meer schieben.

Zum Sundowner haben wir uns auf einer Düne im Namib-Rand-Natur-Reservat aufgestellt; Weinglas in der Linken, Fernglas in der Rechten. Ein Wildwechsel zieht sich wie ein dunkler Faden durch die Crème de Menthe, die die weiten Senken füllt. Große Stille, Unbewegtheit. »Die Tiere sind alle weggelaufen«, sagt Herman Cloete, Geschäftsführer der *Wolwedans Lodge*, »tiefer in die Wüste. Soviel Wasser kennen sie nicht.« Deshalb trinken wir unseren Chardonnay jetzt ohne sie.

Das NamibRand-Reservat im Anschluß an den Namib-Naukluft-Park ist das größte private seiner Art im südlichen Afrika,

182 000 Hektar groß und zusammengestückt aus mehreren ehemaligen Rinderfarmen, die der Geschäftsmann Albi Brückner aus Windhoek 1988 aufkaufte, als Trockenheit und Überweidung dem Land schon fast den Rest gegeben hatten. 1000 Kilometer Drahtzaun wurden eingerissen, 120 Straßenkilometer stillgelegt; nun wogt das Gras wieder kniehoch, und Springböcke, Gnus, Oryx-Antilopen, Zebras, Strauße und Leoparden haben zurückgefunden. Wir schreiben das einmal so mit, guten Glaubens, besten Willens und ohne einen Schwanz gesehen zu haben.

Wolwedans, auf hölzernen Stelzen mitten im Reservat gelegen, heißt auf afrikaans der Ort, an dem der Wolf respektive die Hyäne tanzt, aber Herr Cloete (38), ein großer blonder Nichtgrinser und Leisesprecher mit einer österreichischen Mutter und einem englischen Vater versichert, daß die Tüpfelhyäne den Treppenaufgang zur Lodge scheue und der Gast auf seiner Plattform auch vor Schlangen und Skorpionen sicher sei. Deshalb werden jetzt die olivgrünen Segeltuchwände des Chalets hochgerollt und, früh um halb sieben, mit dem early morning tea auf den Knien und dem Kopfkissen im Rücken – trara: der Sonnenaufgang in voller Breite! Licht auf einen Inselberg mit heidelbeerblauen Schatten in den Klüften; Lichtbahnen über die Ebene, dann ist die Sonne über die Gebirgskette geschwommen, und die Erde leuchtet.

Beim Dinner am Abend zuvor hatte Herr Cloete zwischen Entenbrust auf Pilz-Zwiebel-Confit; Straußenfilet mit grünen Bohnen, Blumenkohl und Kürbis; frischer Birne in Rotwein mit Vanillesauce die Serviererin ein Lied in der Nama-Sprache singen lassen. Bianca hatte sich nicht lange geziert, sich dezent in den Dreivierteltakt eingeschwungen und eine kleine Hymne auf Hendrik Witbooi angestimmt, den Nama-Häuptling, der sich den deutschen Schutztruppen widersetzt hatte, den kleinen Mann mit dem weißen Hut und den Ohrenschützern auf den namibischen Dollarnoten. Auch dies geben wir ungeprüft weiter, denn die Nama-Sprache ist den wenigsten Touristen geläufig, und nur Herr Cloete versteht es, seine Angestellten mit den gleichen Knack-, Gluck- und Schnalzlauten anzufahren, die an den Aufschlag von Tennisbällen erinnern und in seinem Fall soviel bedeuten, daß der Faulpelz sich gefälligst sputen soll.

Bianca lachte und räumte die Teller ab. Das offene Feuer auf der Veranda wurde zugedeckt, die Zahnbürste fiel in den Becher, die Düne schob sich einen halben Zentimeter weiter unter das Stelzenhaus. Wüstenschweigen, nur in den Ohren summte leise die Erdachse. Keine Hyänen.

Da die Tiere weggelaufen sind, müssen wir ihnen hinterherfliegen. Vor Sonnenaufgang und noch im Kalten starten wir von einer Schotterpiste am Fuß der Rostock Mountains mit einer einmotorigen Piper Cherokee zum Rundflug. »Rostock Airport to Sossusvlei«, spricht der Pilot ins Mikrofon. Backbord, über dem schwankenden Flügel, geht die Sonne ein paarmal auf und wieder unter, dann brummt die Maschine im frühen Licht über die glatte gelbe Sandhaut, die bis in die blaue Ferne hingeschmeichelt liegt: scharfe Kämme, schwellende Kurven, zärtliche Gipfel, Nabel und Schattengrübchen. »Da, ein Oryx auf drei Uhr!« Alle Köpfe nach rechts; »Bergzebras auf neun«, alle nach links; ein Strauß im scharfen Trab direkt unter uns. Der Flügel kippt, und da liegt das Vlei, die große Pfanne, auf neun, acht, sieben Uhr mit einem blinkenden Wasserspiegel und bis in ihre Sandfalten hinein mit grünen Wipfeln gesprenkelt. Zwei Dünenkämme weiter erstreckt sich das Dead Vlei, das kein Dauerregen mehr zum Leben erwecken kann. Die schwarzen Stämme und verdrehten Äste von Kameldornbäumen, die seit 800 Jahren tot sind, ragen aus der hellen Lehmkruste. Hier wohnen Tiere, die man nicht aus der Luft sieht. Man muß sich schon der Länge nach auf die Düne werfen, um den Palmato-Gecko mit den Händen auszuschaufeln, ein Winz-Reptil, das gelernt hat, auf Schwanz und Füßchen so zu tanzen, daß der Boden ihm nicht – eins, zwei, Wechselschritt – die Sohlen verbrennt, und das mit seinem grünen Schildpattmaul voraus wie ein kühner Taucher im Sand verschwindet, weil es dort, eine Handbreit tiefer, gleich ein bißchen kühler ist.

Fahren wir also ans Wasser, wo es richtig kalt ist, nach Walvis Bay: ein großer Hafen, eine kleine Stadt mit weißen Sommervillen, Yachtclub und Palmenpromenade. Schwimmen gehen hier nur die Robben, denn der Benguelastrom, der, vom Südpol kommend, an der Westküste Afrikas entlangstreicht, kühlt das Wasser im Mai auf 13, 14 Grad ab.

Ingo Venter, in vierter Generation Namibier, aber mit einem astreinen hanseatischen Akzent, fährt uns auf seinem Boot *Misty* durch die Lagune. Doch bevor wir ablegen, gibt er Verhaltensregeln aus für den Fall, daß eine Robbe den Kahn entern sollte. Dafür steht als erste Hilfe ein Eimer mit toten Fischen an Bord. Wir sind noch keine hundert Meter vom Steg weg, als ein grauer Glatzkopf aus dem Wasser taucht, hurtig die Verfolgung aufnimmt, sich entschlossen auf die Reling schwingt und wie ein nasser Seesack ins Boot plumpsen läßt. »Nicht anfassen – auch die Dame da, nicht anfassen! Der beißt.«

Der nasse Sack bekommt einen toten Fisch zur Belohnung für sein Kunststück. Der zweite fliegt über Bord; der Dicke flutscht hinterher, und dann »festhalten!«, denn Ingo gibt Gas. Die Robbe aber schafft ebenfalls spielend zehn Knoten, ist im Nu wieder gleichauf und mitten unter uns. So geht es, wenn man den Touristen zuliebe wilde Tiere verwöhnt: Sie machen sich gerne lästig, und es bedarf eines brausenden Spurts, um den grauen Schwimmer schließlich abzuhängen.

Das Meer ist springlebendig; grün schäumend von Plankton. Vor Pelican Point kreuzen die ersten Tümmler den Bug der *Misty*;

vom Strand, der von Robben schwarz überlaufen ist, werfen sich die jungen Tiere in die Brandung, blökend und bellend: He, Leute, hierher, guckt mal, was ich kann! Surfen und tauchen, über die Wellen schnellen wie ein Gummiball, mit den Flossen klatschen und schon wieder weg! In endlosen Ketten flattern Kormorane südwärts, als wollten sie alle zusammen auswandern. Fischreich sind diese Gewässer, und sie werden gründlich ausgeräumt. Russische Trawler und japanische Gefrierschiffe liegen in Walvis Bay. Der Mensch hat hier, wie üblich, ein größeres Durcheinander in der Natur angerichtet: Fast zwei Millionen Robben fressen an die fünf Millionen Tonnen Fisch im Jahr. Der Robbenjäger Orka wurde indessen auf ein, zwei Dutzend Exemplare dezimiert. Auch der Kormoran, der zu Tausenden auf den künstlichen Guano-Inseln brütet und sich so seinem Erzfeind, dem strandräubernden Schakal, entzogen hat, ist ein großer Freßsack. Schließen wir uns an! Ingo holt aus der Kühlbox die Champagnerflasche und eine Platte mit Walvis-Bay-Austern. Sie sind ganz frisch, nicht zu fett und äußerst delikat.

Die Großen, die Raren, die Wilden erblicken wir, als wir uns, wie einst die weißen Büffeljäger, vom Eisenroß durch die Prärie ziehen lassen: durchs Zugfenster. Das Roß ist eine blitzblaue 12 Zylinder U 20 C Diesel-Elektro-Lokomotive, die den Desert Express aus 24 Schlafwagenabteilen, einem Lounge- und einem Speisewagen in 20 Stunden von Swakopmund nach Windhoek zieht. Von Expreß kann keine Rede sein – selbst die kaiserlich-koloniale Eisenbahn schaffte die Strecke in der halben Zeit. Dafür steigen die Passagiere auch ein paarmal unterwegs aus; trinken ihren Sundowner auf einem Hügel zwischen Akazien und Aloe mit Blick auf die Bergkette Langer Heinrich, zockeln an Emailleschildern ohne Bahnhof vorbei – Kranzberg, Hagenau –, betrachten den gestirnten Himmel mit dem Kreuz des Südens und halten über Nacht an einer staubigen Station, die mit ihren

Bögen, Säulen und Dächlein aus einem anderen Jahrhundert stehengeblieben ist: Karibib 1900.

Zum Frühstück gibt es dann die wilden Tiere. Das Gelände rechts und links der Schienen gehört zum Reservat der Okapuka Ranch, und da stehen sie ganz gelassen im Gestrüpp und achten nicht der Telerohre, die auf sie gerichtet sind: Giraffen, Oryx- und Rappen-Antilopen, Kudus mit großen Augen und weichen Riesenlauschern, muntere Springböcke, finstere Gnus und die felsgrauen Rücken der Nashörner.

Okapuka ist die letzte Station vor Windhoek; noch einmal alles aussteigen; es geht zur Fütterung der Raubtiere. Innerhalb des Wild-Reservats sind 35 Hektar für die Löwen eingezäunt, und der Mensch darf ihnen hinter einer Mauer mit aus Eisenbahn-schwellen zusammengefügten Sichtschlitzen beim Fressen zusehen. Dazu wird ein Fleischbrocken auf einer Schiene ins Gehege gekurbelt. Der Löwe hört es rasseln, schon ist er da, über den Hügel, durch die Dornakazien, ein Riesenkerl, lohfarben, mit dunkler Mähne, wirft sich knurrend über das, was er für seine Beute hält, schnappt und reißt. Vier Halbwüchsige hinterher, demütig und lauernd, und dann kommt Sie. »Gehen Sie nicht zu nahe an die Sichtfenster ran!« hatte die Wildhüterin gewarnt. »Da die Löwin Junge hat, ist sie äußerst aggressiv.« Schrecklich und schön steht sie da. Der Alte hat sich den dicksten Brocken weggerissen und ist damit verschwunden, die Jungen balgen sich um den Rest. Aus ihrem Leib kommt ein krachendes Grollen, die Schwanzspitze zuckt, die hellen Augen blicken geradewegs auf das Gekasper und Geknipse hinter der Mauer, und dann springt sie, fauchend, aus dem Stand, zwei Sätze, wirft sich gegen die Mauer und schlägt die Tatzen in die Eisenbahnschwelle. Löwin auf Glock zwölf. Jetzt weiß der Tourist, was es geschlagen hat.

Tiere unter sich

»Wenigstens an einem kleinen Fleck soll die Welt so herrlich bleiben,
wie sie erschaffen ist, damit schwarze und weiße Menschen nach uns
hier andächtig werden und beten können.«
(Bernhard Grzimek)

Am Flughafen von Arusha/Kilimandjaro drückt ein Mann einen
Zettel von außen gegen die Scheibe der Zollabfertigung:»Explorer Schmitz«. Wer mag da abgeholt werden? Der alte Herr im
gegürteten Safari-Anzug? Der dicke Südafrikaner in Gummilatschen? Eine Dame? »Explorer Schmitz, I presume«, und nach
kurzer Rast am Fuße des Mount Meru macht sich die Kette der
Träger und Askari auf den Marsch ins Innere des dunklen Kontinents, durch Fiebersümpfe und Savannen, über die nachts Horden von Hyänen streifen, die blutrünstigsten unter Afrikas
wilden Tieren. Explorer Schmitz immer vorneweg...

So hat sich Europa Afrika gedacht. So sind Burton und Livingstone und Stanley gereist – vielleicht. Und so geht es natürlich
nicht. Aber alle, die ihnen mit dem Flugzeug folgen, möchten
noch etwas von dem Zauber haben, von dem Abgründigen, das
Afrika von Europa trennt; auch wenn es nur ein Anflug ist, ehe
sie der klimatisierte Bus zum *Mount Meru Hotel* bringt. Die
Nachtluft steht dick und warm; eine Grille sägt; es riecht nach
feuchter Erde und Großblättrigem. Was wird es zu entdecken geben in einem geordneten Staatswesen, das über Flugplätze, Teerstraßen und Eintrittsgebühren zu Nationalparks verfügt?

Einer, der vor 50 Jahren noch etwas Bedeutendes herausfand,
war Professor Bernhard Grzimek, der in der Serengeti-Steppe an

der Grenze zu Kenia die Wanderwege der großen Herden auf-
zeichnete, Gnus, Zebras und Antilopen zählte und leidenschaft-
lich gegen die Verlegung der Parkgrenzen trommelte: »Serengeti
darf nicht sterben«. Nachts im Hotel, wachgehalten von dieser
wirklich sehr ausdauernd und laut musizierenden Grille, ziehe
ich das zebragestreifte alte Buch aus der Tasche.

Damals hieß das Land Tanganjika und stand unter britischer
Verwaltung. Es gab noch keine Lodges, keinen regelmäßigen
Flugverkehr und sehr viel weniger Reisende. Michael Grzimek
stürzte mit seiner DO 27 ab, als ihm über dem Ngorongoro-Krater
ein Geier entgegenkam. Aber die Serengeti ist nicht gestorben.
Der Staat wird sich hüten, ihr ans Leder zu gehen, denn die Nationalparks, die zum von der UNESCO proklamierten Weltkulturerbe gehören, sind sein größtes touristisches Kapital: In der
blauen Weite des Hochlands ziehen Hunderttausende von Gnus
unbeirrt dem frischen Gras nach, dralle Zebras, Büffel, wie aus
Bronze gegossen, und Impala-Antilopen mit schwarzen Fersen
und schönen Augen. Weiße Kuhreiher schreiten dazwischen,
Trappen, Sekretärvögel, und in lässigem Paßgang zottelt eine
Hyäne vorbei. Warte, bis es dunkel ist. In der Nachmittagssonne
liegen die Löwen auf den Basaltkopjes, drehen den Zuschauern
den Rücken zu – und alle sind sie schwarz hinter den Ohren. Den
Natronsee im Ngorongoro-Krater säumen unzählige Flamingos,
und weit weg im Sonnenglast weiden Nashörner. Nirgendwo auf
der Welt gibt es einen vergleichbaren Reichtum.

Tansania, an einer prekären Stelle des Globus gelegen, dem
großen afrikanischen Grabenbruch, verfügt zudem über beträcht-
lichen erdgeschichtlichen Charme: Von der Lodge über dem Lake
Manyara sieht man entlang einer in der Weite verschwimmenden
Abbruchkante, wo die Schollen in den letzten 20 Millionen
Jahren zusammenknirschten, die Vulkane Feuer spuckten – der
Oldoinyo Lengai hat sich immer noch nicht beruhigt – und die

tiefsten Wassergräben des Kontinents aufrissen. Hier tappten vor 3,7 Millionen Jahren die ersten Hominiden durch die Olduvai-Schlucht, nur 1,30 Meter große Wesen, aber mit Schuhgröße 48/50, wie ihr Sohlenabguß aus der Vulkanasche bei Laetoli nahelegt.

Tansania, von sozialistischen Experimenten gebeutelt und von eher fragmentarischer Infrastruktur, sucht nun Anschluß an den internationalen Tourismus. Die meisten Besucher drehen wie wir die Runde durch die nördlichen Nationalparks – Serengeti, Ngorongoro-Krater, Lake Manyara – und machen einen Abstecher zur Insel Sansibar. Nun aber sollen auch das Selous-Reservat im Süden und die Strände am Pazifik erschlossen, Bollerpisten geschottert und eine neue Straßenverbindung in die Serengeti gebaut werden. Die Lodges in den nördlichen Parks sind renoviert und picobello, drei neue werden dort für 50 Millionen Mark entstehen. Selbstverständlich will der Staat bei der Entwicklung auf »Qualität, ökologische und soziale Akzeptanz sowie ökonomische Tragfähigkeit« achten. »Wir sind spät dran«, sagt der Direktor der Tourist Board, Hassan Kibelo, auf einer Pressekonferenz am Ende der Reise, »wir bedauern das nicht, aber touristisch sind wir ›almost a virgin‹.« Ein bißchen Jungfrau, die sich nicht zur Nutte machen lassen will. Doch das ist in diesem Gewerbe ein Eiertanz, der meistens zwischen zerbrochenen Schalen endet.

Mr. Kibelo spricht auch davon, in Nachahmung anderer Länder Märchen-, Seiden- oder Gewürzstraßen in Tansania eine »Sklavenhandels-Route« einzurichten, wo Reisende (in Ketten?) dem qualvollen Weg schwarzer Gefangener folgen können, die aus dem Landesinneren nach Bagamoyo und Sansibar deportiert und dort zu Markte getrieben wurden. Mr. Kibelos verschmitztes Lächeln deutet an, daß ihn diese bizarre Idee weniger befremdet als seine deutschen Gäste. Es ist tansanische Geschichte. Kein anderes ostafrikanisches Land hat wie dieses unter dem Sklavenhandel gelitten. Millionen verschwanden spurlos in den französischen Kolonien, Persien, Indien und den arabischen Ländern, und vielleicht schadet es nicht, wenn der Tourist zur Kenntnis nimmt, daß dies bis zum Ende des letzten Jahrhunderts geschah ...

Die *Seronera Lodge* in der Serengeti duckt sich zwischen runden Basaltfelsen, die wie Inseln aus der flachen Buschsavanne ragen. Klippschliefer verharren auf den Steinbuckeln oder zetern und pinkeln von Dachvorsprüngen auf eingebildete Feinde. Schnell lernt man, die Balkontüre zu schließen, wenn man nicht von Pavianen mit langen Zähnen beklaut werden will.

Im Morgengrauen hoppeln wir mit dem Landrover zum Startplatz des Heißluftballons. Schwarz glänzt Regenwasser in den Schlaglöchern. Marabus hocken mit hochgezogenen Schultern in den Kronen der Fieberbäume. Noch liegt der Korb auf der Seite. Wir müssen uns wie Brote übereinander auf dem Rücken hineinschieben, während der Pilot mit fauchendem Brenner die Luft in der wabernden Hülle erhitzt, die sich bläht und aufrichtet, uns mit auf die Füße stellt und hinaufzieht. Wir fliegen; »yes, we fly«, sagt der Pilot. »I know the Germans fahren a balloon, but this is not a bloody Benz.« Es ist eine Luftgondel, in der wir über die Savanne treiben. Die aufgehende Sonne streift die Wipfel der Akazien, und während am Boden noch Schatten waltet, segeln wir schon wie die Vögel knapp über die goldenen Kronen. Wasser blitzt auf; ein kleiner Staubwirbel hebt sich. Nichts verstellt den Blick in die schwimmende Ferne. Dem Magen ist flau, dem Herzen hochgemut. Und wie geht es Ihnen dort unten? Den Warzenschweinen, die mit aufgerichtetem Pinsel davonpesen? Den Giraffen, die sich etwas gemächlicher in Galopp setzen? Den Impalas, Wasserböcken und den kleinen Schildkröten, die in die Schlammpfützen platschen, wenn der große Schatten sich nähert? Ganz schnell sind wir wieder unten, »Kopf einziehen!«, der

Korb schleift und rumpelt durchs Gestrüpp und bleibt auf der Seite liegen. Morgens um acht ploppen die Sektkorken, und dann bittet man uns zum Frühstück an eine leinengedeckte Tafel, die im lichtgefleckten Schatten einer Schirmakazie aufgebaut steht: Früchte und Brioche, Rührei und Speck, Tee aus Silberkannen, ein schwarzer Mensch mit einem weißen Turban und einer Serviette über dem Arm, der den Toast nachreicht. In sicherer Entfernung grast eine Herde Topi-Antilopen. Wie wäre es jetzt mit ein wenig Stillsitzen, einem Fernrohr, einer Mozart-Sonate vom Busch-Plattenspieler? Ich hatte einen Klappstuhl in Afrika ...

Aber so geht es natürlich auch nicht. Wir sind nicht zum Sitzen gekommen, sondern um uns fotografierend weiterzubewegen. Die großen Herden warten auf uns, die Elefanten und Nashörner können es kaum erwarten, und die tansanische Tourist Board zählt darauf, daß wir unseren »powerful pen« zum Wohl des Landes wetzen. Wo aber liegt das Wohl? Im »qualitätvollen« Tourismus? Victor Mgina, Community Conservation Warden im Lake Manyara Park – Verbindungsmann zwischen der Wildnis und ihren Anrainern – weist auf die Zerbrechlichkeit dieses einzigartigen Ökosystems hin, das See, Wald und Trockenzone umfaßt und eigentlich zu viele Tiere beherbergt. Hotels wüchsen wie »Pilzkulturen« an seinen Rändern; die von ihnen angezapften Quellen lassen offenkundig die Bäche versiegen; der Verbleib des Dreckwassers ist indes ein ungutes Rätsel. Dazu würden Sedimente und Pestizide aus dem nahen Reisanbau in den See geschwemmt und drohten ihn zu verlanden und zu vergiften. Victor gesteht, daß er sich viel lieber bei den wilden Tieren aufhielte als bei seinen Verwaltungsaufgaben. Nur die Paviane, die rundherum durch die Baumwipfel krachen, seien entschieden zu viele, eine Plage, mit der nicht einmal die Leoparden fertig würden.

Der Blick vom Rand des Ngorongoro-Kraters über das 18 Kilometer im Durchmesser sich dehnende Rund, ist von der Art, die Grzimek andächtig stimmte. Dafür bin auch ich den ganzen weiten Weg gereist, um in der makellosen Morgenstille unter einem himbeer und vanille gestreiften Himmel die weich verwitterten Ränder zur Arena im Innern abfallen zu sehen; die langen Schatten, die die Sträußchen der Baumwipfel werfen, den Natronsee, der wie eine weiße Zunge dazwischen liegt. Und obwohl sich dort unten 25 000 große Tiere herumtreiben, hört man keinen Mucks. Noch scheinen sie nicht erschaffen, die Welt »almost a virgin«.

Der Eindruck ändert sich schnell, denn rundherum sind alle schwarzen und weißen Menschen zugleich früh aufgestanden. Die einen haben die Motoren ihrer Landrover angeworfen, die anderen entlang der Piste Aufstellung genommen; schöne schlanke Mädchen in roten und blauen Tüchern, die mit dem Handrücken die Teller ihrer bunten Perlkragen wippen lassen: Foto Mister? Die Massai sind die traditionellen Herren der Ngorongoro-Region, Hirten, die nicht so recht einsehen, daß wilde Tiere Wasser und Weide genießen, die ihren Rindern und Ziegen von Staats wegen vorenthalten werden. Inzwischen hat man sich so arrangiert, daß die 42 000 Massai zwar nicht im Krater siedeln, doch ihre Herden dort grasen lassen dürfen. Fast ein Viertel des Eintrittsgelds fließt einem Massai-Bezirksrat zu, der über die Bestimmung entscheidet. Dazu kommen die Foto-Honorare. Kaum ein Wagen fährt an dieser malerischen Versammlung vorbei, den Mädchen mit den Perlenhäubchen und den jungen Männern mit den Federkronen, und keiner kommt ungeschoren davon, der glaubt, er könne hier kostenlos und heimlich knipsen. Es ist ein Geschäft; fairer als der Einfall weißer Besucherscharen in die Massai-Dörfer.

So wie Victor Mgina seiner Pavian-Population am Lake Manyara kaum noch Herr wird, so hat auch Stephen Lelo von der Ngorongoro-Krater-Verwaltung vor einer Spezies kapituliert: den Geländewagen, die jeden Tag auf der Talsohle zwischen den Tieren herumkurven. 25 am Morgen, 25 am Nachmittag seien genug, aber wie er das bei doppeltem Andrang regeln soll, weiß er nicht. Am Hippo-Pool mit seinem grunzenden, grantelnden, schnarchenden Wannengesuhle herrscht ein Betrieb wie auf einem Autobahnparkplatz zu Ferienbeginn. Ranger hindern die Passagiere am Aussteigen. Der Mensch wird hier, außer auf den Rastplätzen, nur in Blechkisten verpackt geduldet. Aber hin muß er, zu diesem »größten Zoo der Welt«. Eine weitere Lodge ist am Kraterrand geplant. Die letzte! Sagt Stephen Lelo.

Wir sitzen unter einer gewaltigen Gruppe von Ficus-Bäumen beim Picknick, sehr kommod in Segeltuchstühlen, die das Hotel samt Buffet (Spaghetti, Gemüsecurry, Salat) und Barbecue (halbe Hähnchen, Antilopenspieße) heruntergekarrt hat, jedoch bedroht von Milanen, die lautlos herabstoßen und den Essern die Hühnerbeine aus der Hand reißen. (Vegetarier sind nicht gefährdet; der Milan hat ausgezeichnete Augen.) Unweit haben sich griesgrämige Marabus niedergelassen; und als hätten sie einen besonders wichtigen Platz in der Ornithologie auszufüllen, stieben Perlhühner gackernd zwischen den Tischen herum wie ein Trupp unberechenbarer alter Damen in grauer, weißgepünktelter Seide.

»Fressen, fortpflanzen und vermeiden, gefressen zu werden, ist das Hauptanliegen aller Tiere«, heißt es am Tor der Ngorongoro Conservation Area. Die Spezies, die sich ihren Platz in diesem Gefüge nur anmaßt, ist der Mensch. Und das Haus, in dem er sich nachts auf sein weißes Kopfkissen legt, ist wie eine Nuß im Meer, ganz von Wildnis umbrandet. Die Sterne reichen bis zur Erde hinunter, und vom Fluß schallt ein geheimnisvolles Quellenkonzert, ein helles Blubbern und wäßriges Zwitschern; die Grillen an der zweiten Geige, die Frösche an der Maultrommel, quir quir, mraaa mraaa und dann plötzlich der Einsatz der Hyäne: wuuuu up, wuuu up. In der Dunkelheit des täglichen Auftriebs entkleidet, ist Afrika plötzlich nahe, und wilde Tiere, die tagsüber stumm und nahezu unglaubwürdig am Straßenrand stehen wie bei uns das liebe Vieh, sind wieder unter sich.

Solomon und Elias

Ein Traum, der sich erfüllt, ist wie ein Pudding, der an die Wand genagelt wird: eine voraussichtliche Enttäuschung. Flüchtig ist seine Konsistenz; unhaltbar seine Köstlichkeit. Gegen den erfüllten Traum hilft nur ein neuer Traum; gegen den Absturz des Puddings gar nichts.

Solomon Kerzner hat es mit allen Tricks probiert. Seine Eltern – russisch-jüdische Einwanderer – betrieben in Johannesburg ein Gemüsegeschäft, aber Sol wollte an die goldenen Äpfel. Er kaufte Hotels und Nachtclubs, und zu einer Zeit, da das Zocken in Südafrika verboten war, ließ er in dem Homeland Bophutshatswana, einer dieser Eiterbeulen, die die Apartheid hervorgebracht hatte, ein luxuriöses Spielkasino errichten. Zur Eröffnung im Dezember 1979 kamen Jerry Hall, Joan Collins und Ivana Trump, falls sich noch jemand an diese Damen erinnern sollte. Und damit die Gäste länger als auf eine Partie Black Jack blieben, baute Sol Kerzner auch ein Hotel, einen Golfplatz und ein Show-Theater: *Sun City* – Sodom und Gomorrha! Aber es regnete nicht Feuer, sondern Kohle.

So viel, daß sich Mr. Kerzner einen Traum erfüllen konnte. Etwas Außerirdisches sollte es sein, das in der dürren Bophutshatswanischen Savanne gelandet war, etwas, bei dessen Anblick auch dem abgebrühtesten Jetsetter die Klappe herunterfallen würde: der Palast eines neuen Sonnenkönigs. Seine Säulen würden über den Tempel von Baalbek triumphieren, die Glaslüster indische Maharadschas beschämen, die Wasserspiele jeden Louis vor Neid einknicken lassen. Von den Türmen, deren Hauben von künstlichen Palmrippen und Elefantenstoßzähnen gekrönt wären, sprängen überlebensgroße halbe Antilopen aus Beton ins Offene, und drumherum sollte Wasser fließen, zehn Millionen Liter, das in Sturzbächen von Dächern und Terrassen pladderte, durch einen wirklichen Dschungel rauschte und als Brandung auf einen Sandstrand schäumte. Auch die Nashörner auf dem Pilanesberg durften staunen.

So entstand *The Palace of the lost City*, dessen selbstgestrickte Legende der Hotelgast im Prospekt nachlesen kann, der in seiner Schreibtischunterlage steckt: In grauer Vorzeit drang ein nomadisierender afrikanischer Stamm auf der Suche nach Frieden und Wohlstand ins »Tal der Sonne« ein. »Sie brachten nicht nur eine reiche Kultur mit, sondern auch handwerkliche Fähigkeiten, die selbst nach heutigem Stand ganz außerordentlich waren«, denn irgendwie schafften sie es, 85 000 Kubikmeter Beton und 30 Millionen Ziegel in der Landschaft zu verteilen. Im Palast ihres Herrschers verlegten sie 15 Quadratkilometer Teppichboden und schraubten 6500 Glühbirnen ein. Doch dann »verschüttete ein Erdbeben das idyllische Tal«, die Einwohner flohen, und erst ein paar Jahrhunderte später »entdeckten« die Archäologen die Trümmer ihrer Stadt sowie einen tipptopp erhaltenen und komplett eingerichteten Palast, der sich vorzüglich als Luxushotel eignete. Der Dom der Eingangshalle ist 25 Meter hoch und mit spiegelnden Marmormosaiken ausgelegt; das Geländer aus eitel Bleikristall; der Brunnen im Gartensaal ruht auf den Rücken von drei lebensgroßen Bronze-Elefanten, die mit den Vorderbeinen in der Luft trampeln. Drumherum – von Ruinenbaumeistern solide konstruiert und von wohlberieselten Pflanzen inzwischen überwuchert – türmen sich die kolossalen Reste von Treppen, Brücken, Tempeln und einem Amphitheater. 25 Hektar groß ist dieses Wunderland, in dem alles zum Anfassen und nichts wahr ist. 270 Millionen Mark wurden für steinerne Kulissen verbaut; eine Summe, mit der man vermutlich der Landwirtschaft von ganz Bophutshatswana hätte aufhelfen können.

Als Sol Kerzner seinen Traumpalast in der versunkenen Stadt im Dezember 1992 eröffnete, muß er dieses köstliche, aber flüchtige Gefühl der Wunschlosigkeit genossen haben.

Herrschaftszeiten, er schien allmächtig! Präsidenten diverser Homelands tauschten seine Gastfreundschaft gegen Gefälligkeiten. Er war so reich, daß ihm das Geld zu den Ohren herausquoll. Im Casino rasselten Hunderte von Spielautomaten, an 50 Tischen rollte die Kugel. Stars, die sich genierten, im international boykottierten Südafrika aufzutreten, erschienen in *Sun City/* Bophutshatswana: Cliff Richard, Rod Stewart, Julio Iglesias, falls sich noch jemand an diese Herren erinnern sollte. Der Sonnenkönig selbst heiratete eine Schönheitskönigin. Und dann wechselte er seine Chips und zog weiter zu neuen Träumen und süßeren Speisen: Bahamas, Mauritius, Mexiko ...

Es war ein mittleres Erdbeben, aber diesmal blieb *Sun City*, die von Sol verlassene Stadt, stehen. Man sieht jetzt mehr Familien dort, sogar schwarze, und Japaner in großen Gruppen, die mit Plastiktüten durch die Marmorhalle schlurfen. »Dream Machine« heißt der Jackpot im großen, unterirdischen Vergnügungszentrum. It's a clean machine; Glücksspiel ist legal in Südafrika. Aber der Palast – Traum ohne Träumer – ist schon ein Relikt.

Als Solomon Kerzner Südafrika verließ, blieb Elias Molefe in seiner Wellblechhütte jenseits von *Sun City* an der Straße nach Pretoria. Auch Elias hatte einen Traum von großer Opulenz, doch gekostet hat er fast nichts, und seine Erfüllung wird so kunstvoll hinausgezögert, daß der Träumer weiter und weiter darin schwelgen kann. Vor zehn Jahren, als die Konstruktion des *Palace of the lost City* Tausende von Jobs in die Region brachte, in der es sonst nicht viel zu verdienen gibt, hatte Elias einen davon, wenn auch nur vorläufig. Und weil er nun wieder über viel freie

Zeit verfügt, hat er um seine Hütte einen »Fantacy Garden« angelegt, eine Art Themenpark und laufenden Kommentar zum Weltgeschehen. Elias Molefe sagt es mit Schrott und Abgelegtem, mit blessierten Schaufensterpuppen, abgewrackten Computern und Plattenspielern, Sprungfedern, Maschendraht und Autoreifen. Die Wege in seinem Garten sind akkurat mit leeren, umgedreht in die Erde gesteckten Flaschen markiert, und daneben im harten Gras hat er seine phantastischen Installationen auf Erdhügeln und umgegrabenen Beeten plaziert. Manche sind beschildert, doch die meisten erklärt Elias bei einem Rundgang: Kindesmißhandlung, Prinzessin Diana, Michael Jackson, Alkohol am Steuer, die Atombombe, Aids und Tod. Eine mopsdralle Figur mit grünem Hut und Federballschläger zwischen trockenen Bananenstauden – Lady Diana. Wenn einer so dünn wie Elias ist, kann sogar eine eßgestörte englische Hoheit wie eine ausgestopfte Wurst aussehen. »Mein Auto!« sagt er zu einem zusammengebrochenen Gartenstuhl, vor dem rechts und links ein Paar alte Schuhe stehen, dazwischen ein rostiger Auspuff: »der Motor« – zwei gelbe Tagetespflänzchen: »der Tank« – eine Glühbirne, halbvoll mit Wasser. »I'm happy for that!« sagt Elias. Sein Material holt er von der Müllhalde, und arrangiert hat er es, um seine Mitmenschen zu ermahnen. Der Weg des Kinderschänders führt durch ramponiertes Spielzeug zu einer aufgehängten Drahtschlinge. Zum Thema Aids hat er Hunderte von Glasscherben in die Erde gesteckt. Letzte Dinge: zwei gekreuzte Spaten und ein Haufen rostiges Werkzeug. Weltweite Radar-Überwachung: ein umgeklappter Sonnenschirm. »Hier ist mein Zaubertisch«, sagt Elias zu einem Möbel, auf dem er Zeitungen und Knochen aufgehäuft hat. Das Papier wird in einen alten Markknochen gestopft, ein brauner Sirup darübergeträufelt, und nach der »Injektion« mit einem rußigen Nagel beginnt es zu qualmen. »Natürlich bin ich kein Magier«, sagt Elias, »alles Quatsch, aber auch dafür bin ich glücklich.« Seine Frau steht vor der Hütte an dem Tisch mit den Souvenirs und lächelt ein wenig verlegen. Wie viele Kinder hat er? »Zwei Söhne«, sagt Elias, obwohl sich am Rand des »Fantacy Gardens« auch noch drei kichernde kleine Mädchen herumdrücken. »Lotto eins und Lotto zwei.« Lotto zwei lernt gerade laufen und ist im Umgang mit Fremden noch nicht ganz so alert wie sein Vater. Er steckt fünf Finger in den Mund und guckt.

Der Garten ist ein »work in progress«, ein schöpferischer, sich immer neu formulierender Traum. Es gibt noch viel aufzustellen. Das neueste Beet heißt »Japanice Tea Garden« und ist mit dem Spinnengerüst eines Schirms, Agaven, Plastikeimern, einer Puppe und zwei stoffbezogenen Teekannen dekoriert. »Noch nicht fertig«, sagt Elias und eilt weiter, »but I'm happy for that.«.

Flußfahrt mit General

Gebackene Knospen und Schleifen auf einem frischen Brotlaib, ein Näpfchen mit Salz – willkommen an Bord, willkommen in Kiew, willkommen in der Ukraine! Immer waren es blonde Frauen mit Bändern im auftoupierten Haar und rotlackierten Lippen, die den Fremden auf einem gestickten Tuch lächelnd Brot und Salz reichten. Zupfen und stippen, dann fuhren wir weiter – flußabwärts oder in die Stadt.

Im Sommer 1994 bin ich sieben Tage auf einem Passagierschiff den Dnjepr von Kiew nach Odessa hinuntergefahren, 980 Kilometer, der glatteste Weg durch ein armes, holperiges Land. Die 150 Passagiere waren Deutsche oder Schweizer. Die *General Lavrinenkov* hatte einen Küchenchef aus Wien; das Essen kam in Kühlwagen aus Holland, der ukrainische Chefsteward war mehr als zuvorkommend.

»Guten Morgen, meine Damen und Herren, wir haben vor wenigen Stunden Kiew, die Hauptstadt der Ukraine, verlassen. Es ist 7 Uhr, die Außentemperatur beträgt 17 Grad. Das Frühstück ist serviert ... Bonjour Mesdames et Messieurs ...« Und für die beiden Italiener und die amerikanische Dame: »Bon giorno ... Good morning ...« Viermal jeden Morgen durch den Kabinenlautsprecher. Als würde die Fürsorglichkeit eines Sanatoriums mit dem Reglement eines Segelschulschiffs gepaart. Die Musik ließ sich nicht abstellen. »Wir wünschen allen Gästen guten Appetit ... a good appetite.«

Das tausendjährige, das heilige Kiew prunkte mit goldenen Zwiebeltürmen, einem gigantischen Denkmal, auf dem ein russischer und ein ukrainischer Werktätiger die Fahne der Männerfreundschaft hochhielten, und der Statue einer alles überragenden, ihr Schwert reckenden »Mutter Heimat«. Glocken und Posaunen: das große Stadttor – Allegro alla breve; maestoso, con grandezza – wie Mussorgsky es in Töne gesetzt hat. Martialisch gab sich Kiew, doch stieg man aus dem Bus, war die Luft voll Pappelflaum. Irgendein Spaßvogel hatte ausgerechnet, daß auf jeden der drei Millionen Einwohner 20 Quadratmeter Park entfielen und daß die Stadt frische Luft für acht Millionen hätte. Welch ein Überfluß an flüchtigem Gut, da es an greifbarem so sichtbar mangelte. Das Durchschnittsgehalt betrug 400 000 Coupons, 10 Dollar. 60 000 Coupons reichten gerade für ein Kilo Kochwurst. Hunde, die niemand mehr füttern mochte, trieben sich überall herum. Um die Andreas-Kirche saßen Frauen in der Sonne und häkelten. Ein junges Mädchen lehnte lesend mit einem Fuß an der Mauer und wartete auf Käufer für seine Aquarelle.

Kalt und ausgeweidet wirkte die Sophienkathedrale unter ihren 19 goldenen Kuppeln, nur erfüllt von der vielsprachigen Litanei der Fremdenführer, die uns Kulturvermittler und Pedell in einem waren, randvoll mit Informationen, die nichts zur Wertschätzung beitrugen. »Das Marien-Mosaik hat 146 Blau- und 38 Brauntöne.« Statt des Altars stand der Sarkophag der Dampfheizung in der Apsis. Es wurde aber nicht geheizt. Die Wärterin saß im Regenmantel auf ihrem Stuhl, eine Lage Sperrholz unter den Füßen gegen den kalten Hauch der gußeisernen Bodenplatten.

Über die letzten 70 Jahre sprachen die Fremdenführer weniger gern. 1941 waren hunderttausend Juden von den deutschen Besatzern vor der Stadt erschossen worden. Ob nicht gerade von älteren Leuten Vorbehalte gegen eine deutsche Reisegruppe bestünden? »Ah«, sagte George Bykov, der ukrainische Organisator lächelnd, »wenn der Krieg vorbei ist, kühlt man sich ab.«

Das Höhlenkloster war einmal das religiöse Zentrum des alten

Rußland. Da sich die Mönche nicht erklären konnten, warum ihre verstorbenen Brüder, die sie in den Katakomben unter der Kirche beisetzten, zu Mumien verdorrten, erhoben sie sie einfach in den Heiligenstand. Mit einer Kerze in der Hand tasteten wir uns durch schulterbreite Treppengänge in die Tiefe hinab. Die Freigabe ihrer Toten zur Besichtigung an jeden dahergelaufenen Heiden stand möglicherweise einmal quer zum Gebot der Verehrung, aber letztlich siegte der traditionsreiche Drang zur Profitmaximierung. Und so schlängelten sich Dick und Dünn, Bunt und Lustig an den Nischen vorbei, in denen die heiligen Männer verhüllt unter gläsernen Sargdeckeln lagen, nur eine dunkelbraune Hand ragte aus den Falten.

Nachts um zwölf rückte der Dampfer in aufrauschender, schwarzer Brühe vom Kai, drehte flußabwärts, und früh um sieben fuhren wir zwischen sandigen Ufern und Auenwäldern auf einem Strom voll silberner Kräusel. Schwalben wirbelten im Kunstflug darüber. Zwei Paddelbootfahrer winkten und drei Soldaten in brauner Uniform über einer Schleuse.

Sehr viel näher kamen sich Reisende und Bereiste nicht. Wir waren zu viele; fünf Busse voll. Wir hatten viel zu große Scheine. Auf dem Weg zum Taras-Hügel bei Kanev mit dem Grab des Dichters Taras Schewtschenko hatte sich ein Spalier kleiner Blumenverkäufer aufgebaut: Klee und Margeriten von den Wiesen; aus den Gärten Pfingstrosen, Feuerlilien, Stiefmütterchen und vom langen Warten müde Rosen. Armevoll legte ich dem Dichter zu Füßen, dessen Werk mir dunkel blieb bis auf sein »Vermächtnis«, das vielsprachig in seiner Ruhmeshalle hing: »So begrabt mich und erhebt euch! Die Ketten zerfetzet! Mit dem Blut der bösen Feinde die Freiheit benetzet ...«

Am fünften Tag legten wir in Saporoshje an: hölzerne Datschen hinter Kirschbäumen, die zu festen Bleiben geworden waren; Mietshäuser, griesegrau und zerbröselnd, ein unter sich pieselnder Springbrunnen und Hüttenwerke mitten in der Stadt. Eine alte Frau trug ihre Katze in einer zusammengeknüllten Zeitung spazieren. 30 Pfennige kostete ein Glas Kwas aus der Tonne am Straßenrand. Ein kleiner Junge ließ sich die Roggenbrause in eine leere Tuborg-Dose abfüllen und schlürfte sie im Weitergehen. »Ich hoffe, Sie haben unsere Stadt liebgewonnen«, sagte Tatjana nach der Rundfahrt. Die Leute im Bus schwiegen und grinsten zum Fenster raus.

Auf der Insel Chortiza, hinter den Stromschnellen des Dnjepr, siedelten sich im 16. Jahrhundert Kosaken an, freiheitsliebende, kämpferische Herren, denen der Schnurrbart über Mund und Kinn hing und die sich die eine verbliebene Haarsträhne ihres kahlgeschorenen Kopfs ums Ohr wickelten. Frauen kamen bei den Kosaken erst einmal nur als trippelnde Dekoration beim Tanz oder als Handtuchstickerinnen vor. Die wirkliche Welt war Waffengeklirr und Pferdeschweiß, vorgeführt auf Reiterspielen in einem Wäldchen der Insel. Schmucke, gutgelaunte Männer – ein seit vielen Tagen entbehrter Anblick – sprangen in roten Stiefeln und 16-Wassermelonen-weiten Pluderhosen juchzend über ihre Schwerter, ließen Ochsenziemer wie Knallfrösche spratzeln, hingen, standen, wirbelten auf unter und zwischen ihren hin- und herpreschenden Pferden. Ein junger Mann mit einem goldenen Schneidezahn schlug singend die Saiten seiner Kobsa: Oh Djnepr! Dann tischten die Kosaken ihren Gästen ein auf dem Feuer geschmurgeltes Reisgericht mit Rosinen und ganzen Knoblauchknollen auf. Ein älterer Herr aus Winterthur hinterließ zwei Paar preiswerte Damenstrumpfhosen als Trinkgeld.

Die Schiffstrosse am Anlegeplatz spannte sich über den Uferweg; alle Kinder von Nowaja Kachowka mußten einmal draufspringen und wippen. Auf dem rostigen Ponton saß eine alte Frau mit dem Rücken zum Schiff und angelte. Die Stadt und ein Stauwerk waren in den 50er Jahren von Komsomolzen erbaut worden, mit zweistöckigen Giebelhäusern, Stadion und Kultur-palast. Sie hatten auch Maulbeerbäume, Akazien und Kastanien gepflanzt, die dem neuen Kachowka – das alte war im Stausee versunken – den Anschein einer Gartenstadt gaben und die Härte und Schufterei vergessen ließen.

Auf dem Markt verkauften Asiaten Plastiktüten mit aufge-druckten nackten Blondinen. Zwei Lagen Eier wurden im Fond eines Lada von der Sonne bebrütet. Daneben wartete eine Bäue-rin mit einem Kinderwagen voller Küken. Schierer weißer Speck war auf den Kacheltheken zu Tafelbergen geschichtet. Es gab Honig und Marmelade, Zwiebeln, Karotten, Rosenblüten und Sonnenblumenkerne, die ein Mann aus seiner Reisetasche in andere Taschen schippte. Ich hätte gern ein Pfund Kirschen ge-kauft, aber es gab sie nur eimerweise, oder man mußte seine Tüte mitbringen. Also schenkte mir die Frau eine Handvoll und wandte sich dann ungeduldig ab. Am Denkmal der Komsomol-zen spielte ein Mädchen *Yesterday* auf der Violine, begleitet von einem Percussionisten mit einer sandgefüllten Limonadendose. Ein Mann zog ein Figürchen aus der Tasche: »Frau, ich bin Holz-schnitzer. Ich habe nichts mehr.« Als ich nichts kaufte, entschul-digte er sich. Im Sonntagsanzug saß ein Junge auf dem Uferweg und spielte Cello. Was gibt man ihm? »Frau, helfen Sie mir!« sagte ein Mann, dem die Jackenärmel mit Sicherheitsnadeln hochgesteckt waren. Wie gibt man einem Mann ohne Arme?

Mit rauschender Bugwelle und quietschenden Federn wie ein durchgelegenes Bett dampfte die *General Lavrinenkov* stromab-wärts. Auf dem Oberdeck stülpte der Wind die Röcke über den Kopf. Vom Ufer roch es nach Holzfeuer und erstaunlich deutlich nach Pferdemist. Die Industriestadt Cherson lag schon im Mün-dungsdelta. Am rechten Dnjepr-Ufer hatten die großen Pötte aus Rußland und der Türkei festgemacht, ragten Kräne aus dem Hafengelände. Links war alles buschig grün. Hinter einer Flußbiegung verschwand unser Ausflugsboot zwischen Ufern, die von silbergrünen Weiden und Schilf-Feldern mit violetten Wedeln, von Gärten und verschindelten Datschen gesäumt waren. Jede schickte einen schwankenden Steg aufs Wasser hinaus, an dessen Ende sich eine Holzbank mit allen vieren festhielt. Ganz plötzlich waren wir aufs Land geraten; alle Mann hoch zu Besuch bei Familien auf einer Fischerinsel – »ganz privat« –, wie das Programm versprach. Hinter unseren Führern wanderten wir vom Steg stracks in die zugewiesenen Gärten. Dort war die Tafel zwischen Johannisbeerbüschen und Hühnerstall schon gedeckt. Die Hausfrau tischte Gurken und Tomaten auf, Teigtaschen und Schmand, Dillkartoffeln und Speck, Kompottsaft und Wodka. Eßt, Kinderchen, eßt! Wir hoben die Gläser und riefen selig »Nasdrowje«. Endlich ein Wort! Dann besichtigten wir das Häuschen; das Bett im Schlafzimmer wirkte wie ein Monument: sechs weiße Kissen auf einer roten Damastdecke. Auf dem Weg zurück zum Schiff schenkte mir ein kleines Mädchen eine Rose, ein anderes eine Nuß, ein drittes ein Buntstiftbild mit seiner Adresse: Frau, schreib mir!

Als ich am nächsten Morgen aufwachte, lag das Schiff still; wir waren in Odessa angekommen. Vom Oberdeck sah man die Potemkin-Treppe, deren 202 Stufen Eisensteins berühmter Kinderwagen hinunterratterte. Inzwischen waren es nur noch 192. Ein Verbrecher-Kollektiv von Stadtplanern hatte den großartigen Aufgang vom Hafen zur Oberstadt mit einer Betonschanze zugemauert.

Gogol schrieb in Odessa *Tote Seelen* und Mark Twain – ich weiß nicht was. Alexander Puschkin schmachtete hier in der Verbannung – »Ich erstarre zu Eis unter dem südlichen Himmel« – 1823, als die Stadt gerade aufzublühen begann. Einhundertsiebzig Jahre später hält sich Odessas neoklassizistische Pracht gerade noch auf rissigen Grundmauern. Das Luxushotel *Londonskaya* informierte seine Gäste, daß es kein warmes Wasser gab, weil »städtisches Zentralwassersystem ist zusammengebrochen«. Und doch wehte durch Odessa eine andere Leichtigkeit als in den grauen Städten am Fluß. Weinstöcke rankten um Balkongitter; in den Alleen am Puschkin-Denkmal küßten sich Liebespaare. Dieser wundersame, wilde Dichter war in Odessa vielen Röcken hinterhergerannt und wurde von seinem Vorgesetzten, dem komplett unpoetischen Grafen Worontzow, schließlich nach Cherson geschickt, um eine Heuschreckenplage statistisch zu erfassen, vor allem aber um aus der Nähe von Madame Worontzow zu verschwinden.

Jugendstilresidenzen, von deren Fassaden sich Nymphen und Götter ins Freie schwangen, ragten entlang der Deribasovskaya. Und hier entfalteten sich auch die bescheidenen Blüten des Straßenhandels und der Kaffeehauskultur. Alle Akazien-Alleen führten zum Meer, alle Kastanien-Alleen zum Bahnhof. Die Elias-Kirche lag in einer Kastanien-Straße und sah aus, als hätte man sie mit Gulaschsuppe angestrichen. Doch innen war sie ganz Gold, Duft, Kerzenschimmer und vielstimmiger Gesang; ein ebenso privater wie öffentlicher Raum; Heimat alter Frauen, die aufpaßten, daß jeder Kerzenstengel bezahlt wurde; schnelle Einkehr für Herren mit Aktentaschen. Für die Ärmsten an der Tür gab es Hefebrötchen vom Tisch der Kirche, dankbar geküßt.

Abends besuchten wir die Oper, Odessas Stolz und Glorie, 1884 im Stil der russischen Eklektik erbaut, anmutig weiß-gülden. Man gab *Jolante* von Tschaikowsky in kleiner Besetzung. Das Orchester vermochte kaum den hohen Saal zu füllen, und der Held in einer unglücklichen Perücke, weißen Plateaustiefeln und rosa Umhang, aus dem sein Säbel wie eine Schwanzspitze ragte. Nur Jolante, weiß wie Schnee, blond wie Winterweizen und durch ihren blinden Blick der Welt entrückt, sang sich mit Gefühl durch zwei Akte. Großer Applaus. Drei rote Tulpen.

Die Hinausdrängenden wurden an diesem hellen Sommerabend schon von den kleinen Postkarten- und Matrioschka-Ver-
käufern erwartet. Ein Mädchen fiel, sich bekreuzigend auf die
Knie. »Kind, was tust du da!« Ich ließ den Bus wegfahren, ging
zum Puschkin-Denkmal und unter den Linden zum Hafen. Einmal die Potemkin-Treppe hinuntersteigen. Allein.

Die *Liberté*
Elsaß

Wenn sich die *Liberté* in dem engen Kanal mit leise rauschender Bugwelle naht, neigt sich steuerbords das Schilf in einer anmutigen Verbeugung, als habe es wie eine dichtgedrängte Menge seit Stunden auf diesen schönen Augenblick ihres Erscheinens gewartet. »On arrive«, ruft die Köchin aus dem Fenster der *Auberge de l'écluse* 16 und schiebt die Hühnchen in den Ofen. Da ist man doch gerne Passagier. Die *Liberté* ist der schmuckste Kahn auf dem Saar-Kohle-Kanal, 40 Jahre alt und in bester Verfassung: eine Peniche aus solidem Eisen, weiß und schwarz mit einer roten Litze um den geschwungenen Bord, einst Frachter, heute Vergnügungsdampfer. In die Schleusen schlüpft sie hinein wie in einen Handschuh und pflückt im Vorübergleiten allzu lässig vertäute Sportboote von den Häringen (Empörung bei der kaffeetrinkenden Bordgesellschaft). Manchmal radeln ihre Passagiere auf dem Treidelweg voran und warten hinter der nächsten Biegung: Ah, da kommt sie! Ist sie nicht ein Prachtstück?

In drei Tagen sind wir von Saarbrücken durch's buckelige Elsaß über die Vogesen nach Saverne geschippert – 120 Kilometer durch 44 Schleusen – mit fünf Stundenkilometern und unendlich viel Zeit für Betrachtungen: sommerliche Ufer voller Wicken und Mädesüß, der Duft des Wassers und die schwirrenden Stimmen der Goldammern, der Schatten der Nußbäume und das Heu in der Sonne. Schwalben in der Luft und eine schwimmende Ringelnatter im Seichten. Vor dem Frühstück ein Sprung in den Kanal und abends Rotwein unter den Linden von

Schleuse 16. In Harskirchen hat uns Roger Roeser in seinen Kombi gestopft, in dem er sonst die Mehlsäcke transportiert, und seine Mühle aus dem 18. Jahrhundert gezeigt. Das Mühlrad tost im schwarzen Schacht und läßt die Transmissionsriemen rasen, die vom Keller bis zum Speicher ein ganzes Maschinen-Orchester in Schwung halten. Im Teich blühen Seerosen und quackeln die Enten. Der Elsässer Tomi Ungerer hat mit solchen Bildern deutsches Liedgut illustriert, und tatsächlich trifft sich am Canal des Houillères de la Sarre, der auf deutscher Seite weit weniger elegant Saar-Kohle-Kanal heißt, das Beste zweier Welten: freundlicher Biedersinn und leichte Lebensart. Bis spät in die Nacht hört man im Bootshafen von Sarreguemines die Boulekugeln aneinanderklackern, und am Morgen radelt der Kapitän los, um frische Croissants zu holen.

So wie der Kahn ein Zitat aus prosperierenden Zeiten ist, so stammt auch der Wasserweg aus einer Ära, als die Saarkohle – fett und reichlich – nach Lothringen und Preußen transportiert wurde. 1866 gegraben, führt er von Sarreguemines bis zum Rhein-Marne-Kanal. Noch in den fünfziger Jahren herrschte reger Berufsverkehr auf der Strecke; heute schiebt sich nur noch selten ein großes Schiff zwischen den überwucherten Ufern entlang. Schleusenwärter Freddy Lager, der Haus Nr. 15 bewohnt, mit Rosen vor der Tür und einer bronzierten Schiffsschraube auf dem Rasen, klappert ihnen in seinem R 4 voraus und dreht auf 18 Kilometern die Tore der Schleusen 14 bis 2 per Hand auf und zu. Wenn das Wasser aufbrodelt und den Kahn eine Stufe höher hebt, ist Zeit für ein Schwätzchen oder eine Einkehr bei den Schwestern Guth, die an Schleuse Nr. 8 ein Café mit Kolonialwarengeschäft führen, das ihre Großeltern 1908 eröffneten. Seitdem hat sich dort nichts einschneidend verändert. Elsa und Edith Guth in dunkelblauen Kittelschürzen stehen der Épicerie vor, in der man braunkarierte Hausschuhe, Limonade und

Schreibpapier kaufen kann. Anneliese Guth in Hellblau führt das Lokal mit den zahnfarben lackierten Wänden und einer gemalten Traubengirlande unter der Decke. Hier gibt es ab fünf Uhr früh Kaffee, »und abends um Punkt acht fliegst du raus«, sagt Freddy Lager. Die Sprünge im marmorierten Tischbelag sind mit Schrauben zusammengehalten gegen die sprengende Kraft kartendreschender Fäuste.

Draußen liegt die *Liberté* in der Schleuse, drinnen sitzt der Wärter mit dem Kapitän und trinkt ein Bier. Zwei Frachter, die hinter uns für die Bergfahrt angemeldet sind, werden erst am nächsten Tag erwartet. Für sie bleiben die Tore nachts einen Spalt geöffnet, damit Wasser aus den hochgelegenen Speicherseen nachfließen kann und sie am nächsten Tag genug davon unter dem Kiel haben.

Menschlicher Erfindungsgeist läßt Schiffe auf Wassertreppen über Berge fahren, Täler in Rinnen überqueren und bei Artzwiller drei Kilometer durch einen Tunnel gleiten, eine von gelbem Licht beschienene Höhlenreise auf ein diffuses Ende hin. Kommt sie wieder an den Tag, hat die *Liberté* den höchsten Punkt ihrer Reise erreicht und wird in einem gigantischen Trog des Schiffshebewerks 44 Meter ins Zorntal hinabgelassen. Früher mußten die Frachter diese Strecke in 17 Schleusen bewältigen – eine Tagesreise. Heute hängen die Tore schief in den Angeln, das Wasser ist abgelaufen, und der natürliche Einkrautungswille hat über die Technik gesiegt. In einer Schleusenkammer äst ein kleines Reh an den fetten Sumpfpflanzen. Verrammelt sind die blauen Läden an den aprikosenfarbenen Wärterhäuschen; der Nummer fünf wächst der wilde Wein schon übers Dach. Wo in tortenstückgroßen Gärten noch Salat sprießt, ist auch immer ein dummer Hund zur Stelle, der Vorübergehende anblafft – überraschend rüde Töne in einem stillen Land.

Möwe nach Trondheim
Cutty Sark Tall Ships' Race

Die Silbermöwe (Larus argentatus) ist »die gemeinste und ver-
breitetste Großmöwe ... Flug kraftvoll, segelt und gleitet oft ...«
(Pareys Vogelbuch). Diese hier kann weder fliegen noch
schwimmen, sondern treibt kopfunter im Hafenbecken von
Aberdeen. Salo, der holländische Maat der *Anna Kristina*, macht
das Beiboot klar, fischt sie mit einem Handtuch heraus und
reicht den nassen Wickel über die Reling. Ehe er mit dem Pech-
vogel in der Galley verschwindet, schaut er seine Zaungäste bedeutungsvoll an: »Das ist Fred.«

Das ist Freds Geschichte. Von Natur aus einer Spezies an-
gehörig, die allenfalls durch Flugkunststücke zu erfreuen vermag –
Vögel mit bösen Gesichtern, häßlichen Stimmen und habgieri-
gem Charakter –, nistet sich das malade Tier als Kurgast an Bord
ein, spaltet die Besatzung in Freunde und Feinde Freds und run-
det schließlich unseren Beitrag zum »Cutty Sark Tall Ships'
Race« von Aberdeen nach Trondheim, der, ehrlich gesagt, eine
ziemliche Schlappe war, auf vorbildliche Weise zu einem poeti-
schen Erfolg, wie man ihn gar nicht besser hätte erfinden können. In Aberdeen hoffen Crew und Passagiere noch auf ein
schnelles und glückverheißendes Ende des Falles, nämlich daß
Fred beim Regatta-Start die Flügel spreizen und der *Anna Kristina* kraftvoll auf idealem Kurs voraussegeln werde. Aber Fred
bleibt und saut sich mit Erdbeerjoghurt, Cornflakes und kalten
Kartoffeln ein. Larus argentatus »frißt alles und besucht gern
auch Müllplätze«.

Am nächsten Morgen meldet *Scotland on Sunday*: »Zehntausende von Schaulustigen und eine halbertrunkene Möwe namens Fred bevölkerten gestern Aberdeens sonnendurchfluteten Hafen, als die Teilnehmer an der Regatta der Großsegler einer nach dem anderen einliefen.« Korrespondent Stephen Fraser hatte Fred als Witzfigur in warme Handtücher gehüllt in der Pfanne auf dem Herd sitzen sehen, und obwohl ihn der Anblick als Zeitungsmann freute, konnte er sich eine Spitze nicht verkneifen: »Aberdonians hätten die Flamme voll aufgedreht, denn ihre Stadt ist heimgesucht von räuberischen Seemöwen, so daß der Stadtrat bereits erwogen hat, sie abschießen zu lassen. An Bord der norwegischen Ketsch *Anna Kristina* drehte sich jedoch alles um Fred, das Maskottchen der Crew für die morgige Regatta.«

Das Cutty-Sark-Rennen ist die größte jährliche internationale Segel-Regatta. Fast 90 Schiffe, von Kuttern bis zu den Kaventsmännern aus Rußland und Norwegen mit drei und vier Masten – *Mir, Kruzenshtern, Sedov, Staatsraad Lehmkuhl, Christian Radich* –, sammeln sich dazu im Victoria Dock von Aberdeen: Masten, Rahen, bunt beflattertes Gestänge, russische blaue Jungs, die Wodka und Uniformjacken verticken, Shantysänger, Wikinger, Pipes & Drums, Tanz & Tauziehen, bunte Piraten, die gegen den Walfang der Norweger protestieren (und von denen schnell wieder aus der Takelage geholt werden), drei Millionen Flaneure an vier Tagen, die alle einmal an Bord eines Segelschiffs gehen wollen. »Ist das das Echolot? Nein, das ist ein Farbeimer und ein Pinsel.«

Die *Anna Kristina* ist das älteste Schiff im Rennen, ihre Teilnahme fast eine Heimkehr, denn sie wurde vor 108 Jahren in Norwegen als Hardanger Jakt gebaut, ein festes, schnelles Cargoschiff mit einem 24 Meter aufragenden Hauptmast, dessen Toppsegel die hohen Winde in den Fjorden einfangen konnten. Von den Kanarischen Inseln kommend, hat die Crew die alte Dame unterwegs fein gemacht, ihr Holz geschliffen und mit einer Mischung aus Zedernöl und Terpentin gesalbt. Mit faltenlos gerollten Segeln ist sie eingelaufen und hat neben der *Sørlandet* und dem Schoner *Fridtjof Nansen* festgemacht; im dritten Glied ist die Gefahr gering, daß sich eine auf Stöckelschuhen bis zu unserem kostbaren Deck durchschlägt.

Es gibt größere Schiffe, aber sind sie auch schöner? Hier: die eleganten Linien ihres Rumpfs in Grün und Ockergelb, hand- und fußschmeichelndes Holz, zwei Masten, die bestrickende Ordnung ihrer endlosen Leinen, die Pracht ihrer zehn rostroten Segel. Unter dem Kommando von Kapitän Allan Palmer, den man in Norwegen einen »flinken seiler« nennt, stehen eine sechsköpfige Crew und 16 Passagiere aus sieben Ländern, die auch irgendwie mitzerren, teilnehmen, siegen wollen. Denn dieses Gefühl vom gemeinsamen Abenteuer ist uns versprochen: Segel setzen, Deck schrubben, Nachtwache unter Sternen, »auf der Sie das Schiff steuern und Geschichten mit ihren Mitreisenden austauschen«. Vorerst tragen wir nur alle dasselbe T-Shirt.

Zwei Stunden vor dem Start rauscht Lord Provost Margaret Farquhar, die Oberbürgermeisterin von Aberdeen, auf einem grauen Schlachtschiff (M 34) aus dem Hafen und winkt nicht zurück; ein Dudelsackspieler auf dem Oberdeck pfeift *Auld Lang Syne*. In ihrem Gefolge legen die ersten ab; die Polen lüpfen die weißen Mützen im Vorüberfahren, die Dänen winken mit Suppentellern, die Iren katapultieren wassergefüllte Luftballons aus der Takelage auf die Rivalen; es böllert, trötet, tutet und fiept, und als alle schon ein wenig außer Atem sind, läßt die *Sedov*, die dickste Madame, ihre Tuba dröhnen. Sie muß beim höchsten Stand der Flut auslaufen. Draußen werden Segel gesetzt, jeder versucht, sich in eine gute Position zu schieben und nach einem Funksignal – noch fünf Minuten! – einen starken Abgang hinzulegen. Die *Anna Kristina* hat alles aufgezogen, was sie hat, und während die großen Barken und Vollschiffe der A- und B-Klasse schon im Zwielicht der nordischen Nacht davonziehen, gleiten wir als zweite unter den C-Kläßlern über die Startlinie. Jeder glaubt, den schlauesten Kurs zu kennen; wir halten nach Norden, um dort die vorhergesagte westliche Brise als erste zu erwischen. Fred sitzt auf der Pfanne unter dem Deckel vom Maschinenraum. Dort ist er unbehelligt, denn von nun an geht es ausschließlich mit Windkraft voran, 650 Meilen nach Nordosten.

Die Wachen werden eingeteilt, drei Gruppen, die sich rund um die Uhr alle vier Stunden abwechseln – sechs junge Schweden, eine deutsche und eine südeuropäisch dominierte Wache. Auch wer sein Lebtag eher Maulwurf als Wasserratte war, darf sich jetzt tummeln – freiwillig. Es traut sich aber keiner, der Gruppendynamik zu trotzen und liegen zu bleiben, wenn er nachts um vier sanft wachgerüttelt wird: Your watch! In der Galley – dem Schiffsbauch unter der Frachtluke mit dem Herd und dem großen Holztisch, Sitztruhen und Bücherregalen – herrscht dann ein Gewühle wie im Zwischendeck eines Auswandererschiffs. Bis zur Nase zugezippte Gestalten im nassen Ölzeug kreuzen den Weg von verschwiemelten Schlafanzugträgern. Gibt's Kaffee? Coffee? Häh?

Nicht jeder versteht jeden. Die Segelmanöver werden auf schwedisch, spanisch oder holländisch angesagt; dann springt die Crew. Auf englisch darf sich auch der Passagier angesprochen fühlen: »No, no, no, no, no – that's not the way you do it!« Beim Hissen das Fall nicht wie einen Hosenträger flott spannen und schnalzen lassen, sondern kräftig hinunter zum Belegnagel ziehen! Anklemmen! Und festmachen! So! Die schwedischen Jugendlichen, die möglicherweise in einer Stockholmer Eisdiele geschanghait wurden, sitzen mit umgedrehten Baseballmützen und Limodosen einander auf dem Schoß und sehen zu; einer hebt die Kamera und macht ein Photo von drei strampelnden Deppen an einer Leine.

Zur Nachtwache pfeift ein kalter Wind; es nieselt, und doch beflügelt Stolz Steuermann und Steuerfrau, wenn sie einmal den Blick von der schwimmenden Kompaßnadel losreißen: Haushohe Segel, 32 Meter voraus der schwingende Bug, über dem Kopf der knarrende Besanbaum und unten in den Kojen, wunderbar gewiegt, die schnarchenden Mitreisenden. Allans strenge Stimme aus dem Kartenhaus: »What's your heading?« – »Äh – 95.« – »Don't go over 90!«

Mit einer Handspanne zeigt uns der Kapitän am nächsten Tag auf der Karte, wie weit wir gekommen sind: 70 Meilen. Die *Statsraad Lehmkuhl*, *Mir*, *Sedov* und *Christian Radich*, die ein Tiefdruckgebiet am Ärmel erwischt haben, sind uns zwei Handspannen voraus. Doch wir liegen gut im Rennen, an vierter Stelle von 28 in unserer Klasse. Fred wird auf dem Poopdeck gelüftet; ein Vogel mit interessanten Gebrechen. Keiner weiß, was ihm wirklich fehlt. Er schüttelt sein Gefieder, das nach einem Seebad verlangt, und zupft wie ein ärgerlicher alter Mann an seinen Decken. Hans, der sich mit ekelhaften Krankheiten auskennt, die von Tieren übertragen werden, droht, ihn während seiner Wache über Bord zu werfen. Ein schwedischer Jugendlicher tritt ihn aus Versehen beinahe platt. Danach wird Fred in einer Obstkiste in den Bug verbannt. Salo wirft eine Angelschnur aus. Bald schmeckt alles aus dem Kühlschrank nach Fisch, der dem Vogel dreimal am Tag gereicht wird.

Den größten Teil der Regatta bestreiten wir gegen die Uhr und den widrigen Wind. Am dritten Tag kommt uns ein anderes Schiff vors Fernglas. Wer könnte das sein? Drei Masten, was Grünes, das ist doch dieses Bierschiff, die *Alexander von Humboldt*, weit aus ihrem Feld geschlagen; von wegen sail away. Die *Carene Star* aus Dänemark – auch kein flinker Segler. Delphine im Dreivierteltakt begleiten uns ein kleines Stück. Die vorhergesagte westliche Brise hat es sich anders überlegt und bläst von Osten. Allan studiert mit zurückgelegtem Kopf die Stellung; jede meteorologische Ermunterung wird mit zusätzlichem Tuch beantwortet; das Raffee steigt als verknitterter rostroter Stoff-Haufen vom Deck in die Höhe und entfaltet sich halbrund und schön über dem Rahsegel. Komm, Wind! Und als er kommt und die *Anna Kristina* Fahrt aufnimmt, mit dem Leebord knapp über dem Wasser, und die Gischt am Bug hochspringt, dann ist sie nicht einfach nur ein atmendes, ächzendes altes Schiff, sondern ein Gesamtkunstwerk, zusammengefügt von menschlichem Verstand, Geschick, Schönheitssinn und erhalten von viel Liebe. »Oh, sie war tacky!« sagt Katherine Hepburn in *The Philadelphia Story* mit leuchtenden Augen zu Cary Grant, als er ihr ein Modell der Yacht *True Love* überreicht, und was immer uns das Wörterbuch dazu sagt, es bedeutet, daß sie die Herzen hat höher schlagen lassen.

So und nie wieder: das Hauptsegel, das Tag und Nacht schnittig durchtrennt: backbord die Streifen der späten Apfelsinensonne zwischen den Wolkenbänken, steuerbord die Silberbahn des vollen Mondes auf den schwarzen Wellen. Wer ahnt schon, daß uns in Sichtweite der skandinavischen Küste der Wind verlassen, der ganze Kladderadatsch herumgeworfen und wir wieder nach Westen aufs Meer hinaus kreuzen würden? Dort liegen wir zwei Tage in der milchigen Flaute mit 400 Quadratmetern flappender Segel und zunehmend schlechter Laune, das Wasser runzelig wie Elefantenhaut. Die Sonne zehrt den Dunst auf. Seiwale kommen und inspizieren den stummen, dümpelnden Koloß. Der Kapitän tigert barfuß übers Deck, seinen Bleistift wie einen Knochen zwischen die Zähne geklemmt. Etwas rührt sich: Fred steigt aus der Obstkiste und latscht vom Bug zum Heck, klettert über Taurollen und ausgestreckte Beine. Applaus, Applaus, sogar die

Feinde Freds lächeln. Salo greift ihm unter die Flügel, wirft ihn leicht in die Luft, aber Fred kehrt, als sei Fliegen nun wirklich zuviel verlangt, zu Fuß in sein Quartier zurück.

Wir stehen vor dem Kartenhaus und versuchen zu erhaschen, was drinnen über Funk gequakt wird: Die Regatta-Leitung weigert sich, das Rennen abzubrechen, obwohl die Hälfte aller Schiffe der C-Klasse, die in der Flaute gefangen liegen, aufgegeben hat. Selbst wenn wir starken Wind von achtern bekämen, würden wir es kaum im Zeitlimit über die Ziellinie schaffen, aber es gibt keinen Wind. Ins Wasser geworfene Obstschalen überholen unseren Äppelkahn. Am Abend tritt Allan aus dem Kartenhaus, schaut in die erwartungsvollen Gesichter und sagt: »Well – fuck this!« Dann geht er den Motor anwerfen, wir holen die Segel ein und dieseln in einer Nacht und einem Tag nach Trondheim.

Das ist der Abbruch, das Ende, angespannte Wangen und aufgesetzte Lässigkeit. Ein Jahr Vorbereitung und ungezählte Arbeitsstunden, ein großer Auftritt sollte es werden, eine siegreiche Heimkehr. Es bleiben sechs hochgestimmte Tage auf dem Wasser und die Enttäuschung. Sogar Freunde Freds erwägen, den blöden Vogel in die Pfanne zu hauen. Die schwedische Seglerjugend zückt ihre Handys; sie wagt es, hineinzulachen.

Unsere Klassenbeste, die *Liv*, einen Colin-Archer-Zweimaster, sehen wir erst, als alle Schiffe Trondheim im Defilee zur zweiten Etappe der Regatta wieder verlassen. Backbord kreuzt sie vorbei. »Ihr seid wunderschön!« ruft die Steuerfrau und winkt. »Ihr auch! Ihr auch!« schreien wir zurück. Statt nach Stavanger und mit andern um die Wette fährt die *Anna Kristina* nun zur Insel Fjellvaeroya. Vor hundert Jahren hat sie hier zwei Fuhren Bauholz aus Murmansk für die Kirche angelandet. Nachts um halb zwölf im verwunschenen Zwielicht machen wir an dem kleinen Pier fest, ein Bootsschuppen, ein paar Häuser namens Nordbotn, ein nördliches Weltende. Es riecht nach Tang und

Mädesüß, das wie gelber Schaum in allen Senken blüht. Die Bäume sind vom Wind geschoren. Am Morgen zeigt uns der Küster die weiße Kirche: nordische Tanne; die Wetterseite mit Blech beschlagen. Von der Holzdecke blättert der blaue Himmel. Wie viele kommen zum Gottesdienst? Ein paar. Auf der Schotterstraße schauen die Leute zur Seite, wenn man grüßend vorbeigeht.

Zurück an Bord, ist Fred unauffindbar. Offenbar hat er den Ruf der Wildnis vernommen und ist getürmt. Salo steigt ins Beiboot und fährt zu den Schärenbuckeln hinaus. Alle Möwen heben kreischend ab, bis auf einen Dreckspatz, der zu Fuß davonhastet, durchs Algengestrüpp und hinaus aufs Wasser, wo er mit seinem schlecht gefetteten Gefieder sofort untergeht. Da entledigt sich der wahre Tierfreund seiner Hose und springt ihm nach. Zum zweitenmal wird ein nasser Wickel über die Reling gereicht und die Pfanne klargemacht. Fred, soviel ist sicher, wird nun keine Ruhe mehr geben. Sollte er unterwegs auf See einen zweiten Start wagen, wird ihm niemand hinterherhechten. Deshalb muß er auf Fjellvaeroya sein Auskommen finden. Am nächsten Morgen vor dem Ablegen, getrocknet und geatzt, wird Fred hinters Bootshaus getragen. Salo läßt ihn Wind unter den Schwingen fühlen, wirft ihn in die Höhe, und Fred gewinnt den Luftraum, steigt übers Bootshaus – Freeeeeed! taumelt, sackt aufs Wasser, paddelt, steigt wieder – Fred, du schaffst es! Good old Freddy! – Die Ferngläser folgen ihm, wie er fliegt und fliegt und fliegt und weit draußen auf einer Landzunge souverän niedergeht. Abenteuer bestanden. »Ihr guckt alle zuviel Walt-Disney-Filme!« sagt Hans.

Im Trondheim-Fjord läßt Allan Segel setzen, alles, was wir haben; an einem glitzernden Sonnentag, rostrot gegen himmelblau, und sie fliegt und fliegt und fliegt.

Segeln im Garten

»Die Leute von Utö waren schon immer ein bißchen anders als ihre Nachbarn«, sagt Charlotte Schröder, und sie meint: ein bißchen aufgeschlossener, nicht ganz so bäuerisch. Denn auf Utö hatte man früh gelernt zu lächeln, den Herrschaften aus der Stadt die Koffer zu tragen und das Bett zu machen. Heute lebt die Insel weitgehend vom Tourismus – und einem Truppenübungsplatz des schwedischen Militärs. »Wenn auf der Windmühle das Licht blinkt, dann schießen sie«, sagt Frau Schröder, eine schlanke Frau mit schmalem Gesicht, das graue Haar zum Pferdeschwanz gebunden, die Ärmel ihrer Reitclub-Jacke hochgeschoben, »aber sonst ist es hier paradiesisch.«

Vor allem im späten Frühling, wenn die Apfelbäume blühen und der Flieder Knospen trägt, wenn sich die blaugelben Fahnenbänder im Wind schlängeln und die Ostsee Blau und Silber aufgelegt hat. Im Frühling sind die Schären – der Gürtel aus nahezu 100 000 Inseln zwischen Schweden, den Ålands und Finnland – von berückender Schönheit, frisch und funkelnd und in ein langes Licht getaucht, das es eben nur im Norden gibt.

Die Frage, ob Utö und das ihm vorgelagerte Inselchen, dessen einzige Bewohner Frau Schröder, ihre jüngste Tochter, die Haushunde und ein zahmes Reh sind, im Winter eher den irdischen oder den unterirdischen Regionen zugerechnet werden können, kostet sie nur ein Schulterzucken. Ihr Mann überwintert in der Karibik. Sie harrt aus; eine von 225, die das ganze Jahr über auf Utö leben, zwei Stunden mit der Fähre von Stockholm entfernt. Im Sommer wird es lebhaft am Pier. Allein zur Sonnenwendfeier fallen an die 4000 Schweden ein – und 50 Polizisten, die sonst keinen Posten auf der Insel haben. Von dem Pfand für das zurückgelassene Leergut haben sich die 35 Schulkinder Ausflüge bis nach England und Portugal verdient. Das Leben in kleiner Gemeinschaft macht erfinderisch und vielseitig. Charlotte Schröder ist nicht nur Fremdenführerin, sondern auch Lehrerin und Fischerin; sie hilft dem Tierarzt, leitet eine Reitschule, ist Sprecherin des Inselrats und Autorin eines Buchs über Utö, das den Lehrern der ungezählten Klassen an die Hand gegeben werden soll – »nein, nein, kaufen sollen sie es, kaufen!« –, die während der Saison hier landen und nichts mit sich anzufangen wissen. Denn auf Utö kann man mehr tun, als »Steine ins Wasser zu schmeißen«.

In seinen Fundamenten lagern große Eisenerz-Vorkommen – sogar der schwarze Straßenstaub bleibt am Magneten kleben –, und schon im 12. Jahrhundert wurden Stollen gegraben. Hier dampfte Schwedens erste Eisenbahn von der Grube zum Hafen. Geblieben sind bis zu 200 Meter tiefe, schroffe Löcher im Wald, halb mit Grundwasser vollgelaufen, eine Reihe roter Bergarbeiterhäuschen an einem Wiesenweg und die Windmühle aus dem 18. Jahrhundert. Der Bäcker backt Utö Limpan, ein dunkles, nach Weihnachtsgewürzen schmeckendes Brot, das wochenlang frisch bleibt und danach immer noch als Boots-Fender Verwendung finden kann. Es gibt einen Fahrrad-, einen Kajakverleih und ein altes Wirtshaus, das Schären-Cuisine vom Feinsten auftischt: Lammfilet mit Preiselbeeren, Lachs mit Sanddorn-Pesto, Kartoffelgratin mit Pilzfarce, Walderdbeeren-Mousse.

Der Gast sitzt mit der Serviette auf dem Schoß am Fenster, dreht den Stiel seines Weinglases und schaut auf das taubenblaue, abendliche Meer und den eleganten Zweimaster am Steg, mit dem er gekommen ist: weiß-brauner Rumpf, beste åländische Kiefer, Schoner-Takelung, 300 Quadratmeter handgenähte Segel, 20 Passagier-Kojen. Die *Albanus* ist die Replik einer 1904 vom Stapel gelaufenen Galeasse; Spanten für Spanten auf einer kleinen Werft in Mariehamn nachgebaut. Sie gleitet so scharf und leicht, als schneide ihr Bug durch blaue Seide, und die kleinste Drehung am Ruder bringt sie auf überraschend neuen Kurs. Jetzt hängen die Klüver wie heruntergelassene Hosen über dem Bugspriet, und wir kosten den Utö-Värdshus-Digestif aus Tannenzapfen, Sanddorn und Wodka.

Aber: Vorsicht mit drolligen Bemerkungen! Der Wirt, Anders Malm, ist auch Klatsch-Zuträger von Charlotte Schröder, Herausgeberin der monatlich erscheinenden Lokalzeitung *Utö Kontakt*. Für die nächste Ausgabe hat sie sich einen Scheidungsfall vorgeknöpft und den daraus Bevorteilten in fetten Zeilen geschmäht. Nun dankt sie dem Umstand, daß sie auf ihrer eigenen Insel lebt – »er hat kein Boot« – und sich nur das zahme, nach Mais-Frosties süchtige Reh im Haus lästig machen kann.

Die Schweden entdeckten ihren Schärengarten zu Beginn des 19. Jahrhunderts. Fahrplanmäßige Dampfer verbanden Stockholm mit der Sommerfrische, und die Hauptstädter bauten zwischen Birken und Föhren, hinter den fahl flimmernden Borsten des Schilfs und auf blanken Felsbuckeln ihre Holzhäuser von unterschiedlicher Pracht: Hütten in Ochsenblutrot mit weißen Fensterrahmen oder Villen im Ton von Zitroneneis mit geschnitzten Giebeln, gedrechselten Geländern und bunten Veranda-Scheiben. Die niedlichsten mit farblich passenden Bootsschuppen stehen noch immer am Rand des schmalen Wasserwegs Baggensstäket, der von Stockholm hinaus in das Insel-Gestreusel führt und den sich die *Albanus* mit ein paar Handbreit Wasser unterm Kiel und manchmal nicht viel mehr back- und steuerbordseits entlangtastet. Juha, der finnische Koch, packt sein Schifferklavier aus und begleitet die schwierige Passage mit einer Folge von Musette-Walzern. Wir sitzen an Bord mit Kaffeetassen in den Händen und sind entzückt von soviel heiterem, schlichtem Luxus.

Vor den Bürgern hatten die Künstler die Inseln angesteuert. August Strindberg verbrachte 13 Sommer zwischen Wasser und Land. Nachdem er 1887 auf Kymmendö *Die Leute auf Hemsö* geschrieben hatte, durfte er sich dort allerdings nicht mehr blicken lassen. In der Witwe Flod, deren Gunst sich ein Schlawiner erschleicht, erkannte seine gastgebende Bauernfamilie die eigene Großmutter. Vergebens nannte der Autor den Roman ein »Intermezzo scherzando«; die Kymmendöer sitzen noch immer auf dem Sofa und nehmen übel. Keine Nase zeigt sich am Kai, um eine Leine aufzufangen, keine, die das Tor zu Strindbergs Haus hinter der Fliederhecke aufhaken würde. Versteckt im Wald über der Küste steht seine »Diktar-stuga«, eine graue Holzbude, nicht größer als ein Schäferkarren und wie ein solcher auf den flachen Stein zwischen die Heidelbeerbüsche gesetzt. Ein Tisch, ein Stuhl, das einzige Fenster blickt hinunter durch die Kiefern auf glänzende, vom Meer beleckte Felsrücken. Die Strindberg-Gesellschaft in Stockholm betreut diese Winz-Immobilie. Kein Interesse hat sie offenbar an dem literarischen Klohäuschen, das in der Nähe des Hofs am Waldrand liegt. Doch auch dies ist ein bemerkenswertes Örtchen. Hinter der morschen, grünen Tür thronte die Witwe Flod auf einer doppelt gelochten Truhe an der Seite ihres Schlawiners und unter einem barock gerahmten fleckigen Spiegel. In der Ecke steht noch eine kleine Kiste für's Kind. Bunte Kunstblätter – Renoir, Picasso, Chagall – und das Foto eines getigerten Kätzchens an der Wand erfreuen heute die Verrichtenden. Ums Häuschen herum ziepen die Goldammern in den großen Eichen, bähen die Lämmer auf der Weide, aber die Leute von Kymmendö bleiben verborgen. Am Kai bewegt der Wind eine leere Kinderschaukel. So segeln wir ungesehen weiter nach Sandhamn auf Sandön.

Dort, vor dem hundertjährigen maritimen Palais des Royal Swedish Yacht Club macht kein Schiff unbemerkt fest. Ein junger Mann, der den Bohlenweg streicht, legt sofort den Pinsel aus der Hand und hißt die åländische Flagge zur Begrüßung. Die kleine Sandinsel am Rand der äußeren Schären war immer ein Lotsenposten. Heute ist Sandhamn Austragungsort der Gotland-Regatta und der größte Seglerhafen in der Ostsee. August Strindberg hat den Ort mehrmals beehrt, eine Zeitungsreportage über die Regatta geschrieben und sich mit seiner Frau gestritten. Kein Grund, böse auf ihn zu sein, aber auch keiner, an das rote Lotsenhaus, in dem er wohnte, eine Plakette zu nageln.

Zu Sandöns 104 Einwohnern gesellen sich im Sommer 2500 Residenten. Die Preise für die bunten Hexenhäuschen am Hafen und damit die Grundsteuern sind ins Märchenhafte gestiegen; das zwischenmenschliche Klima hat sich nicht unbedingt verbessert. Acht Schulkinder halten die Stellung in einem weißen Holzhaus mit Garten, Spielplatz, Gewächshaus und Hühnerstall unterm Kirschbaum. Mit dreizehn müssen sie ins Internat nach Stockholm. Auf Sandön gibt es keine Teenager. Oder nur in den Ferien.

Eine Institution ist im Wandel standhaft geblieben: das Wirtshaus; seit 1672 am Platze. Wie das Restaurant auf Utö gehört es zu »Skärgardssmak«, dem Club der Schärengartenschmecklecker; Küchenchefs, die ihre Produkte von Fischern und Bauern aus der Umgebung beziehen, um daraus mit Witz leckere Gerichte der Region zu zaubern. 44 Häuser haben sich auf diese Weise zu einer losen Kette zusammengeknüpft, an der man zwischen Schweden und Finnland von Insel zu Insel und von Tisch zu Tisch hüpfen kann. In Sandhamns *Värdshus* landen wir bei Michael Kühne, der zum gegrillten Steinbutt mit Flußkrebs-Chili, Petersilien-Weißweinsauce und geröstetem Gotland-Spargel eine Bärlauchblüte auf den Teller legt, die von seinen Gästen in der allgemeinen Beglückung mitgegessen wird. Drei Monate wollte der junge Küchenchef ursprünglich auf der Insel bleiben; inzwischen sind es zehn Jahre.

Im Sommer kommt die Welt zu Besuch; die übrige Zeit lebt man im Schärengarten in einer etwas prekären Idylle; vom Wasser beschützt und separiert. Manche Inseln sucht die Polizei nur alle paar Monate heim, um den Bewohnern, die ordnungswidrig auf ihren Lastenmopeds Passagiere befördern, einen Knollen zu verpassen. Am Steg von Ornö hat gerade der Zahnarzt mit seiner schwimmenden Praxis – der *Plomben III* – auf seiner jährlichen Routine-Inspektion festgemacht. Als Frau Doktor das Schifferklavier von Bord der *Albanus* hört (»Ich hab' das Fräulein Helen baden seh'n«), kommt sie im weißen Kittel an Deck und knipst ein Foto von Juha auf der Reling und von Björn und Christina, Steuermann und Frau, die auf dem Achterdeck foxtrotten.

Manche Inseln sind so klein, daß sie nicht mitgezählt werden, Ornö wiederum so groß, daß Elche durch seine Wälder streifen und abends auf die Wiese gegenüber dem Schulhaus treten. »Zwischen Viertel vor und zehn«, sagt der junge Mann, der die Mülltüten über den Hof trägt, aber »smiga« – sachte! Glock zehn stehen drei große Schatten am Waldsaum im grießigen Licht, zeigen gerade so viel Silhouette, daß man sie nicht für Pferde hält, und trotten wieder ins Dunkle.

Seinen eisernen Zaun zeigt der Schärengarten in Form von militärischer Präsenz. Zahlreiche Inseln sind Sperrgebiet, und die schwedische Marine braust respektgebietend in schwarzen Patrouillenbooten dazwischen herum. Das schöne Haus Stockholm lag immer sicher hinter dem Wasser-Labyrinth, in dem der Feind sich verfranste. Ein berühmtes schwedisches Kriegsschiff kam indessen auf dem Weg hinaus auch nicht weit. Am 10. August 1628 sank die *Vasa* auf ihrer Jungfernfahrt im Stockholmer Hafen, umgeworfen von einer Windbö. 1961 wurde das fast komplette, im Schlamm konservierte, 50 Meter lange Prunkstück samt den Hüten, Stiefeln, Geldbörsen und Suppenlöffeln seiner Mannschaft geborgen. Steigt man heute im Vasa-Museum drei

Treppen hoch, um auf Augenhöhe ihres Oberdecks zu gelangen, weht den Betrachter ein ähnliches Staunen an, wie die Zeugen ihres raschen Verschwindens vor 371 Jahren. Die *Vasa* gleicht einer Madame mit schlankem Untergestell und ausladendem Vordersteven, topplastig, mit zwei Decks tonnenschwerer Kanonen und nur einem Häufchen Ballast im Kielraum. Ihr Heckspiegel ist ein ganzes haushohes, geschnitztes Figurentheater der Macht- und Schreckenssymbole, dunkel und bedrohlich, angesichts ihres Scheiterns aber auch lächerlich und rührend. Der König wünschte ein Schiff mit Pomp and Circumstances. Wie seetüchtig es war, schien weniger wichtig.

Seither hat sich die Schiffsbauerkunst doch beträchtlich verfeinert. Schöner und zweckmäßiger als die *Albanus* kann ein Segelschiff ihrer Klasse wohl schwerlich sein. Noch in den 30er Jahren befuhren Galeassen die Ostsee als Cargoschiffe. Heute frachtet der Nachbau vorwiegend åländische Jugendgruppen, damit die Kids erfahren, wie stolz man auf eine Tradition sein kann und wie gut sie sich anfühlt.

Auf dem Weg nach Furusund dürfen die Passagiere ein bißchen bei der Crew mitspielen; Klüver, Haupt-, Besan- und Toppsegel setzen; Leinen ordentlich aufschießen und in Björns wacher Präsenz die *Albanus* zwischen den Inseln hindurchfädeln: den Bug auf den Leuchtturm voraus gerichtet, den Blick nach vorn und nach oben auf die Segel – da darf nichts flappen – und nun, smiga – an der gelben Tonne steuerbord vorbei. Das war leicht. Beim Halsen jedoch, wenn der Stern des Schiffs durch den Wind geht und der schwere Baum mit dem Hauptsegel krachend herumschwingt, übergibt der Gast gern das Ruder kompetenteren Kräften und hält sich wieder an seiner Kaffeetasse fest.

Nach Furusund strömten die Stockholmer, nachdem 1849 ein Dampfer bis Norrtälje verkehrte, bauten Sommervillen zwi-

schen die Bäume und richteten sich sehr adrett ein, mit Meer-
wasser-Trinkhalle, Kegelbahn und Theater in einer Scheune.
August Strindberg ließ nicht lange auf sich warten, aber auch in
Furusund erinnert kein Haus an den Dichter, der »das Lichte,
Lächelnde im Leben der Schärenleute« beschrieben hat.

Bloomsbury revisited

Der Vormieter von Mrs. Bedford in Talland House, St. Ives, hatte »nie etwas von dem verdammten Weib gehört«, lernte aber schnell, diejenigen zu verabscheuen, die auf ihren Spuren reisten: Amerikaner im Wohnzimmer, Australier im Bad, Japaner auf der Terrasse, sobald er die Türen offenstehen ließ. Und alle wollten den geweihten Boden betreten, den der Mann eigensinnig als den seinen betrachtete. Auf diese Weise erfuhr er, daß das Weib Virginia Woolf hieß und angeblich eine der bedeutendsten Schriftstellerinnen des 20. Jahrhunderts war. Als kleine Virginia Stephen habe sie aus diesem Fenster über die Bucht zum Godreavy-Leuchtturm geblickt, im Garten mit ihrer Schwester Vanessa Cricket gespielt, und alles in allem sei er, mit Verlaub, ein literarischer Banause und ein ungastlicher Klotz.

Mrs. Bedford, eine muntere blonde Dame, die Talland House heute mit ihrer großen Familie bewohnt und Teile des Obergeschosses an Feriengäste vermietet, hat hingegen gelernt, mit den »Woolfies« zu leben, sich sogar für den Zustand des Rasens und die zusammengehackte Budleia neben der Gartenbank zu entschuldigen, als eine 37köpfige deutsche Reisegruppe über sie hereinbricht. »Wir versuchen, das Haus wieder so hinzukriegen, wie Virginia Woolf es gekannt hat«, sagt sie und blättert im Wohnzimmer ihr »Scrapbook« auf, in das sie Kopien von Fotos eingeklebt hat: hier eine Ecke vom Kamin – leider nicht mehr im Original vorhanden – dort ein Stück Tapete mit Zweigen und Blättern, Hintergrund für ein langes, stilles Mädchengesicht mit verhangenen Augen.

Talland House ist in den letzten hundert Jahren so oft umgebaut worden, daß allenfalls die Gartentreppe, auf der Henry James fürs Album posierte, als gesicherter Schauplatz gelten darf. 1893 gaben die Stephens das Haus auf, nachdem ihnen das neue *Porthminster Hotel* die Aussicht aufs Meer und damit den Spaß an der Sommerfrische in Cornwall verdorben hatte.

Virginia Woolf, ihre Familie und Freunde haben in Südengland markantere Spuren hinterlassen als die Assoziationen in Talland House, aber wer heute in geschlossener Formation ihren Spuren folgt – vom Londoner Stadtteil Bloomsbury bis Land's End im Westen –, muß viele woolflose Meilen hinter sich bringen. Deshalb steuert der Reisebus unterwegs Stationen an, die zwar nichts mit der Frau zu tun haben, jedoch die notwendige Erleichterung mit literarischer Kurzweil verbinden: Daphne du Mauriers Sekretär, Schreibmaschine und Pfefferminzbonbons (Marke »Fox Glacier Mint«) im *Jamaica Inn* von Bolventor; das Dartmoor, wo Sherlock Holmes den Hund der Baskervilles zur Strecke brachte; die elegant geschwungene Hafenmauer von Lyme Regis, the Cobb, auf der Jane Austen spaziert war und John Fowles die Geliebte des französischen Leutnants absetzte, Stonehenge – eher stumm und gänzlich aus dem Rahmen fallend, jedoch an der A 303 gelegen und schon daher touristisch zwingend. Am Winchester College hat immerhin ein Woolfscher Neffe studiert, den sie um dieses Privileg heftig beneidete. Die Reisenden staunen die jungen Scholaren im wehenden Talar wie Historiendarsteller an. Der Rest ist sowieso 16. Jahrhundert: die Kreuzgänge, die katzenkopfgepflasterten Innenhöfe und spannendicken eichenen Tischplatten im Speisesaal. Frauen sind hier nach wie vor nicht zum Studium zugelassen.

Wenn sich der Weg allerdings zu lange hinzieht und die 37 Passagiere über Gang und Rückenlehnen hinweg einander einmal mehr beteuern, daß sie sonst nie, nie! in dieser Form verreisten und so ein Haufen Leute im Grunde unerträglich sei, hilft nur noch ein Cream Tea im Garten des *Northover Manor Hotel* in Ilchester: Tee und Scones mit doppeltdicker Sahne und Erdbeermarmelade. Gestopft und wunschlos überstehen dann auch die Damen mit den hochgestellten Hemdblusenkragen den Endspurt bis Sussex.

Südlich von London, in Sussex und Kent, liegen die Stätten, die Virginia Woolf im späteren Leben kannte, so authentisch bewahrt, wie ein Ort, den unzählige Blicke abgeweidet haben, nach 80 oder 50 Jahren noch sein kann; keine frische Zwiebel, aber unter dem Einmachglasdeckel noch immer von unverwechselbarem Aroma: Monk's House, Woolfs ländliche Klause in Rodmell, wo sie über zwanzig Jahre lebte, schrieb und schließlich den Tod suchte. Charleston Farm House, das glückliche Chaos ihrer Schwester Vanessa Bell. Sissinghurst, der Turm und Garten der Freundin und Geliebten Vita Sackville-West; und schließlich Schloß Knole, wo Vita geboren wurde und das Virginia als Kulisse für die ersten Kapitel von *Orlando* wählte, der fiktiven Biographie einer Jünglingsfrau, in der Vita sich wiedererkannte. Knoles düstere Prunkräume gehen in Fransen, zerstört von Staub, Licht und Zeit; die Brokatsäume aufgelöst, der Flitter verschossen, und im Schlafzimmer des venezianischen Botschafters ist ein Geruch hängengeblieben, wie er Orlando aus den Röcken Elizabeth I. entgegenwehte, als er ihr kniend die Waschschüssel reichte.

Virginia Woolf hat den Süden Englands und die Sussex Downs geliebt, diese rollenden grünen Hügel, über die die Wolken wie geblähte Segel ziehen, die Heckenwege und ausladenden alten Eichen. Ein Wunder ist, daß man diese Landschaft – kehrt man seinem monströsen Fahrzeug erst einmal den Rücken – noch immer annähernd so sehen kann, wie sie sie sah: die Luft blankgefegt vom Seewind; die Häuser in ihren Nestern aus Rosen, Glyzinien und Kletterwein alt geworden; Moos auf Mauern,

Patina auf Ziegeln. Eine graue Steinbrücke buckelt über den Fluß.

»Wie himmlisch mir all die Düfte & Farben & reinliche Leichtigkeit des Lebens erscheinen – und es in Wirklichkeit ja auch sind«, schrieb Vanessa 1936. Ihren Himmel auf Erden, Charleston Farm House, hatte sie zwanzig Jahre zuvor mit Ehemann Clive Bell, ihrem zeitweiligen Liebhaber und lebenslangen Gefährten Duncan Grant, ihren Kindern und Freunden bezogen. »Es dient offenbar einem Paar, das unzählige Tiere hält, als Wochenendbehausung«, hatte Virginia sie gewarnt, »und die meisten Zimmer werden ausschließlich von Tieren genutzt.« Kein Gas, kein Strom, keine Heizung, nur kaltes Wasser, dafür ein leckes Dach ... Doch Vanessa, der Malerin, erschien das abgeschiedene Bauernhaus aus dem frühen 18. Jahrhundert so reizvoll wie eine »leere Leinwand«, auf der sie und Duncan Grant »a little housepainting« veranstalten konnten: Mauern, Türen, Betten, Regale, Paravents, die Holzkiste und die Wäschetruhe wurden bemalt; was kühn und zufällig aussieht, ist delikat und effektvoll plaziert. Im Flur die pulvergrauen Wände, und hinter den Türen tobt eine heitere Orgie in Ornament und Abbild: Senfgelb, Pflaumenblau, Rostrot, grünstichiges Schwarz, verwaschenes Oliv und dazu ein wenig humoristische Augentäuscherei. Mollige Jünglinge lehnen schmachtend an einem Sockel, der die Kaminnische im Studio bildet; ein Hund bewacht Vanessas Schlaf, über die Tischplatte reitet Arion auf einem Delphin, und von der »phantastischen Note« des Gästezimmers hoffte die Malerin, daß »kein Besuch so lange bleiben wird, bis sie ihm auf die Nerven geht«.

Bloomsbury, diese heterogene Clique aus Künstlern und Intellektuellen, die sich jeden Sommer in Charleston traf, hatte sich zu Beginn des Jahrhunderts am Londoner Gordon Square zusammengefunden. Sie verfügte weder über eine Satzung noch eine eigene Philosophie. Verbal-radikal, elegant und ironisch, fühlten sich die Freunde allein Vernunft und Schönheit, Wahrheit und Freimut verpflichtet. Für die beiden Miss Stephen, die im Muff der letzten hundert Jahre erzogen worden waren, flog in Bloomsbury ein Fenster auf. Es wurde nicht nur über Doppelmoral und Sex gesprochen, man stritt und liebte auch kreuz und quer; aus Liebenden wurden Freunde, aus Freunden Liebhaber, und trotz fortgesetzter Provokation blieben sie sich auf wundersame Weise zugeneigt und treu: die Woolfs, die Bells, Duncan Grant, die Stracheys, die Partridges, Maynard Keynes, Roger Fry, Desmond MacCarthy, E. M. Forster, T. S. Eliot ...

»Die Atmosphäre in Charleston scheint geladen mit Katastrophen, die niemanden aus dem Gleichgewicht bringen«, schrieb Virginia Woolf, die gelegentlich die neun Meilen von Rodmell herübergeradelt kam. »OUT!« hatte Vanessa an die Auffahrt genagelt, als die Besucher sie zu überrennen drohten, aber das galt natürlich nicht für die zweite Bienenkönigin in diesem Schwarm.

Charleston in seinen »wechselnden Schattierungen eines alten Chamäleons« (Quentin Bell) ist wie ein Geisterhaus, so präsent und spannungsgeladen, als habe gerade jemand den Pinsel hingelegt, die Teetasse abgesetzt, den Korbstuhl über den Kies gezogen: Vanessa in Schürze und Espadrilles, die das Mehl für die Scones durch ihre langen Finger rinnen läßt, Maynard Keynes, aus London angereist, im Anzug Unkraut jätend, Lytton Stracheys Vorlesestimme und eine maliziöse Bemerkung von Virginia; der Duft nach Äpfeln und Zigaretten, Toast und Terpentin, sonnenwarme Ziegelmauern, halbnackte Kinder im Ententeich, Strohhüte, Hosen, die von alten Krawatten zusammengehalten werden, Schreiben, Malen, Freiheit, Unordnung, Lachen und Reden, Reden – über sich und die Welt, Gott und die anderen. »Virginias Redekraft war erstaunlich«, schrieb Frances Partridge.

»Sie wirkte wie ein Holzstoß, der plötzlich Feuer fing. Sie ent-
flammte in einer Fülle von Worten und Phantasien und Späßen.
Es gab viel Gelächter und Witze . . .«

Im benachbarten Berwick – ein weiterer Ort von zeitloser,
träumender Schönheit – haben Bell und Grant 1942 die kleine
Kirche St. Michael and all Angels ausgemalt: Verkündigung,
Christi Geburt, Kreuzigung und Himmelfahrt. Ein toleranter Bischof hatte ihnen den Auftrag für die Fresken erteilt; die Ge-
meinde hingegen war nicht durchweg begeistert: Hatte man
diese Künstler jemals zuvor in der Kirche gesehen? Das Ergebnis
bleibt ein wenig verstörend. A little churchpainting. Engel um-
schwirren den Auferstandenen wie die Nixen eines Wasserbal-
letts ihren Trainer. Eine halbe Drehung: Und was ist von dem
Augenaufschlag des Gekreuzigten zu halten? »Wir sehen keine
Spur des Leidens im Gesicht des Herrn«, sagt der Reverend Peter
Smith, der für die Woolfies seine Kirche jeden Tag geöffnet hat
(Lichtschalter links neben der Tür). »Christus trägt den Kopf er-
hoben und hält seine Arme wie ein betender Jude ausgestreckt. –
Das Modell, der Künstler Edward Le Bas, war stundenlang in die-
ser Haltung an einer Staffelei festgebunden worden.« Was der
Reverend nicht sagt, tratscht die Führerin in Charleston weiter:
»Edward war stundenlang in dieser Haltung mit Whisky abge-
füllt worden.«

Monk's House in Rodmell erscheint neben Charleston streng
und still; ein Haus für zwei Gespenster. Leonard und Virginia
Woolf hatten es 1919 kurz entschlossen gekauft. Es war niedrig,
dunkel, kalt, feucht, wie diese bezaubernden englischen Cottages das so an sich haben, und das Plumpsklo stand draußen im
Lorbeergebüsch. Doch trotz des mangelnden Komforts war es ein
guter Platz, um die Füße gegen die Kamineinfassung zu stemmen,
Grammophonplatten zu hören und Bücher ohne Ende zu lesen,
wie Virginia an Ethel Smyth schrieb. Monk's House ist mit Bil-

dern Vanessa Bells ausgestattet, mit Stoffen, Kacheln und Keramik, die sie und Grant entwarfen, aber sein vorherrschender Eindruck ist grün – Virginia Woolfs Lieblingsfarbe, von der sie sich nur ungern abbringen ließ. Ein kleiner grasbewachsener Abhang scheint das Haus in der Senke mit grünem Licht zu füllen; ein Regenwald hat den Wintergarten in tropfender Üppigkeit verschlungen; resedagrün sind Wände und Fensterrahmen im Wohnzimmer, und auf der Fensterbank steht Woolfs Paperweight, eine grüne Birne aus Glas.

Charleston und Monk's House wurden über viele Jahre nur in den großen Ferien bewohnt; und so scheint ein immerwährender Sommer in den Erinnerungen und auf den alten Fotos zu herrschen, richtiger kreidiger Sommer, vor dem man in die Kühle des Hauses flüchtete. Doch so, wie freie Liebe und schrankenlose Toleranz der Bloomsburianer einer freundlichen Täuschung gleichkamen, war auch der Sommer in Sussex oft eine prekäre Idylle. Vanessa Bells Sohn Julian fiel im Spanienkrieg; für Virginia Woolf brachte jedes neue Buch den Absturz in den Wahn mit sich.

Als die Woolfs 1940 in London ausgebombt wurden, zogen sie ganz nach Rodmell. Ein Jahr später ging Virginia in die Ouse, die Taschen mit Steinen beschwert. Ihre Asche und die Leonards ist im Garten beigesetzt. Die Büste unter dem Feigenbaum scheint zu der Hütte am Ende des Gartens hinüberzusehen, in der sie schrieb. Da ist nicht viel: ein Tisch mit Petroleumlampe, ein spindeliger Stuhl, Zigaretten, Brille, hellblaues Manuskriptpapier; triviale, persönliche Dinge, die eine scheinbare Annäherung versprechen. Die Neugierde auf die Wohnstätten berühmter Männer und Frauen sei »nur dann legitim, wenn das Haus eines großen Schriftstellers oder die Landschaft, in der es liegt, unserem Verständnis seiner Bücher etwas hinzufügt«, hatte sie 1904 geschrieben, als noch kein Leser ihren Namen kannte.

Man muß weder Talland House noch Gordon Square, noch Monk's House gesehen haben, um Woolfs Romane zu verstehen, aber selbst sie fand eine kleine Bezauberung verzeihlich.

Aus ihrer Werkstatt konnte sie im Sommer durch die Glastüren in den Schatten einer Eßkastanie treten. Ein Foto zeigt sie dort im Kreis ihrer Freunde, eine hagere Frau im Liegestuhl mit Sonnenhut und übereinandergeschlagenen Beinen, die unendlich großen Füße stehen quer unter ihrem Rock hervor. Heute haben sich die Woolfies dort niedergelassen mit dem Lächeln der glücklich Angekommenen im Gesicht.

Stiller Tag in Sissinghurst

»Diese milden Damen und Herren, die in den Garten einfallen, nachdem sie ihren Silberling in die Schale gelegt haben, sind mir die willkommensten Gäste. Zwischen ihnen und mir hat eine besondere Form der Höflichkeit überlebt, die Höflichkeit der Gärtner, in einer Welt, in der Höflichkeit derberen Dingen weicht.«
(Vita Sackville-West)

Der erste Eindruck von Sissinghurst Castle in Kent war für den dreizehnjährigen Nigel niederschmetternd: Hinter seiner Mutter stiefelte er an einem nassen Apriltag durch den Garten von einer Ruine zur anderen, über rostige Blecheimer, alte Bettgestelle, zusammengefallene Trockenklosetts, Drahtknäuel und morsche Bretter. Weder das Torhaus noch der Turm, noch die beiden Cottages waren bewohnbar, Überreste eines herrschaftlichen Tudorhauses, dessen Verfall bereits im 18. Jahrhundert begonnen hatte. Französische Kriegsgefangene und Armenhäusler hatten in der Folge wenig zu seinem Erhalt und Prestige beigetragen. Den Rest besorgte das englische Klima. Der Garten war ein Müllhaufen, der Burggraben ein Filz aus Holunder und Ackerwinde, und über allem hing der Geruch nach verfaultem Kohl von den Beeten der benachbarten Farm. Da streifte die Nachmittagssonne die alte Ziegelmauer und ließ die Steine rotgolden aufleuchten. Vita Sackville-West, von unerklärlicher und für den Sohn beunruhigender Erregung über diesen wilden Platz getrieben, hielt inne, drehte sich zu Nigel um und sagte: »Ich glaube, wir werden hier sehr glücklich sein.«

Nigel Nicolson, 79 Jahre alt, hat diese Geschichte schon oft erzählt – ein Mann mit einer eigenen Biographie als Autor, Ver-

leger und Politiker, doch im Alter mehr und mehr das Kind seiner Eltern Vita Sackville-West und Harold Nicolson, literarischer Nachlaßverwalter und Erbe von Sissinghurst Castle and
Garden, einem der berühmtesten und bezauberndsten Gärten
von England.

Als die Nicolsons 1930 Sissinghurst kauften, war Vita eine ge-
schätzte Romanautorin – ungleich erfolgreicher als ihre Freundin Virginia Woolf –, und Harold, ein Jahr zuvor aus dem diplo-
matischen Dienst geschieden, schrieb, plauderte im Rundfunk
und bewarb sich um einen Sitz im Unterhaus. Obwohl einander
von Herzen geneigt, lebten sie in zugestandener, diskreter Un-
treue. Harold liebte andere Männer; Vita andere Frauen. Für
Virginia Woolf war sie *Orlando* und im wirklichen Leben »ein
brustloser Kürassier... jungfräulich, ungezügelt, adelig... Wäre
ich wie sie, ich würde lediglich schreiten, zwölf Elchhunde im
Gefolge, durch meine mir angestammten Wälder«. Ihren beiden
Söhnen blieb diese Doppelexistenz bis ins Erwachsenenalter
verborgen. Wenn Nigel Nicolson heute von ihnen spricht, sagt
er »Vita« und »mein Vater«.

An diesem sonnigen Spätsommertag bekommt Mr. Nicolson
Besuch von der Verlegerin S. aus Frankfurt und ihrer Assistentin
M., die in seiner Bibliothek nach Texten von Vita und Harold
für ein Buch über Sissinghurst suchen wollen. Die Krümel vom
Lunch noch auf der Jacke, tritt er aus der Küchentür, zugleich wie
ein Schwimmer die Büsche vor der Tür teilend und den Kopf unter dem Balken neigend, der in Stirnhöhe von Mr. Nicolson den
Backsteinbogen darüber zusammenhält. Der Balken ist mit
Schaumstoff und Koffergurten umwickelt; ein neues und offenbar vielgeprüftes Element in der Architektur von 1490. Hochge-
wachsen und gerade entspricht Mr. Nicolson dennoch nicht
ganz dem Bild des gärtnernden Gentleman, wie ihn sein Vater
mit Hut, Pfeife und Bügelfalten auf alten Photos darstellt. Unter

seinem grauen, ein wenig zu knappen Jackett beutelt die anders-
graue Hose über einem Paar weißer Turnschuhe.

»Herein, nur herein! Ich zeige Ihnen Ihre Zimmer, dann können Sie sich darüber austauschen, was für ein fürchterlicher Ort
dies hier ist, und dann kommen Sie zum Kaffee herunter.« Er ergreift zwei Übernachtungsköfferchen und steigt in den ersten
Stock des Torhauses hinauf.

Um zu ermessen, wie und wo Mr. Nicolson wohnt, ist es nötig,
sich die bruchstückhafte Anlage von Sissinghurst zu vergegen-
wärtigen. Von dem ehemaligen Herrenhaus, das im 15. und
16. Jahrhundert als Geviert angelegt wurde, steht nur noch der
Riegel des Torhauses und hinter ihm, getrennt durch einen Hof,
der rote Tower, dessen achteckige Zwillingstürme durch einen
schmalen, dreistöckigen Mittelbau miteinander verbunden sind.
Zwei kleine Häuser, das Priest's House und das South Cottage,
letzteres die südöstliche Ecke des elisabethanischen Hofes, liegen etwa 150 Schritte voneinander entfernt, jedes in einem
eigenen von Mauern und messerscharfen Eibenhecken einge-
faßten Garten; das Priest's House im *White Garden* mit seinen
weißen Pfingstrosen, weißen Lilien, weißem Lavendel, weißem
Fingerhut, graugrüner Minze, silbernen Disteln, und das South
Cottage zwischen Blumen in »allen Farben des Sonnenunter-
gangs« (Vita).

Als die Nicolsons in den 30er Jahren hier Wohnung nahmen,
teilte Vita die Quartiere in einer Weise auf, die Harold fürchten
ließ, daß sie, »wenn wir alt sind, sterben werden, wenn wir jedesmal zwischen den Mahlzeiten eine Landpartie machen müssen«:
je ein Schlafzimmer für sie und Harold im South Cottage;
Küche, Eßzimmer und ein Schlafzimmer für die Söhne im Priest's
House und eine exklusive Klause für Vita im ersten Stock des
Turms. Dort las und schrieb sie, ein freiwilliges Dornröschen, das
nur vom Fuß der Treppe zum Essen oder ans Telefon gerufen wer-

den durfte. »Ein Gästezimmer gab es nicht«, sagt Mr. Nicolson. Mit seinem Bruder Ben teilte er ein Zimmer, da Vita fürchtete, wenn ein Raum leer stünde, könne sich das bis nach London zu Lady Sibyl Colefax, einer literarischen Salondame, durchsprechen, deren Besuch eher nicht gewünscht war.

In diesem Arrangement lebten die Nicolsons 30 Jahre lang in sicherer Entfernung voneinander; Meister des geschriebenen Wortes, Verfasser unzähliger übersprudelnder, herzlicher Briefe, aber selten gesprächig oder freimütig, wenn sie sich im Priest's House oder unter seiner Pergola zum Essen trafen. »Intimität war etwas, das mit der morgendlichen Post kam«, schreibt Vitas Biographin, Victoria Glendinning. Harold verbrachte die Woche in London, Vita schrieb und gärtnerte. »Ruhiger Tag in Sissinghurst«, lautete ihr bevorzugter Eintrag ins Tagebuch. Besuch ging ihr auf die Nerven. Wann er, Mr. Nicolson, sich der Gärtnerei verschrieben habe? fragt Frau S. »Überhaupt nicht.« Seine Mutter weihte ihn nicht ein. Kleine Jungen gingen ihr ebenfalls auf die Nerven. »Damals war ich nicht würdig, ihr zu helfen. Heute mache ich Vorschläge, die in der Regel ignoriert werden.« Er lacht. Manchmal schneidet er für sich ein paar Blumen ab.

Die Cottages sind seit Jahren verpachtet, und Mr. Nicolson hat für sich und seine Gäste einen Flügel des Torhauses hergerichtet. Der Verlegerin wird ein Ende zugewiesen, von dem sie in den Rosengarten und auf Vitas Turm blicken kann. Das Bett stößt an Tudor-Fachwerk, auf dem antiken Meublement sind Bücher, frische Blumensträuße und alte Preziosen sorglos wie offene Pralinenkästen verteilt.

In der Küche haben inzwischen zwei weitere Gäste von Mr. Nicolson Kaffee gekocht. Zwar sind acht Gärtner mit der Vervollkommnung von Sissinghurst befaßt, doch fallen die in die Zuständigkeit des National Trust, dem Nigel Nicolson Schloß und Garten mit einem Wohnrecht für sich und seine Erben überschrieben hat; für den Hausherrn sorgt nur eine Zugehfrau einmal in der Woche. An den übrigen Tagen lebt er von Cornflakes, Bananenbroten und Rührei. Nachdem er dreimal beraubt worden ist, schaltet er nachts eine Alarmanlage ein, ehe er sich zu Bett begibt. Mit großer Geste weist er Frau S. und Frau M. in seine Bibliothek ein: Hier Harold, dort Vita, hier die Gartenbücher, dort die Briefe, Tagebücher, Essays und Rezensionen. »Help yourself. Und machen Sie es sich im Wohnzimmer bequem!«

Doch draußen vor den Rautenscheiben prangt der Garten im Sonnenschein – Sissinghurst, montags geschlossen. Man muß nur den Fuß vor die Tür setzen, um die Ecke biegen und steht mittendrin, ganz allein, wo sonst Hunderte flanieren, zwischen Spalier-Rosen, Zinnien und frühen Astern, gewärmt und geschützt von den roten Ziegelmauern. »Sind Sie einer von Nigels Gästen?« fragt eine strenge junge Frau. Was man im Haus an Kontrolle fehlen läßt, holt die Chefgärtnerin draußen nach.

Genaugenommen ist Sissinghurst nicht ein einziger großer Garten, sondern fügt sich aus vielen voreinander verborgenen Elementen zusammen. Hinter jeder Ecke eine Überraschung: Streuobstwiese, gestutzte Lindenallee, Haselnußgebüsch, Kräutergarten und ein Burggraben voller Seerosen und Karpfen, »häßliche, überflüssige Fische«, wie Mr. Nicolson findet. Die großen Linien, die geschorenen Eiben, die neuen Mauern aus alten Ziegeln, an deren Fluchtpunkten eine Statue oder eine Jugendstilbank aus altersgrauem Holz das Auge erfreuen, waren Harolds Design, das Vita mit großer, oft monochromer Blütenfülle »ausmalte«: die violette Rabatte im Innenhof, die Pink-Töne des Rosengartens, der in Rot, Gelb und Orange lodernde Cottage-Garden, die Azaleen entlang des Grabenwegs und natürlich der weiße Garten für den Abendspaziergang – mit der weißen Clematis über dem Eingangsbogen und dem großen

Schirm der weißen Rose Rosa mulliganii in der Mitte, doch sonst noch ganz so, wie Harold ihn sah: »Ich stelle mir Unmengen von Aschenpflanzen, Unmengen von Eselsohr, viele Eberrauten und etwas Heiligenkraut vor – wobei der Hintergrund überwiegend in Grau gehalten ist. Aus diesem Urwaldwuchs sollen Königs-lilien herausragen.«

Am schönsten ist das Joint-venture aus Strenge und gebändig-ter Pracht von oben, von Vitas Turmzinne aus gesehen, mit dem Blick über die Gartengrenzen auf das Hügelland von Kent, die abgeernteten Felder und die alte Eiche am See. Zwei Treppen tiefer schließt Mr. Nicolson den Damen die Tür zu Vitas Klause auf; ein Allerheiligstes, in das Besucher nur durchs schmiede-eiserne Gitter spähen dürfen. »Schauen Sie sich ihre Bücher an, und wenn Sie fertig sind, geben Sie dem Gärtner den Schlüssel zurück.« Er hat Besseres zu tun, als zu warten, bis sich die beiden von diesem Exklusivitätsschock erholt haben; er schreibt an sei-ner Autobiographie, sechstes Kapitel.

Im Turmzimmer ist seit Vitas Tod nichts verändert; nicht ein-mal das Sitzkissen sieht aus, als sei es seit 1962 aufgeschüttelt worden. Doch schon zu ihren Lebzeiten durften Samt und Leder, Teppich und Troddeln mit ihr alt werden. 20 Bücher schrieb sie hier und 16 Jahre lang ihre Gartenkolumne für den *Obser-ver*. Außer ihrem Schäferhund »waren nur wenige zugelassen«, schreibt Nigel Nicolson im Sissinghurst-Führer, »am wenigsten ihre Söhne. Es gab kein Telefon, und niemals zündete sie den Ka-min an, sondern stapelte, wenn es draußen bitterkalt wurde, noch ein paar Mäntel mehr über ihre Knie oder knipste eine ein-zige Heizröhre zu ihren Füßen an... Im Sommer gärtnerte sie den ganzen Tag und schrieb bis in die späte Nacht.« Clematis-blüten in einer blauen Schale stehen auf dem Schreibtisch mit den gerahmten Photos von Harold, Virginia Woolf und dem Dreierportrait der Schwestern Brontë. Da liegen ihr Kalender, ihr Füller, Bleistifte, ein Fächer. Bücher unter den Fenstern und im angrenzenden Rund des Türmchens bis unter die Decke; Erstausgaben der Hogarth Press, natürlich mit Widmung: »Vita from Virginia« oder »With love from Orlando«. Auf Tischchen und Fensterbänken sind ihre Mitbringsel aufgebaut: Glas aus Murano, Keramik aus Persien, Muscheln, Steine, Photos von Rollo, dem Schäferhund, der ganze geliebte Nippes, der sich um eine romantische Person sammelt wie Metallspäne um einen Magneten. Der Gärtner kommt mit einem frischen roten Herbststrauß die Wendeltreppe herauf. Was sagt man da? »Guten Tag, wir sind ein bißchen überwältigt ... wie ist das, wenn Sie hier reinkommen, äh, fühlen Sie so etwas wie eine Präsenz?« »Ja, natürlich«, erwidert der junge Mann, staucht die Astern sanft in der Vase zurecht, wischt ein paar Wassertropfen vom Tisch und geht wieder.

Vor dem South Cottage steht noch immer Harolds schwerer Holzstuhl. Ein Photo aus dem Jahr 1959 zeigt ihn im Nadelstrei- fenanzug mit Buch und Brille auf diesem Sitz an diesem Platz; hinter ihm Vita, die zu Breeches und Stiefeln (mit eingesteckter Gartenschere) Perlen trägt und sich auf die Lehne stützt: Feier- abend. Zwei alte Vertraute in Betrachtung ihres Gesamtkunst- werks.

An diesem Morgen hat sich Frau M. darin niedergelassen und schreibt, da Mr. Nicolson keinen Fotokopierer besitzt, einen Aufsatz über die Freuden des Blumenzwiebelpflanzens mit der Hand ab.

Die Sonne scheint, die Zitronenverbene an der Hauswand duftet; die Stare wispern und schnurren. Im Rosengarten wird der Buchs rasiert. Dann verstummt die Motorsäge, und es ist still, einfach ganz still – eine sonnenwarme, magische kleine Weile lang, in der nichts geschieht und die Seele langsam aus den Fu- gen geht.

Vita wußte, was ihr blühte; sie hat es gewußt, als zwischen Kohlstrünken und verrosteten Büchsen die rote Mauer aufleuchtete und sie »vor Liebe überwältigt« war.

Anschauen und Tee trinken

Ein Garten wie Musik. Die pflaumenblaue alte Ziegelmauer stimmt an – »ein erster Cello-Ton« –, und die Rabatte, die sich vor ihr entlangzieht, fällt ein: Mohn in zerknittertem Mauve, Klematis in Bleumourant, Fingerhut, Blutpflaume, Storchenschnabel; dann wird es klarer – mehr Rot –, wärmer – mehr Orange – und klingt unter dem Schleier von Fenchelkraut und Frauenmantel in Gelb aus. Hadspen Garden wurde von Nori und Sandra Pope in Halbtonschritten »sich entwickelnder Monochromie« als ein Kunstwerk komponiert, das die Grenzen von Farbe und Klang, Rhythmus und Form überschreitet. Der Küchengarten spielt dabei die zweite Geige. Roter Mangold begleitet gelben; lila Katzenminze kommt vielleicht ein bißchen zu laut. Aber die Mauer hält sie alle zusammen.

Hadspen ist der 14. Garten in sieben Tagen und der Schlußakkord, nach dem wir schweigend im Bus sitzen, der uns nach Heathrow bringt. Auf jedem Schoß werden Kartons mit den Beutestücken der letzten Woche gehortet: englische Rose und chilenische Kletterstaude (Tropaeolum speciosum), Muskateller-Salbei (Salvia sclarea), Schokoladenblume (Cosmos atrosanguineus) und ein ganz gemeiner Mauerpfeffer, dessen Namen (London Pride) und Preis (20 Pence) die Käuferin nicht widerstehen konnte. 19 Damen kehren von ihrer Reise durch Gärten in Wiltshire, Hampshire, Dorset und Somerset zurück, augensatt, schwer von Gedanken an die eigene Scholle und gemästet von Hefeküchlein mit Gelee und Sahne, die ihre Nachmittage rundeten. Denn »Afternoon Tea im Cottagegarten« war als Programmpunkt so zwingend wie die ganze Hortikultur. Und beides hat angeschlagen. Die »keen amateurs« wissen nun, was die Klematis stärkt und worauf sie selbst lieber verzichten sollten.

Als fortgeschrittene, eifrige Amateure hat uns die Reiseleiterin, Gartenarchitektin Gabriella Pape, bei den Lewises, Bullivants und Popes, Mr. Thomas und Mrs. Yeatman Biggs, Botanikern und herrschaftlichen Obergärtnern eingeführt; und nur als solche lassen wir uns unter einen Hut bringen. Jede besitzt zu Hause eigenes Grün, aber während Frau G. zwei Hektar inklusive Streuobstwiese, Fischteich, Hühnern, Enten und Schafen bewirtschaftet, beschränkt sich Frau N. auf die Gestaltung von Trockenblumensträußen. Frau M. nennt nicht mehr als ein paar Zentifolien, einen Holunder und einen Stachelbeerbusch ihr eigen, und Frau D., in deren Stadtgarten es das ganze Jahr über duftet und blüht, will sich bei der Gelegenheit einen kleinen Farbrausch holen.

Das ist in Englands Süden ein leichtes. Nirgendwo scheint die Gartenkultur vielfältiger entwickelt als in diesem sanften, von Hecken gesäumten Hügelland, über das statt der Strommasten alte Eichen präsidieren. Nirgendwo erstrecken sich Gestaltungswille und Schönheitssinn so weit aus der Haustür wie hier. In Orten namens Fiddleford und Piddlehinton sind die Löwenmäulchen ausgebrochen, und niemand fängt sie wieder ein. Gärtnern ist Englands erster Freizeitspaß (20 Millionen grüne Daumen wurden gezählt), und fremder Leute Scholle anzuschauen so populär wie andernorts ein Schaufensterbummel. Deshalb besuchen wir nicht nur Cottages in ihren bunten Nestern, sondern en passant auch ein Arboretum mit 13 000 Bäumen, den Rosengarten von Mottisfont Abbey, ein duftendes Museum alter, zum Niederknien schöner Sorten, den Park von Stourhead und den Subtropischen Garten von Abbotsbury, dessen im Golfstromklima strotzende Kamelien mit der Kettensäge beschnitten werden müssen.

»Ich möchte wissen, ob uns klar ist, wie gut wir es haben«,

schreibt Vita Sackville-West den ewigen Meckerfritzen über das englische Wetter ins Stammbuch. »Unser ganzes Murren läuft im Grunde darauf hinaus, daß unser Klima für den Gartenbau so gut geeignet ist wie kaum ein anderes in Europa.« Und sie zitiert einen König, der zu Recht, »wenn auch mit kühner Grammatik«, bemerkt habe, es sei »das einzige Klima, in das man jeden Tag hinausgehen kann«. Und so spannen wir den Schirm auf, gehen hinaus und lernen etwas über Gartenräume und Blickachsen, über den richtigen Klang der Fontänen und die richtige Wahl der Farben. Der Mensch, so meint Frau Pape, brauche als Stimmungsaufheller kräftige Reize, klatschendes Rot, schmetterndes Gelb, und sie schüttelt einer errötenden englischen Rose das Regenwasser aus dem tief gesenkten Kopf. Pastell ist out!

Stourton House Flower Garden bei Stourhead hat den gewünschten energischen Auftritt: Ein Rittersporn namens »Faust«, vor dessen Ultramarin man respektvoll zurückweicht, regiert die Rabatte; ein feuerroter Kapuziner von ebenso kämpferischer Erscheinung züngelt über die Zypressenhecke. »Wir haben unseren Garten nicht gestaltet«, sagt Mrs. Bullivant (Steppjacke, Gummistiefel, keine Strümpfe). »Er ist eher durch Katastrophen entstanden.« So wurde das Erdloch, das eine »enorme Buche« riß, als der Sturm sie fällte, zum Gartenteich arrondiert. Die Bullivants köpfen den Großteil ihrer Farbenpracht, um Trockengestecke (und aus »Faust« Hochzeitskonfetti) herzustellen. Blaue Hortensien sind die Stützen des Geschäfts, jedoch nicht jedermanns Favorit. »Es gibt keine häßlichen Blumen, nur falsch plazierte«, lehrt Frau Pape. In Stourton sind sie ins Gehölz verbannt, wo sie sich nicht so wichtig machen können.

Für Hortensien hat Mr. Thomas keinen Platz. Um sein flintsteingraues, reetgedecktes Cottage in Ansty sprießen Rosen und Porree, Johannisbeeren, Lupinen und Kartoffeln herrlich durcheinander. »Entworfen? Nein, nein, es wächst einfach so.« Auch die majestätische Eselsdistel. In jedem Herbst packt Mr. Thomas eine schuhkartondicke Schicht aus verrottetem Kuhmist auf die Beete, in die er seine Lauchzwiebeln versenkt. Warum die Engländer so passionierte Gärtner seien? »Tradition«, sagt er, »hab' ich von meinem Vater. Wir mögen die frische Luft. Ich brauch' keinen Fernseher.« Mr. Thomas ist gerade 80 geworden.

Pflanzen zu »jagen« und zu sammeln begannen die Engländer im 18. Jahrhundert als Entdeckungsreisende und Kolonialherren. In Reitstiefeln, feuchten Badeschwämmen oder tragbaren Glashäuschen überstanden viele Exoten die Heimfahrt und schlugen in Englands Erde willig Wurzeln. Frau Pape: »Diese Staude ist bei uns nicht winterhart«, klingt als bedauerlicher Refrain durch jeden Garten. »Die kommt nicht wieder.« Kontinentalem Dauerfrost sind keine zehn grünen Finger gewachsen.

In Sticky Wicket scheint alles zu kommen; ein Garten, in dessen Mitte eine magische doppelte, runde Kieswelle von einem Fell aus römischer Kamille bedeckt ist. Hinknien und drüberstreichen! Der Duft! Umdrehen und sich an einem tauglitzernden Gespinst von eigenartigstem Rostrosa ergötzen: Cloud Grass sagt das Faltblatt, Allium christophii, Scabiosus pink mist... Pam Lewis, eine aparte, graugesträhnte Dame (an diesem Sonnentag in Stiefeln und Skihose), und ihr Mann Peter haben Sticky Wicket vor zehn Jahren aus einer Wiese geschaffen, einen Teichgarten (»die Frösche sind begeistert«) in Blau- und Gelbtönen angelegt, einen Vogelgarten in Violettrosarot, einen weißen Garten mit weißen Täubchen, in dem Zistrosen, Phlox und Fingerhut kultiviert werden und der mählich in Gestalt von Taubnesseln und Margeriten auf Terrain vordringt, wo Wildblumen wie Patienten beobachtet werden. »97 Prozent unserer Blumenwiesen sind in den letzten 50 Jahren zerstört worden; jedes Jahr verschwinden 5000 Meilen an Hecken.« In ihrem Garten wollen die Lewises ein Promille davon gutmachen.

Mit Naturschutz hat Mrs. Yeatman Biggs auf Long Hall in Stockton wenig am Hut. Wie Sackville-West ist sie der Meinung: »Der wahre Gärtner muß brutal sein.« Da sie erfolgreich an der Börse »gespielt« hat, konnte sie kürzlich den Secret Garden zwischen hohen Eibenhecken völlig umkrempeln, den Lilienpfad frisch bepflanzen und sich endlich einen Gärtner leisten. Und da die Ergebnisse befriedigend ausgefallen sind, wird sie im nächsten Jahr ihren Garten im großen Stil umgraben, abhacken, ausreißen und ganze Teile neu gestalten. Mit aufgespanntem Schirm vorausgehend und die tropfenden Heckenwege in einer Bugwelle teilend, erfüllt Mrs. Yeatman Biggs alle Erwartungen, die man an die Herrin eines mittelalterlichen Landhauses hinter georgianischer Fassade stellt: kultivierte Gleichgültigkeit bei leicht dragonerhaftem Ton. Long Hall ist keineswegs ein Cottagegarten, und der Tee, den sie uns in der getäfelten Halle unter gehörnten Tierköpfen reicht, ist von Gurkensandwiches mit Brunnenkresse, Shortbread und Schokoladentorte begleitet. Reisende, die sich ans Thema halten, tragen ihr Gedeck hinaus, um auf der Holzbank vor der Magnolia grandiflora zu picknicken. »Des isch was fürs Herz«, sagt Frau F. aus Baden zu der Schale mit den Madonnenlilien auf dem Tisch. »Des hät Stil.« Und sie blickt glücklich über den Rasen und die tulpenförmig getrimmten Eiben. So bezaubernd die anderen Gärten sind, so irritierend war bisher der Afternoon Tea. Die Scones mögen selbstgebacken sein, die clotted cream am Löffel haften; wird der Tee jedoch unter hochgeklappten Garagentoren in Plastikbechern serviert, fühlt sich der Gast so willkommen wie eine Blattlaus.

»Dieser Strauch«, hatte Mr. George, Obergärtner im Sir Harold Hillier Arboretum, ausgerufen und ein Blatt zwischen zwei Fingern gezwirbelt, »dieser Strauch hat die Nation gerettet: Tee!« Man sollte ihn im Korbstuhl zwischen Rosen, Lorbeer und Lavendel trinken.

Auf den Wellen des Skandals

In Royal Tunbridge Wells ist Sommer – nicht die unentschlossene Jahreszeit, die in England sonst dafür durchgeht, sondern richtiger, kompromißloser, kontinentaler Sommer. »Eine Hitzewelle, furchtbar!« sagt die Dame in Bleu, die mit ihrer Freundin in Lindgrün den Kaffeehaustisch aus Aluminium in den Schatten der Arkade gerückt hat. Nur eine gemischte Gesellschaft in etwas würdelosem Deshabillé und mit gelber Kühlbox hat sich wie im Kino auf einer Reihe Campingstühle in der prallen Sonne niedergelassen. Die Box enthält eine angebrochene Flasche Beefeater-Gin und zwei Sechserpacks Tonicwater. Die Köpfe sehen nach bevorstehendem Hitzschlag aus, aber die Stimmung könnte nicht besser sein.

Auch Mr. Tyson ist es warm, doch er wagt nicht zu schwitzen. Bei fast 30 Grad trägt er Schnallenschuhe und weiße Seidenstrümpfe, Kniehose, Weste, Halsbinde, einen blauen Rock mit hohem, rotem Kragen, weiße Zopfperücke und einen blauen Dreispitz. Schwitzen wäre gegen die Etikette, deren oberster Bewahrer Mr. Tyson heute ist. Heute, das ist ein Sommertag im Jahr 1791. George III. regiert, wenn auch im Kopf schon ein wenig derangiert, und England ist friedlich. Auf der anderen Seite des Kanals jedoch gehen sich die Franzosen an die Gurgel, wie Mr. Tyson weiß. Um so bedeutender ist sein Amt als Zeremonienmeister einer eleganten Kurstadt in Kent. Aufrührerische Elemente werden von ihm ebenso wenig geduldet wie Schlafmützen im Gottesdienst und Herren in Reitstiefeln beim Ball. Mr. Tyson verfügt über einen langen Stock – etwas zwischen Zepter und Prügel – sowie über eine tragende Stimme. Mit ihr dirigiert er soeben eine

Doppelreihe von 40 Tänzern, die, begleitet von »The Friends of Apollo«, drei Streichern und einer Querflöte, mitten auf der Straße *French Revolution* tanzen, »an English country dance – monstrously confusing«, wie die Dame in Lindgrün meint, der allein vom Zuschauen ganz wirr im Kopf wird. »Walk away! Come down other side! Honour your partner! Honour your neighbour! First couple ... second couple ...« Politische Konfusion ist von *French Revolution* indes nicht zu befürchten. Wenn die Füße den englischen Ländler erst einmal verstanden haben, ist der Kopf frei zum Flirten, ganz gleich, ob das gemessene Schreiten zu redundantem Gefiedel *New Parliament* oder *Speed the Plough* heißt. Es tanzen eine Witwe mit rotgeschminkten Bäckchen und Augenbrauen aus Mausefell, ein Offizier der Royal Horse Guards, Damen mit Turnüren unter langen Röcken und wippenden Federn im aufgetürmten Haar, aber auch junge Herren mit haarigen Waden in Shorts und Gesundheitslatschen. Über letztere hat Richard Tyson, Esquire, leider keine Gewalt.

Seit zehn Sommern leistet sich Royal Tunbridge Wells – Partnerstadt von Wiesbaden – für 25 000 Pfund ein »Georgian Festival«, fünf Tage, in denen Mr. Tyson und seine Truppe aus Offizieren und Gentlemen, Ladies, Kokotten, Geistlichen, Sänftenträgern, Wirtsleuten und Schaustellern das Geschehen auf den Pantiles bestimmen. Die Pantiles sind vielleicht die älteste, aber bestimmt die schönste Fußgängerzone Großbritanniens. 1698 zahlte die künftige Königin Anne den Stadtvätern hundert Pfund, damit sie die Straße zur Chalybeate Quelle, auf der ihr kleiner Sohn, der Herzog von Gloucester, in den Dreck gefallen war, mit roten Ziegelsteinen pflasterten. The Wells entwickelte sich zum Modebad, wo man nicht nur das eisenhaltige Wasser trank, »les eaux scandales«, wie ein französischer Gesandter bemerkte, sondern auch Faro und Roulette spielte, reichlich becherte, scharmuzierte und seinen guten Ruf riskierte. Das Was-

ser, das eine aparte Note von Rost und einen Abgang von eingeschlafenen Füßen hat, vertrieb vielleicht alle möglichen Leiden
aus dem Körper, bestimmt aber den Kater aus dem Kopf. Die erste Dame, die als »Dipper« amtierte, nämlich das Heilwasser mit
einer Kelle aus der Quelle in die Gläser schöpfte und die jeden
Tag ihr Quantum trank, wurde 102 Jahre alt.

Auf dem hochgelegenenen Teil der Pantiles promenierten die
Herrschaften, besuchten die Läden, Kaffeehäuser und Spielsäle
unter den Arkaden. Eine Stufe tiefer, auf dem »Lower walk« bo-
ten Bauernmädchen Kirschen, Sahne, Fisch, Wachteln und Sing-
vögel an. Dazwischen zog sich eine Reihe Bäume. Heute sind es
Linden, und das Pflaster ist grau – der letzte pantile liegt im Museum –, aber die restaurierten Fassaden, die weißen Säulen mit
den Blumenampeln und der Musik-Pavillon bieten sich als die
natürliche Kulisse für eine Zeitreise an.

Tunbridge Wells, kein Synonym für einen besonders hippen
Ort, hat das 18. Jahrhundert ganzjährig zu seiner Attraktion ge-
macht. Im ehemaligen Theater geht der Besucher durch eine pla-
stische Installation – »A Day at the Wells« –, durch Kaffeehaus,
Logis und Ballsaal, durch Stimmen, Düfte und an den gefrorenen
Gesichtern und Gesten wächserner Vertreter einer eleganteren
Epoche vorbei, die ihm so fern ist wie der Mond. Versteht er sie
nun?

Mr. Tyson hilft nach. Seine Figuren sind lebendig. An fünf
Nachmittagen spielen sie auf der Promenade die Geschichte
»Scandals at the Spa« mit Captain Jefferson, Offizier der Royal
Horse Guards, und der flotten Mrs. Georgiana Orlebar, die ohne
ihren Mann in die Kur gefahren ist. Zum Ball am Samstagabend
reist jedoch überraschend auch Mrs. Jefferson an, und der Captain erscheint mit einem blauen Auge in *Hammonds* Etablis-
sement. Daneben laufen weitere Intrigen, die wohl nur die
Zaungäste mit den roten Birnen und der gelben Kühltasche voll-

ständig durchschauen, denn sie fehlen bei keiner Zusammenrottung, sitzen in der Kirche und beim Kasperltheater in der ersten Reihe und lassen sich von Mr. Tyson zum Tanz rekrutieren. Wahrscheinlich wissen sie längst, wie das Lotterielos, das der Reverend Doctor Boyton Stallard vermißt, in die Manteltasche von »Zahnlücken-Frank« gelangt ist, einem Sänftenträger von zweifelhafter Zuverlässigkeit. Fernerstehende müssen sich mit Gerüchten begnügen. Aber nicht alle finden das Mitspielen leicht. »Oh je, oh je, man weiß ja nie, was man antworten soll, wenn sie einen so ansprechen!« sagt die Dame in Lindgrün und flüchtet in ein andauerndes Gelächter, als Mrs. Orlebar sie bittet, ihre Empörung über den Gestank auf dem Lower walk zu teilen, und dabei ihr Taschentuch vor die Nase drückt: »Ech dinkt!« Dennoch kommt die Dame jeden Tag eigens zum Festival aus Bromley. »Letzten Sommer war es besonders schön. Da war die Epoche der Dandys dran, mit ganz verrückten Kostümen und Perücken.« Ein pensionierter Kapitän ist ebenfalls Stammgast: »Der Höhepunkt des Jahres!« Ein Softwarehersteller aus Middlesex und seine Frau folgen der Truppe sogar durch ganz England von Festival zu Festival: »Man lernt ja auch so viel dabei, nicht wahr?«

Mr. Tyson, der »in einem anderen Leben« als Mark Wallis das Unternehmen »Past Pleasures« leitet, ist keiner, der in Faschingsseide dilettiert. Sein Rock ist aus bester Wolle, und seine Schuhschnallen sind antik. Die Mitglieder seiner Truppe sind in der Mehrzahl auch keine Schauspieler, sondern »Interpreten«, gelernte Historiker, Kostümbildner, Musiker und Lehrer. »Unsere Leidenschaft ist die Geschichte und nicht die Schauspielerei«, sagt der Impresario. Etikette, Lebensart und Sprachduktus sind an Dokumenten und Literatur der jeweiligen Epoche geschult, die Mode ihren Porträts und Genrebildern abgeschaut. »Past Pleasures« tritt im Londoner Tower auf, im Public Record

Office, im Victoria & Albert Museum, auf den Latifundien des National Trust und überall dort, wo Britannien im Kostüm der Zeit seine Vergangenheit feiert. Dem Schausteller im schäbigen Rock, der sich heute auf den Pantiles herumdrückt, ist man beim Maritime Festival von Ipswich schon als Offizier einer Preßgang begegnet und dem Herrn Pastor als Ordensritter im St.-Thomas Tower zu London. Jede Figur ist auch die Schöpfung ihres Interpreten und mehr als eine Rolle, denn es gibt zwar einen Handlungsrahmen, aber kein Drehbuch. Da müssen sich die Darsteller ihres anderen Lebens sicher sein, ob mittelalterlich, elisabethanisch oder, wie in Tunbridge Wells, »strictly georgian«.

In diesem Juli 1791 ist der Reverend Doctor Boyton Stallard, Fellow am Trinity College in Cambridge, »auf der Suche nach kongenialer Gesellschaft und Kurzweil« nach Tunbridge Wells gekommen. Die Reise in der Kutsche war »most tiring«, überaus ermüdend. Er trägt eine buschige weiße Klerikerperücke, Beffchen und schwarzen Zwirn, aber seine seidene Weste und die Bänder in den Schuhen verraten, daß er ein modebewußter geistlicher Herr ist. Der Reverend ist in seinem anderen Leben als Mr. Titus Adams beim Finanzamt/Abteilung Einkommensteuer tätig und würde niemals eine Marotte aus der einen in die andere Existenz hinübertragen, obwohl er seinen Amtskollegen offenbar mit seiner »formellen Art zu sprechen« ein wenig auf die Nerven geht. Seine Neigung zur Hochkirche glaubt er geerbt zu haben. Unter seinen Vorfahren waren Bischöfe von Bath und der Kathedralenstadt Wells in Somerset; auch ein Kanonikus aus Sheffield. »15. Jahrhundert«, sagt der Reverend bescheiden.

Am Nachmittag wird er in der Kirche St. Charles the Martyr eine unendlich komplizierte Lektion über das Wesen der Dreieinigkeit verlesen, einen Originaltext aus dem 18. Jahrhundert des Bischofs Gilbert von Salisbury – Sarum unter Klerikern. Captain Jefferson wird dabei versuchen, mit Mrs. Orlebar zu flirten, und einen Verweis von Mr. Tyson erhalten und die Witwe Boone mit den roten Bäckchen und schwarzen Mausefell-Schönheitspflästerchen, die eisern lächelnd und nickend in der ersten Bank sitzt, mit geblähtem Hals ein Gähnen unterdrücken. »Oh, ich fürchte, ich werde enthusiastisch«, wird sich der extemporierende Reverend selbst zur Ordnung rufen. »Und ich warte schon enthusiastisch auf das Ende der Predigt«, wird ihm Mr. Tyson zurufen. Danach werden sich die Herren vor dem *Swan Hotel* zum Faro treffen – ein Glücksspiel, dessen allegorische Karten den Reverend zu schönen moralischen Betrachtungen anregen. »Um Vergebung, Sir, aber Sie sind hier nicht auf der Universität!« so Mr. Tyson wiederum. Sie werden Portwein trinken, lange Tonpfeifen rauchen, die Politik von Whigs und Torys erörtern und einen Toast auf das Wohl ihres nicht mehr ganz dichten Königs ausbringen. »Madam, treten Sie in den Schatten! Sie dürfen sich nicht den unheilvollen Strahlen aussetzen!« wird Mr. Tyson sagen und sein Monokel auf Mrs. Orlebar richten, während die Sonne enthusiastisch auf Federhüte und Perücken brennen wird.

Im Schatten der Arkade steht schon Mrs. Dawson, die Wirtin der Taverne, das Tablett unter dem Arm. Als Rosanna Summers ist sie Lehrerin und Familienmutter; als Mrs. Dawson eine Zänkerin, die noch lange nicht jeden einläßt und nur qualitätvolle Menschen bedient. Doch auch dieses andere Leben ist ein doppeltes Spiel. Auf der großen Kirmes, die das Festival beschließt, stellt Rosanna Summers/Mrs. Dawson in Turban und türkischem Morgenrock Madam Midnight dar, Chefin eines Kuriositätenkabinetts, die in einem Hinterzimmer bei trüber Funzel Homunculi in Gläsern, Kokosnüsse mit menschlichen Gesichtern und »Fritzi, den Wolfsjungen aus dem Schwarzwald« einem sich amüsiert gruselnden Publikum präsentiert. Nur die Kinder verstehen mal wieder nichts. »Dürfen wir Fritzi noch mal sehen?«

fragt ein Knirps sehnsüchtig. Aber das knurrende, schnappende Biest mit dem Fellkopf ist schon wieder hinter den lumpigen Vorhang gezerrt worden, und heraus tritt Mr. Glassington, den man eher als Ausrufer eines Kasperltheaters kennt, und zupft seinen senfgelben Rock zurecht.

Wenn Mrs. Dawsons Tochter Kitty nicht als Dipper das Heilwasser ausschenkt, ist sie Catherine Nutbeam, Studentin für Englisch, Drama und Gesang, in jedem Fall aber mit dem Aussehen eines Milchmädchens aus einem viktorianischen Roman gesegnet: blauäugig und rosenwangig, mit Grübchen um die Mundwinkel, einem hochgepferchten Busen im Schnürmieder und kleinen Händen, die sie immer dann vor den Mund schlägt, wenn die Wellen des Skandals hochgehen. Ihre Rolle als schönes Kind aus dem Volk erlaubt ihr, mit den »Friends of Apollo« im Orchesterpavillon aufzutreten. »Ich wollte vor Publikum singen, und das darf ich nur als Kitty Dawson und nicht als junge Dame von Stand«, sagt Catherine. So tritt sie an die Rampe, knickst und singt *Drink to me only with thine eyes*, drückt die Hände auf den Busen und sucht mit den Augen nach ihrem heimlichen Liebhaber unter den Zuhörern, die sich zwischen der Bühne und der Bar des *Swan Hotel* auf den Pantiles drängen. Ist es einer der Ritter von der gelben Kühlbox, der einen Kuß für Miss Kitty in den Becher hauchen soll? Oder der Glatzkopf mit dem Bierglas, dessen T-Shirt (»Land of Hops and Glory«) ihn als Freund des Hopfenanbaus in Kent ausweist? Ein paar Schritte weiter wird Kittys unplugged Sopran schon von dem Getröte des Fernsehapparats übertönt, das aus der offenen Kneipentür schallt. Zum Schluß des Kurkonzerts erheben sich jedoch alle einmütig und singen zur bekannten Melodie: »God save great George our king.« Dann ist Festival-Pause.

Nach Sonnenuntergang sind alle wieder zur »Twilight Adventure Tour« da, die Damen in Blau und Grün, die aufgekratzte

Gin&Tonic-Truppe, der Software-Mann aus Middlesex und ein dickes Ehepaar aus Birmingham, das sich hin und wieder etwas notiert. Sie gehören einer rivalisierenden Truppe von Historien-Darstellern an und haben ihre kleine Tochter Elizabeth mitgebracht, eine zehnjährige, sommersprossige Süße, die den lieben langen Tag in Häubchen, Strohhut und weißer Schürze auf den Pantiles herumhopst und dabei wie im Spiel das ganze »walk away, come down other side, honour your partner« lernt. Zur Dämmerlicht-Abenteuer-Tour ist Miss Elizabeth jedoch nicht zugelassen. Das Spektakel, das der krummbuckelige, diabolische Professor Septimus Leech (»Ist das nicht Captain Jefferson? Of course it is!«) seinem Gefolge verspricht, ist nicht jugendfrei. »Ich habe Kinder in Flammen aufgehen sehen!« röhrt er. Auf eigene Verantwortung also strebt die Gesellschaft hinter Professor Leech durch die Hintergäßchen von Tunbridge Wells, um die Kehrseite des erleuchteten 18. Jahrhunderts zu entdecken. Sie wird im Dunkel einer Schaubude den Schatten eines Monsters sehen, vor dem Mrs. Orlebar kreischend die Flucht ergreift (Vorhang!), von einem zwielichtigen Subjekt zu einem Puppenspiel eingeladen werden, bei dem ein rosa Finger aus Kasperls Hose wackelt (Miss Dawson muß wieder einmal entsetzt die Hand vor den Mund schlagen), und am Spieltisch unerhörten Wetten zuschauen, die sogar Mr. Tysons Ruf antasten. Dann ist auch dieses Abenteuer bestanden, und alle rüsten sich zum Höhepunkt des Festivals: dem großen Subskriptionsball mit Tanz und Dinner bei *Hammonds* auf den Pantiles.

Hier ist Mr. Tyson wieder ganz in seinem Element. Jeder Gast wird von der Tür in den Saal geleitet, der Stock pocht auf den Boden; der Name erschallt: Captain Jefferson (in Parade-Uniform und, wie gesagt, Veilchen ums Auge) mit Mrs. Jefferson. Mr. Sholto Stallard of Norbury Park, offenbar ein Bruder des Reverend, mit brauner Perücke und gestärktem Spitzenjabot. Das dicke Ehepaar aus Birmingham in Brokatzelten, Miss Elizabeth im blauseidenen Empire-Kleidchen. Auch die Damen von Tunbridge Wells haben sich im Stil der Zeit mit Fächern, weißen Handschuhen, Schleifen und Federn im Haar geschmückt; und da erscheinen sogar der Herzog von York und sein Bruder, Prinz Augustus, leutselig winkend und nölend; der Herzog nach dem Dinner (Pastete, Hackbraten, Schinken, Pökelfleisch, Kartoffeln, Pilze und zum Dessert Erdbeeren mit Gewürzkuchen) lauthals von der Empore singend: *The Roast Beef of Old England.* Die »Freunde Apollos« spielen machtvoll auf. Der Reigentanz heißt nun *The Royal Meeting* und alle müssen ran. Es ist warm und eng. Feuchte Glacéhandschuhe dirigieren die Dummfüßler, die immer noch in die falsche Richtung tanzen, in Position. »Honour your partner!« Kratzfüße und Komplimente: Madam, Sie tanzen ganz entzückend! Da schlägt's elf. Mr. Tyson rammt seinen Stock aufs Parkett: Gott schütze König George! Und jetzt bitte, Ladies and Gentlemen: Austrinken! Das Fest ist zu Ende. Sperrstunde in England, seit zweihundertundzehn Jahren.

Die Häupter mit dem Lorbeerkranz
Dublin und Galway

Die Aer-Lingus-Stewardeß weiß auch nicht, was das eingewebte, handschriftliche Gekrakel auf den grünen und blauen Sesselbezügen der Economy Class zu bedeuten hat. »Alte irische Dichter«, schlägt sie vor, »Zeilen von Yeats und so weiter.« Passend jedenfalls, um Weißwein nippend nach Dublin zu brummen. »Bees on a drowsy day suck honey from fuchsias...« läßt sich über der Sitztasche entziffern. Selbst das Brötchen ist in poetisches Cellophan gehüllt: »Posterity« steht auf einem Schnipsel. Was tut die Nachwelt? Den Dichtern Kränze aus bedruckter Knisterfolie flechten? Denkmäler in Dekostoff setzen? Der Fluggast kann die Worte kaum lesen, aber er sieht: Die Iren ehren ihre Barden.

Noch gar nicht gelandet, zeigt sich ihm die Stadt schon von ihrer besten Seite. Regen auf dem Kontinent – Sonnenschein über Dublin: die Bay als große Sichel, aus der die rotweiß geringelten Schornsteine des E-Werks von Poolbeg wie Zuckerstangen ragen; Schiffchen, die eine weiße Wasserfeder hinter sich herziehen; das Meer, die Wicklow-Berge und dazwischen die Stadt mit ihren grünspanigen Kuppeln und den Stäbchen ihrer Brücken über dem Fluß. Unten knöpft man gleich den Mantel auf. Es riecht nach Wasser und nach der großen Brauerei.

Dublin rühmt sich der größten Poeten-mal-Kneipen-Dichte pro Quadratmeter und Jahrhundert, und wenn Sprachfürsten und -fürstinnen wie Oliver Goldsmith, Oscar Wilde, George Bernard Shaw, Sean O'Casey, Samuel Beckett, Edna O'Brien und James Joyce Irland auch meist unter Schmähungen verlassen haben (»Die Sau, die ihre Kinder frißt«, so der letztere), weil ein bigottes Publikum sie niedergeschrien oder ihre Bücher hatte verbieten lassen, so ist das Verhältnis heute zu den Verstorbenen und Verbannten ein überaus herzliches; jedenfalls von offizieller Seite.

Ein abendlicher Rundgang durch die Pubs, gesponsert von einer Whiskey-Destillerie, bringt den Reisenden zu den Tränken verflossener Dichter und ihrer Gestalten; zu *Davy Byrne's*, wo Leopold Bloom am 16. Juni 1904 ein Glas Burgunder und ein Gorgonzola-Sandwich verzehrte; zu *McDaid's*, wo Brendan Behan bevorzugt lärmte (»Streit ist besser als Einsamkeit«), zu *Neary's*, das Flann O'Brien und Patrick Kavanagh beehrten – ein gastliches altes Haus, das den Zechern weithin sichtbar zwei eiserne Arme entgegenstreckt, die ihnen nachts mit erhobenen Laternen hineinleuchten.

Schon Leopold Bloom fand es kniffelig, quer durch Dublin zu gehen, ohne an einer Kneipe vorbeizukommen, und auch der »Literary Pub Crawl« führt in engen konzentrischen Kreisen um die schicke Grafton Street – die Sau, die ihre Großmutter frißt. Es handelt sich um städtische Filetstücke. Bedenkenlos, wie überall die Regel, wird die Vergangenheit abgeräumt. Stand hier nicht einmal »Brown Thomas«, in dessen Schaufenster Bloom seidene Damenwäsche betrachtete? Und um die Ecke, war das nicht *The Bailey*, dessen Wirt die Tür von Eccles Street Nr. 7 sicherstellte, ehe Blooms fiktive Adresse unter den Baggerzahn fiel? Die Fassaden sind noch da; der Rest heißt Entkernung. Manche nennen das eine rettende Maßnahme. Zu deren Verzierung hat die Stadt Bronzeplatten im Pflaster eingelassen, die die zentralen Stationen von Blooms Stadtstreicherei mit einem Zitat markieren.

Der Autor John Banville, einer der bedeutendsten und elegantesten Prosa-Autoren (*Athena, Der Unberührbare*) findet

diese Bronzeplatten einfach »horrid«. Ein kleiner Mann im dunk-
len Mantel und roten Schal, mit weichen Wangen und einem
Mund, der ungern lächelt, bringt er den Lunch-Termin mit Journalisten im *Mermaid Café* unter ohrenbetäubendem Geschirr-
Geschepper aus der Küche etwas grätig hinter sich. Stadt der
Poeten? Ha! Er lebe aus schierer Trägheit noch immer in Dublin.
Seine beiden kleinen Töchter, die am Nachbartisch herumkas-
pern, wachsen hier auf. Kaum vorstellbar, daß man Banville auf
einem Pub Crawl begegnete. Er gehört zu der Generation von
Schriftstellern, die nicht mehr im traditionell irischen Ambiente von Kirche, Kneipe, Kartoffeln und Keltentum nach
ihren Wurzeln graben und dem das Saufaus-Image der literarischen Altvorderen sichtbar auf den Magen schlägt. Während er
in seiner Dorade auf Polenta und Auberginen stochert, gibt er
auch den Offiziellen noch eins in die Zähne. Die wenigsten in
dieser Stadt hätten den *Ulysses* überhaupt gelesen, aber sie
sprächen von seinem Autor, als sei er »Vetter Jim«. Abscheulich!

Nun hat sich jedoch nicht jeder in Dublin so biedermännisch
mit dem großen Sohn ausgesöhnt. Als seine Statue in North Earl
Street enthüllt wurde, fragte ein Passant den anderen, wer der
Bummler in Bronze sei, der sich da auf sein Stöckchen lehne.
Antwort: »James fucking Joyce«.

Robert Nicholson, Kurator des Joyce Tower und Museum im
südlichen Vorort Dun Laoghaire, war einer der Initiatoren der
Bronzeplatten, und da er den *Ulysses* mehr als einmal gelesen hat,
kann ihn der Vorwurf des Banausentums auch nicht treffen. Mit
seinen blitzenden runden Brillengläsern, dem Bart und dem ab-
gewetzten Nadelstreifen-Jackett spielt er gerne ein wenig selbst-
ironisch den Joyce-Jünger und schildert mit Gusto die sechs Tage
im September 1904, als himself, abgebrannt und obdachlos, zu
einem Kollegen der schreibenden Zunft, Oliver St. John Gogarty,
in den Martello-Turm zog, den die Engländer als Teil einer Befe-

stigungslinie gebaut hatten, »als der Franzmann fuhr zur See«. (*Ulysses*) Joyce verschwand mitten in der Nacht, nachdem ein dritter Gast, dem ein Panther im Alptraum erschienen war, mit seinem Gewehr um sich geschossen hatte, und marschierte die sieben Meilen nach Dublin zurück.

Der runde Raum unter dem Geschützlager ist so eingerichtet, wie ihn das erste Kapitel evoziert, mit dem kleinen Herd in der Mauernische, Hängematte, Töpfen und Pfannen über dem Eisenbett, der Wolldecke darauf und dem Koffer darunter. Durch den Spalt der angelehnten schweren Turmtür dringt »willkommenes Licht und klare Luft hinein«.

Gogarty – im *Ulysses* Buck Mulligan – war ein guter Schwimmer. Unterhalb des Turms sprang er von den Felsen in das Fortyfoot-hole, eine Badestelle, die eigentlich Gentlemen vorbehalten ist. Heute tasten sich auch Damen die Rampe hinunter, schlagen das Kreuzeichen und werfen sich in die irische See: 47 Grad Fahrenheit, 8,88 Grad Celsius. Im tiefen Gegenlicht der Vorfrühlingssonne stehen die Berge von Wicklow katzengrau über der Küste; ein paar Dächer blitzen auf; Schornstein-Rauch steigt in die stille Luft.

Dublins Ruf als Stadt der Poeten erhob sich um die Jahrhundertwende zur Zeit der irischen literarischen Renaissance, als eine Gruppe von Intellektuellen die Verbindung zu der großen, unter der Kolonialherrschaft der Engländer verschütteten Tradition der keltischen Erzähler suchte. Der Ruf schwoll in den Vierzigern zur Kunde von klirrenden Wortgefechten und schäumenden Witzkaskaden an den Theken – ein legendärer Krakeel, der bis in die 6oer Jahre nachhallte. Natürlich wachsen immer neue Dichter nach, aber nur die toten werden im Dublin Writers Museum am Parnell Square geehrt. Hier liegen ihre Brillen, Broschen und Hosenknöpfe unter Glas, ihre Fräcke, Schreibmaschinen und Totenmasken und einer der zensierten Gedichtbände von Patrick Kavanagh, die der Autor in den Buchhandlungen herauszog, um die getilgten Zeilen handschriftlich wieder einzusetzen: »... his face in a mist and his balls in his fist.«

Kavanagh starb 1967 arm und alkoholkrank. Schreiben war eine mit allen Risiken behaftete Privatangelegenheit. Das Kunststück 'des Überlebens gelang oft nur, weil ein Mann des Wortes in Irland Respekt und Kredit zu genießen vermag. Peter Sirr, Direktor des Irish Writers Centre, möchte sich auf diese romantisierende Sicht nicht festlegen, aber auch er hat schon einmal eine Taxifahrt mit einem Gedicht bezahlen können und, ja, freilich sei der Beruf des Barden seit altersher ein angesehener. Er frage sich nur: »Wofür werden sie geliebt?« Für ihre Kunst? Oder verhält es sich wie mit den Dichterworten im Flugzeugpolster, die man zwar nicht wirklich lesen kann, die aber für Irlands Ansehen als »spiritueller Zufluchtsort« (Sirr) stehen? Als Seamus Heaney den Literatur-Nobelpreis erhielt, legten einige Buchhändler in Ermangelung seiner Werke sein Foto ins Fenster.

Lyriker bringen es bis auf die Titelseiten, und sie sprechen, falls sie eine sexy Stimme wie Brendan Kenelly haben, Werbetexte für japanische Autos. Außerdem erfreuen sie sich erstaunlicher Steuerprivilegien. Kunstwerke, also auch Bücher, sind von der Einkommensteuer befreit – ein starker Liebesbeweis und ein Gesetz, das, so fürchtet Peter Sirr, in der Europäischen Union nicht viele Befürworter finden wird. Allerdings könnte auch nur ein Prozent von den 3900, die sich »writer« nennen, vom Publizieren leben.

Was die zeitgenössischen Dichter mit den toten verbindet, ist oft genug das Seufzen über ihre Heimat, die noch immer tief gespalten ist in ein konservativ-katholisches und ein urban-liberales Irland. Schon Jonathan Swift »zerriß lodernde Empörung das Herz«, wie sein selbstverfaßter Grabspruch in St. Patrick's Cathedral verrät. Worüber, das bleibt dem Witz des Reisenden überlassen. »Geh weiter, und tue es diesem ergebenen Streiter für die Freiheit nach – wenn du kannst!«

»Swift war ein stolzer Mann«, sagt Muriel McCarthy, Bibliothekarin von Irlands ältester öffentlicher Bibliothek, ein schwer nach Leder und Möbelwachs duftendes Bücherheiligtum neben der Kathedrale. Gestiftet hat sie 1701 Bischof Narcissus Marsh, ein Mann des englischen Establishments, mit dem Dekan Swift offenbar mehrmals zusammengerasselt ist. Mrs. McCarthy sieht selbst ein wenig nach Establishment aus in ihrer grünen Strickjacke und der weißen Bluse, deren Krägelchen hoch schließt und mit Blümchen bestickt ist. Aber auch in ihr lodert Stolz: auf das schlichte Queen-Anne-Haus, das als einziges in Dublin noch seinem ursprünglichen Zweck dient, und auf eine der kostbarsten Sammlungen wissenschaftlicher Bücher und Manuskripte des 16. bis 18. Jahrhunderts. Marsh war auf dem neuesten Stand der Astronomie, Medizin, Mathematik, Schiffahrt, Musik ... »Heute sind wir im Internet. Der Bischof wäre begeistert.«

Früher wurden die Leser besonders wertvoller Bücher in kleine Abteile eingeschlossen. Auch heute steht hier jeder unter Beobachtung, der Unersetzliches aufschlägt – zum Beispiel das Buch, das Stephan Dedalus im *Ulysses* in der stillen Fensternische von Marshs Bibliothek einsieht, »die blassenden Weissagungen des Joachim Abbas«. Mrs. McCarthy holt sie mit zarten Händen aus ihrer Schachtel. Es heißt, der Bischof gespenstere nachts auf den knarrenden Dielen umher. »Vielleicht nicht der Bischof«, sagt die Hüterin seiner Schätze. »Aber hier ist jemand.« Viele, viele Geister.

Eine literarische Reise durch Irland führt von Dublin in gerader Linie nach Westen. Dort, in Galway, wurde Nora Barnacle, Joyces Frau, in einem zementgrauen Reihenhäuschen in Bowling Green geboren, eine Gasse, in der es auch heute nach Torfrauch riecht. Südöstlich der Stadt lebte Yeats in einem normannischen Turm. Unweit davon besaß Lady Augusta Gregory, die große Mitgestalterin der irischen literarischen Renaissance und Mäzenin des Abbey-Theaters, ein Herrenhaus: Coole Park. Und dort gewährte sie den Männern, die sich zwar im keltischen Zwielicht zurechtfanden, denen es jedoch im wirklichen Leben an Kerzen, Kohlen und Speck zum Spiegelei deutlich mangelte, ausdauernd Gastfreundschaft.

Das Vermögen, das der Unterhalt eines irischen Nationaltheaters verschlang, stammte aus den Geschäften Sir William Gregorys mit der britischen East India Company, und so half die Ausbeutung des einen Kolonialvolkes dem anderen bei seiner Selbstfindung. In die Rinde einer großen Blutbuche im Park haben die Gäste ihre Initialen geschnitzt: W. B. Yeats, natürlich, Synge, O'Casey, George Moore, Violet Martin, G. B. Shaw.

Der See, auf dem Yeats einst neunundfünfzig wilde Schwäne zählte, liegt leer, grau wie Borke und mit petrolblauen Flecken unter den aufgerissenen Wolken. »Die Bäume stehn in Herbstesschönheit, / Im Wald ist trocknes Gehn...«, kurzes Stillhalten unter den riesigen Kandelabern der Zedern und Spähen nach einer Aussicht zwischen Buchen, Ahorn und Kirschlorbeer. Der Park, einst mit häßlichem Nutzholz zugepflanzt, wird wieder aufgeräumt. Das Haus ist verloren. Coole Park wurde 1941 von einem jungen Freistaat Irland abgerissen, dem nach 800 Jahren Fremdherrschaft die Klasse der angloirischen Landbesitzer so verhaßt war, daß selbst ihre Häuser büßen mußten. Was Lady Gregory für die Bewahrung der gälischen Sprache und für die irische Literatur getan hatte, war dem Finanzamt völlig schnurz. Die Möbel raus und das Dach runter! Zwölf Jahre zuvor hatte Yeats es bereits gewußt.

»Hier, Wandrer, Forscher, Dichter, sollst du stehn, / Das Haus, die Räume werden nicht mehr sein, / Wenn auf dem flachen Hü-

gel Nesseln wehn, Schößlinge wurzeln in zerbrochnem Stein, /
Verweile hier – den Blick zum Grund gesenkt, / Den Rücken zu-
gekehrt dem grellen Licht / Und allem Schattensinnenzauber
ganz – / Und denk des Hauptes mit dem Lorbeerkranz.«

Die Sumpfblüte
New Orleans

Gibt es einen weniger verlockenden Platz, um eine Stadt zu gründen? In dampfender Hitze und knapp zwei Meter unter dem Wasserspiegel des großen Flusses. Das heißt: ständig nasse Füße. Ein Hochwasser, und die Hütte schwimmt weg; ein Wirbelsturm, und das Dach ist perdu; ein Regenguß, und die Pfützen wimmeln von Moskitolarven. Pferdehufe schmatzen im Schlamm. Die Räderspuren laufen voll, kaum daß der Wagen vorbeigefahren ist. Keine Kanäle; statt dessen duftende Bäume und schwere Parfums, Sweet Olive, Magnolie, Nelke, Vetiver, aber es stinkt, es stinkt! Im Sommer sterben die Leute zu Tausenden an Cholera, Pocken, Gelbfieber und Typhus. Vor der Kirche »Our Lady of Guadelupe« in Basin Street stehen dann die Leichenzüge im Stau. Tote in schwimmendem Land zu begraben... Man bohrt Löcher in die Särge, aber sie kommen trotzdem wieder hoch. Bei Überschwemmungen treiben Teile jüngst Bestatteter durch die Straßen. Macht nichts; diese Stadt ist die »Königin des Südens«. Die Pockennarben werden mit Reispuder und Bienenwachs zugespachtelt. Wer am Leben bleibt, versteht die absehbare Zeit zu genießen.

Es gibt natürlich gute Gründe, warum New Orleans da liegt, wo es liegt, nämlich an einer strategisch und ökonomisch wichtigen Stelle zwischen Lake Pontchartrain mit Zugang zum Golf von Mexiko und dem Mississippi-Delta; ein großer Hafen, das Tor zur Karibik – aber aus der Luft besehen, scheint die Situation so prekär wie vor 280 Jahren zu sein, als ein Sieur de Bienville im

Auftrag des französischen Königs an der Stelle des French Quarter die Sumpfzypressen abhacken ließ. New Orleans – übrigens N'Áwlins, nicht Njoo Orléens – liegt wie auf dem Boden eines Präsentiertellers, und die Wildnis reicht noch immer bis an seine Grenzen: wenig fester Grund und viel Tee-mit-Milch-braunes Wasser voll giftgrüner Entengrütze, Seerosen, Wasserhyazinthen, bewohnt von Alligatoren und Bisamratten.

Abgesehen von diesem natürlichen Schlamassel, haben Fügung und Wille die Stadt zu einer der elegantesten und farbigsten der USA gemacht, ein Ort, an dem Europa Afrika begegnete, dazu ein wenig karibischer Zauber, ein indianisches Gesicht in der Menge. Der Jazz wurde hier erfunden, die Siesta eingehalten und Desserts angerührt, die den Magen für Tage zum Verstummen bringen. Diet be damned! Bis heute verwahren sich die Einwohner gegen eine idiotische Effizienz und die MacDonaldisierung durch Rest-USA. Sie essen gern und ausdauernd, was das aquatische Terrain hergibt: Fisch, Austern, Shrimps, scharfe Alligatorenwurst Creole. Denn New Orleans heißt auch »The Big Easy«, die um ihre Taille Unbesorgte, deren französische Kolonialherren ihre goldenen Teller nach dem Dinner in den Mississippi warfen, weil es die wirklich tollen Inszenierungen eben kein zweites Mal gibt.

Dem Lebensstil dieser katholisch-kreolischen Herrenkaste – verschwenderisch wie ein Karnevalsumzug am Mardi Gras und zugeknöpft wie eine rohe Auster – verdankt die Stadt ein Kapital, von dem sie heute noch zehrt. Protestantische Amerikaner – »les animaux« –, die weder tanzen noch kochen und nichts als schnöde Geschäfte machen konnten, die keinen Geschmack an Champagner, an der Liebe oder der Oper hatten, bekamen jahrzehntelang keinen Fuß in die Tür. Wie auch? Das French Quarter – nach zwei Feuersbrünsten Ende des 18. Jahrhunderts von den Spaniern in Backstein wiederaufgebaut – gleicht einer introvertierten andalusischen Altstadt: sechs mal dreizehn Blocks, zur Straße hin eine fast nahtlose Häuserfront, deren Balkone von gußeisernem Zierat wie von starrer Filetspitze umhäkelt sind und hinter deren zugeklappten Jalousien sich anbetungswürdige Patios mit Brunnen, Palmen und flammenden Bougainvilleen öffnen.

»Les animaux« bauten in der Vorstadt, dem Garden District, und kehrten als neue Reiche nach außen, woran sie glaubten und was sie verdienten: Tempel der Aufklärung und Paläste des Mammons, Weiß in Grün gebettet. Hereinspaziert über Freitreppen und unter griechischen Säulen! Die Straßen nach Musen benannt, gesäumt von Steineichen, Platanen und Ahorn. Für's Allernötigste trafen sich Amerikaner und Kreolen auf neutralem Boden, einem Streifen in der Mitte von Canal Street. Jede Verkehrsinsel heißt in New Orleans noch immer »neutral ground«, aber bis auf »bon appétit« spricht kein Mensch mehr Französisch.

Der Garden District ist heute ein großes Freilichtmuseum, das man am bequemsten von den Holzbänken der alten Tram aus besichtigt, die durch Charles Street ächzt und dengelt. Das French Quarter aber ist New Orleans' Goldmine. Der Tourist läßt sich für acht Dollar die halbe Stunde mit einer Pferdekutsche darin spazierenfahren. Teurer wird's zu Fuß, denn es gibt zu viele schöne und lustige Geschäfte: Mode aus alten Stoffen, Hüte, Kunst, Voodoo-Zauber und -Flüche (Love Oil, Boss Fix Powder), Antiquitäten, Bücher, eine Parfümerie (Hové), die hinter ihrer Mahagonitheke die Essenzen des alten Südens mischt, und eine Bäckerei für Hunde mit zu Pyramiden geschichteten Köter-Plätzchen (Fetch 'n bark biscuits) und einer Hochzeitstorte im Fenster. Unter den Glyzinienspalieren der Höfe, in Wintergärten und ehemaligen Remisen sind die Tische weiß gedeckt; Cafés bieten Logenplätze auf ihren Gitterbalkonen. Urbane Nörgler mögen das Fehlen des Alltags beklagen, aber möglicherweise ist der nirgendwo mehr zu haben, wenn eine Stadt auf den Tourismus setzt und der Erhalt ihres sumpfblütigen Charmes auch eine Frage des Überlebens ist.

Der dem Fremden gern zu Gehör gebrachte AntebellumSeufzer – ach, die gute alte Zeit vor dem Bürgerkrieg! – muß der überwiegend schwarzen Bürgerschaft frech in den Ohren klingen. Die Kreolen waren vor der Emanzipation 1863 Sklavenhalter wie ihre Nachbarn mississippiaufwärts auch. Und wie diese liebten sie »Brown Sugar«, doch waren die Verhältnisse an der Mündung ein wenig aufgeweichter. Von den schwarzen Frauen weißer Herren wußten alle und sprach niemand. Oft besaßen sie ein eigenes Haus, und neben den weißen, ehelichen Kindern hatten auch die braunen Kegel einen Platz in der Gesellschaft. Sie wuchsen zu »gens de couleur libre« heran, nicht weiß und nicht schwarz, nicht rechtlos, aber auch nicht frei; sie wurden zum Studieren nach Paris geschickt und gründeten in New Orleans Geschäfte, Theater und Debattierclubs. Auf »Quadroon«Bällen führten farbige Mamas ihre 14jährigen Töchter mit dem rauchmatten Teint (ein Viertel schwarzes Blut war durchaus erwünscht) ihren zukünftigen weißen Beschützern zu. Vor dem Krieg. Nach dem Krieg richteten schwarze Nonnen dort eine Schule ein. Über die Schande der Apartheid hinaus, die in den USA bis in die 6oer Jahre dieses Jahrhunderts dauerte, hat die Stadt die gemischten, gutnachbarlichen Beziehungen weitgehend hochgehalten. Heute hat sie einen schwarzen Bürgermeister.

Den Tag eröffnet der stilbewußt Reisende einmal und nie wieder im *Court of two Sisters* unter Jazzklängen oder bei *Brennan's* mit einem »typischen New-Orleans-Frühstück«: muskatgewürzter Brandy Milk Punch, ein gebackener Apfel in Crème double, zwei pochierte Eier auf Schinken, mit Sauce Hollandaise gratiniert, warmes Baguette und in Butter, Zucker, Zimt und Likör sautierte, mit Rum flambierte Bananen auf Vanille-Eis. Zurück ins Bett!

Der Abend findet ihn wieder auf der Gass' auf der Suche nach dem Sound von New Orleans. Doch Bourbon Street, die berühmte Jazz-Meile, ist weniger Krach und Wonne als ein harter Rummel und bei allem Gejohle zutiefst unfroh. Nutten winken mit Schildern – »Echte Orgien!« – »Wasch das Mädchen deiner Wahl!« –, während in den Hauseingängen Gestalten, die so grau und abgetreten wie das Pflaster selbst sind, das Kotzen kriegen. Trost ist indes nicht fern. Um die Ecke in St. Peter Street liegt *Preservation Hall*, ein kleiner Club ohne Bar, ohne Stühle, ohne Bühne, sogar ohne Mikrofone, wo nicht nur der klassische Jazz, sondern auch die Spinnweben seit Antebellum bewahrt werden. Musiker und Publikum treffen sich in dieser lichtlosen Bude wie zu einer Verschwörung gegen den Bourbon-Street-Nepp. Es ist gesteckt voll. »I love her«, singt ein eleganter älterer Herr in Anzug und Krawatte, und die glücklichen Zuhörer respondieren lachend und klatschend seine diskreten kleinen Anzüglichkeiten. Der Wunsch nach einem traditionellen Stück kostet einen Dollar; doch wenn die vermaledeiten, abgenudelten *Saints* einmarschieren sollen, macht das fünf.

»Oh Mann, es war toll, als Kind in New Orleans aufzuwachsen«, schreibt Louis Armstrong. »Wir waren arm und all das, aber Musik war immer um dich rum. Musik hat dich in Gang gehalten.« Musik ist immer noch überall. Drei alte Zausel – zwei Gitarren, eine Mundharmonika, ein weißer Plastikeimer »Thank You!« – schrummen auf den Gartenbänken vor der Kathedrale am Jackson Square. Und mit der Sonne und dem Blues rollt eine große Leichtigkeit durch den Nachmittag. Die Tarotkartenschläger und Handleser hocken, aufmunternde Blicke werfend, hinter ihren Klapptischen. In den Magnolienbäumen singt eine Spottdrossel. Weiter unten an der Straße warten die Pferdedroschken, und hinter dem Uferdamm hat die *Natchez* festgemacht, der letzte der großen Schaufelraddampfer. Bevor er zweimal am Tag zu einer Hafenrundfahrt ablegt, spielt eine Dame auf dem Oberdeck die Dampforgel: weiße Wolken zischen gellend im Rhythmus von *Daisy, Daisy* aus den Pfeifen in den blauen Himmel. Das *Café du Monde* hat 24 Stunden lang geöffnet; eine Tasse Milchkaffee, ein Glas Wasser und drei Beignets kosten zwei Dollar; was anderes gibt es nicht, aber es reicht.

»Du kannst beinahe den warmen Atem des Flusses hinter den Lagerhäusern spüren und ihren schwachen Duft nach Bananen und Kaffee«, schreibt Tennessee Williams, für den *Endstation Sehnsucht* im French Quarter lag. Es handelt sich bekanntlich um ein eher trauriges Stück, aber während des Theaterfestivals darf jeder extrovertiert veranlagte junge Mann zu einem Stella-Wettbewerb unter einem Balkon in Jackson Square antreten, wie Stan Kowalski ihren Namen rufen und darüber hinaus in die Knie sinken, sich brüllend das Hemd aufreißen: STELLA!!

Literatur wird zum Spektakel; Spektakel zur Folklore. Auch wenn sie nicht viel dafür tut, ist die Stadt stolz auf ihre prachtvollen Friedhöfe. Nachdem ihre Bürger unangenehme Erfahrungen mit dem Wasser gemacht hatten, bauten sie den Toten überirdische Städte aus Stein. Die Schriftstellerin Anne Rice, die durch Vampirgeschichten hervorgetreten ist, ließ sich in einem der weißen Mausoleen schon einmal probeweise beisetzen. Im St. Louis Cemetary Nr. 1 wurde auf dem Grabmal einer italienischen Gesellschaft die Schlußszene von *Easy Rider* gedreht, in der zwei bedröhnte Hippies eine Prostituierte vergewaltigen. Nicht weit davon steht das Monument von Marie Laveau, der Voodoo-Königin. Immer liegen Gaben davor; heute ist es ein Paar türkisfarbener Strickhandschuhe.

Auch Voodoo, die alte Religion aus Westafrika, ist überall in der Stadt – nicht ganz so auffällig wie Jazz, aber manchmal ziehen sie zusammen, wie im *House of Blues*, einem großen alten Musiktheater, über dessen Bühne die Gottheiten in Bild und Symbol präsent sind. »Who do you love?« Jesus oder Mohammed, Shiva oder Buddha? »All is one«, sagt die Schrift, sogar wenn du dich für keinen entscheiden kannst und nur wegen Jimmy Johnson und seiner Bluesband gekommen bist. »Have mercy and say yeah!« lautet der Gruß über dem Torbogen beim Hinausgehen. Sag ja zum Sonderbaren und Unwahrscheinlichen, das auf dem weichen Boden dieser Stadt gedeiht.

Als Kind fuhr Louis Armstrong samstags im Bordellviertel Storyville eimerweise roten Ziegelstaub aus. Dann schrubbten die Frauen ihre Türschwellen mit Pisse und streuten Ziegelstaub auf's Trottoir; ein bißchen Voodoo als Glücksbringer. Heute wohnt Priesterin Miriam Chamani mit ihrer Schlange in einem Tempel in Rampart Street, Tür an Tür mit den Geistern. Auf ihren hochgeschmückten Altären sind zwischen Spitzengardinen und bunten Tüchern die Spenden aufgetischt. Der kleine Geist neben der Tür im roten Poncho schätzt Toast, Zigarren und Schnaps; ein anderer, der seine Existenz einmal als Statue der Jungfrau Maria begonnen hat, zieht Heidelbeermuffins, Lutscher und Light-Zigaretten vor. Abends kommen drei Bongo-Spieler und begleiten mit fliegenden Händen die Priesterin, die die Geister herbeisingt. Sag ja, ja zu allen möglichen Überraschungen!

Als Jack Kerouac in den fünfziger Jahren on the road William Burroughs besuchte, der auf der anderen Seite des Mississippis im Stadtteil Algiers hauste, sah er von der Fähre aus eine Leiche im Fluß schwimmen. Er nahm es als kein gutes Zeichen.

Pflaster unterm Strand
Florida Keys

Key West. Mallory Pier. Abends um halb sieben. »Mars, Mars, Mars, Mars!« schnarrt die Stimme in drängendem Staccato, und der kleine getigerte Kater erhebt sich mit zuckenden Vorderpfoten von seinem Podest. »Mars, Mars, Mars, Mars!« Nun sitzt er auf seinen Hinterläufen, sammelt Kraft und Mut und hechtet durch den Flammenreifen, den Dominique über seinem Kopf hochhält. Glatte Landung auf dem rotgepolsterten Hocker. Großer Beifall aus der Menge. »Now give me a French kiss!« Mars reißt den Rachen auf und umschließt mit seinen Fangzähnen zart die Nasenspitze des Katzenbändigers.

Inzwischen ist die Sonne im Golf von Mexiko versunken, und keiner hat so richtig hingeguckt, denn Dominique mit seinem »Flying Circus«, seinen drei fliegenden, seiltanzenden Hauskatzen, ist im kleineren Nummernbereich auch ein Wunder, und ob Mars, Spot und Piggy am nächsten Abend springen werden, darf als weniger gesichert gelten als der Sonnenuntergang. »Für dieses Kunststück hab' ich 16 Monate gebraucht«, sagt der Dompteur vor der Flammenreifen-Nummer. »Und die Katzen ebenfalls.«

Früher hat die Menge am Mallory Pier auch der Sonne applaudiert, die ihr Kunststück des Wasser- und Wolkenfärbens schon ein wenig länger im Programm zeigt; inzwischen hat man jedoch die Vermessenheit dieses Beifalls eingesehen und hält sich statt dessen an der Bierdose fest, wenn das glühende Eisen hinter den Horizont taucht. Hier im tiefsten Süden des nördlichen Amerika wird sein Abgang jeden Abend als Straßenfest gefeiert: im linden Lüftchen aus Popcorn und Hasch, lachend, mampfend, trinkend, gitarreschlagend. Artisten, Gaukler und Klingelschmuck-Juweliere buhlen in der kurzen blauen Stunde um Dollars und Aufmerksamkeit. »I hate these fucking cats«, sagt ein junger Exilkubaner, dessen Postkartenstand die Zuschauer geschlossen den Rücken zuwenden, wenn Mars springt.

Es sind Collegeferien. Florida hat seine Schulen auf die Keys entlassen, die Perlenschnur aus Inseln und Riffen, die halbwegs bis nach Kuba reicht, und wie durch Schwerkraft sind alle diese verwechselbaren jungen Menschen in Shorts, T-Shirts und Baseballmützen an ihrem unteren Ende, in Key West, zusammengerutscht. Kein Wunder, denn Key West ist der einzige Ort auf 180 Kilometern, der sich mit Fug und Recht Stadt nennen kann. Alles andere, was sich an der u.s. 1, die das Gestreusel mit 43 Brücken wie die Rückengräte eines Fischs verbindet, entlangzieht, ist ein gleichförmiges Gemeinwesen aus Schildern und den dazugehörigen Ferienanlagen, Campingplätzen, Motels, Tankstellen und Supermärkten. Platz ist kostbar und knapp; wenn die Beine des Liegestuhls hart durch den Sand kratzen, zeigt sich, daß unter mancher Strandaufschüttung nur das festbetonierte Riff liegt. Manches Eiland ist nicht mehr als ein Brückenpfeiler für die große Straße. Flanieren kann man da nicht. Duval Street in Key West bekommt statt dessen den ganzen Segen und revanchiert sich mit T-Shirt-Läden, groß wie Turnhallen, und Bumskneipen von unwahrscheinlicher Lautstärke. Die Stadt, die einmal von der Schiffswrack-Bergung, vom Ananas-Eindosen, Zigarrenrollen, der Fischerei und der us Navy gelebt hat, erwirtschaftet heute 53 Prozent des Umsatzes auf den Keys – mit Tourismus – und erstreckt sich auf nur sieben der 180 Kilometer.

»See the Lower Keys on your hands and knees« heißt ein beliebter Wahlspruch, und jedermann ist eingeladen, ordentlich auf den Pudding zu hauen. »Willkommen im Paradies« ein anderer. In schilfgedeckten Tiki-Bars wird ein rosa Eis-Schlamm namens Rum Runner serviert, während auf dem Monitor der Beitrag eines besoffenen Amateurs läuft, der seine Videokamera auf einen Bikini-Wettbewerb gehalten hat. »You're glad you're here« steht auf einem Motel-Schild für die Gäste, die es kaum fassen können. Sollte es in der Hölle nicht vergleichsweise gemütlich sein?

Dennoch dämmert inzwischen auch dem letzten PR-Strategen, daß er nicht unendlich mit märchenhaften Attributen wuchern kann, die bei fortlaufender »Entwicklung« in ein paar Jahren obsolet sein werden. Ökologischer Wille verbindet sich dabei mit selbstverständlichem Gewinnstreben und dem Glauben, daß die Schöpfung letztlich zum Vergnügen der menschlichen Spezies angetanzt sei – Widersprüche, die niemand als solche empfindet. Immerhin hat man das Korallenriff, Floridas touristisches Kapital, das von Fort Lauderdale bis zu den Dry Tortugas die Ostküste säumt, unter strengen Schutz gestellt. Und es wird viel von Umweltschutz geredet – nachträglich. Ein 250-Betten-Hotel in den Mangrovenwald setzen und von der Dachterrasse stolz auf den Naturlehrpfad weisen. Nun ja. Das Schlagwort Recycling fällt aus aller Munde, auch wenn deshalb kein Plastikbecher weniger auf den Müll fliegt. Die exclusive *Cheeca Lodge* in Islamorada rühmt sich eines ausgeklügelten Umwelt-Konzepts: Brauchwasser und Rindenmulch für den Park, keine raren einheimischen Conch-Muscheln mehr auf der Speisekarte, ein Öko-Camp für die Gästekinder. Aber ein Golfplatz darf auch nicht fehlen. Hier, ebenso wie beim noch stilvolleren Nachbarn, *The Moorings*, verbittet man sich jede Art von motorisiertem Terror auf dem Wasser. Der Herr von *The Mooring*, eine ziemlich einsame Erscheinung von Hotelier, setzt noch eins drauf: »keine Haustiere, keine lauten Kinder«. Paradiesische Zustände.

»Wir wollen nett zu den Schildkröten sein« (nachdem wir 400 Jahre ziemlich gemein waren), sagt Richie Moretti, der neben seinem Motel ein »Turtle Hospital« betreibt, in dem Seeschildkröten von den Verletzungen, die ihnen Bootsschrauben, Haken und Leinen zugefügt haben, und der Tumorerkrankung Fibro-Papillomas kuriert werden. Im ausgedienten Meerwasserpool paddeln die Rekonvaleszenten zwischen Papageienfischen, Silberkönigen, Seehechten und Stachelrochen. »Früher hab' ich Autos repariert«, sagt der 49jährige Frühpensionär mit dem dünnen Pferdeschwanz, der zwei exzentrische Sonderanfertigungen von Cadillac fährt, »heute mach' ich Schildkröten wieder heil.« Und wenn sie heil sind, entläßt Richie Moretti sie in eine gefahrenvolle Freiheit.

Die Delphine, die es einmal ins »Dolphin Research Center« auf Grassy Key verschlagen hat, bleiben lebenslänglich hinter ihren Zäunen und lernen die Tricks des Flying Circus: Salto vorwärts und rückwärts, Winken und Plappern, aufrecht auf der Schwanzflosse durchs Wasser propellern. »Die Zäune wären für sie kein Hindernis«, sagt Managerin Dana Carnegie, »aber sie bleiben lieber hier.« Dort draußen im verschmutzten Meer und den Netzen der Thunfischer ist es brandgefährlich, doch die wilden Kollegen führen immerhin ein schrankenloses Delphinleben und nicht die Existenz eines dressierten Pudels. Es scheint indes das Schicksal dieser zum Schmunzeln Geborenen zu sein, daß der Mensch in ihnen die bessere Kreatur erblickt, ihnen einen Namen, eine Menschennatur und »eine glückliche Heimat« geben muß. »Porpoises dance for as long as they live. / You can do nothing for them. / They alter the universe«, schreibt der amerikanische Autor Jim Harrison in einem Gedicht über die Keys. Wenn man also schon nichts für sie tun kann, können sie wenigstens etwas zu unserer Unterhaltung beitragen.

Das Ende der Straße und das Ende des Kontinents haben zu

allen Zeiten die Dichter fasziniert: John Dos Passos, Elizabeth Bishop, Tennessee Williams und natürlich Ernest Hemingway waren nach Key West gekommen, wo die zeitlose Natur satt und beharrlich daherwuchert und man alles nicht so eng sah. Easy, man, easy. Hippies und Gays hielten lange die Stellung, ehe Aids in ihre Kulturnische einbrach. Ein paar Leguane der Bewegung batiken noch immer unverdrossen, drehen Silberschmuck, destillieren Aloe und predigen Gottes Wort.

Hemingway war 1931 mit seiner zweiten Frau, Pauline, in ein nobles Haus im spanischen Kolonialstil in der Whitehead Street gezogen. Im Gartenhaus unterm Dach schrieb er unter anderem *Wem die Stunde schlägt* und *Schnee auf dem Kilimandscharo*. Angeblich zerbrach die Ehe am Swimmingpool, dem ersten in Key West, den Pauline für den in Spanien weilenden Kriegskorrespondenten bauen ließ und der die eintreffenden Honorare restlos verschlang. »Nimm auch noch meinen letzten Cent«, soll der unangenehm überraschte Heimkehrer geknurrt und denselben in den noch weichen Zement gedrückt haben, ehe er mit Martha Gelhorn, dem wahren Scheidungsgrund, verschwand.

Damals gab es zum Festland nur eine Schienenverbindung – »die Eisenbahn, die in See stach«, 1912 vollendet, der Spleen eines sehr reichen Mannes, der 20 Millionen Dollar und über 500 Bauarbeiter das Leben gekostet hatte. 1935 wurde sie von einem Hurrikan zerstört. Hemingway hatte in Ruhe schreiben, fischen und sich betrinken können. Sein Haus mit der umlaufenden Veranda, dem üppigen Garten, in dem die Nachkommen seiner Katzen herumschleichen und aus dem Brünnlein trinken, das der Hausherr für sie aus einem Urinal seiner Stammkneipe gebastelt hat, strahlt noch etwas von dieser karibisch-amerikanischen insularen Gelassenheit aus, in der sich Key West vor dem Bau des Highways einmal gesonnt haben muß. Heute verschanzen sich seine Nachbarn in den schönen alten Conch-Häusern, die oft noch von Schiffszimmerleuten gebaut wurden, hinter Palmen, Bougainvillea- und Hibiskushecken und Schildern, die vorm bösen Hund warnen. Manche Einfahrt ist unpassierbar zugewuchert, im Mangrovendickicht rostet eine Limousine. Drei Stufen hoch: Korbsessel mit Katze. Lilien und Frangipani verströmen ihren Grabgeruch, und von Veranden und Girlanden blättert es weiß, rosa und türkis. Kaum zu glauben, daß der Autor es heute in Key West aushalten würde, da stündlich eine alberne Touristenbahn mit einem atemlos schwatzenden Fahrer an seinem Haus vorbeikurvt und er in *Sloppy Joe's Bar* sein eigenes Wort nicht mehr verstünde. Jedes Jahr findet dort ein »Papa Hemingway Lookalike Contest« statt, zu dem quadratschädelige, bärtige alte Onkel, die sonst nichts Weltbewegendes auszeichnet, anreisen.

Wer seine Ruhe haben will, muß in See stechen, mit dem Boot ans Riff zum Schnorcheln, Tauchen oder Fischen oder hundert Kilometer weiter per Wasserflugzeug bis zum letzten Inselchen, Fort Jefferson in der Gruppe der Dry Tortugas, der trockenen Schildkröten, wie die spanischen Entdecker sie 1513 nannten. Als ziegelrotes Sechseck taucht das Fort im türkisgrünen Wasser auf, ehe die 18sitzige Maschine mit ein paar brettharten Hopsern auf den Wellen landet und mit rauschenden Motoren rückwärts auf dem Strand einparkt. Dies ist das Ende der Welt: Wind, Vogelschreie und eine ruinöse, 15 Meter hohe Festung, die einmal mit 450 Kanonen gespickt die Piraten im Golf von Mexiko in Schach halten sollte. Kein einziger Schuß wurde abgefeuert. Später saßen Gefangene hier ein. Ein schöner Blick aus unvergitterten Fenstern auf einen Wassergraben und das warme, wogende Meer, aber mit den Jahren unvermeidlich öde. Durst und Schikane, Gelbfieber und Hurrikane. Der Sturm, den die Fregattvögel hoch über dem Fort majestätisch abreiten, hat vor Tagen einen Kutter auf den Strand gesetzt und Palmen zwischen den Mauern geknickt.

Heute ist Fort Jefferson ein Denkmal. Der Wächter, der als einziger dort wohnt, hat seine Gartenmöbel in den Kasematten abgestellt. Ein Ranger paßt auf, daß niemand die Seeschwalben und Kormorane auf den umliegenden Inseln beim Brüten belästigt. Sonst sind da noch ein Pier, ein Picknickplatz und zwei kleine Strände. Ein brauner Pelikan, die Watschelpfoten im Gefieder versteckt, kreuzt mit gemessenem Flügelschlag den Kurs des Schwimmers: Mir nach, Richtung Süden!

Insel mit Aussicht

Der Gärtner im blauen Overall hält die Zink-Kanne unter den Wasserhahn und dreht auf; von fern hört man das Wasser in die Kanne pruschten. Dann schlendert er zu den Hibiskusbüschen, gießt hier und dort ein wenig, kommt zurück, stellt die Kanne ab, dreht den Hahn auf. Ein zweiter fischt im Pool mit einer langen Stange nach Blättern. Er tupft sie sacht mit der Spitze an und führt sie zum Beckenrand. So ist es recht: keine hohen Wellen, keine laute Betriebsamkeit, die den Rahmen des Bildes sprengten, das sich der Gast, der im weißen Hotelbademantel auf seine Veranda getreten ist, gerade von Jamaika macht: Unter der steinernen Balustrade fällt der Rasen sanft zum Strand hin ab. Königspalmen, Bananenstauden und Bougainvilleen beleben das Mittelfeld, dann wird es sandig; ein paar weiße Liegestühle, ein paar wedelgedeckte Sonnenschirme und für den Rest das weite, türkis leuchtende, leis brausende Meer. Früh um sechs zieht am Horizont ein Kreuzfahrtschiff von rechts nach links, Kurs Ocho Rios mit dreitausend Amerikanern an Bord.

Da lassen wir uns das Frühstück kommen, Tee und Toast, Mango, Papaya und Pampelmuse. Ein junger Mann in weißer Jacke deckt den Tisch unterm Sonnendach. »Guten Appetit«, sagt er, und auf englisch: »Wenn ich einen guten Deutschlehrer kriege, schaff' ich es bis ganz nach oben.« Ganz oben sitzt vorerst der Gast. Das *Jamaica Inn* ist eine der ältesten und gepflegtesten Herbergen der Insel, mit weißen Säulen, hölzernen Jalousien und geflochtenen Schaukelstühlen auf der Terrasse, immer frischen Handtüchern und einer roten Hibiskusblüte auf dem Bett. Traumhafte Tropen.

Mr. Clue chauffiert seit 30 Jahren Touristen über die Insel. Es hat keinen Zweck, sich aufzuregen, wenn er Haken schlagend und den Gegenverkehr kalt verachtend die durchsiebten Pisten entlangbrettert. Niemals suchen die dunklen Augen im Rückspiegel den Blick des aufstöhnenden Passagiers. Mr. Clue fährt. Seine Lieblingssendung im Autoradio heißt »Brainstorm«, ein Quiz, und falls es ihn jemals ins Ausland verschlagen sollte, dann müßte es Kanada sein, das Land mit den besten Straßen der Welt. Seine beredten Hände deuten ihre konvexe Form und die breiten, soliden Bankette an. Es gibt Gegenden, in die Mr. Clue uns nicht fährt: Trench Town, das Viertel in Kingston, wo Bob Marley aufwuchs. Oh nein, das mit dem Reggae sei vorbei. Auf Jamaika stifte niemand mehr Frieden über Parteigrenzen hinweg, weder durch Musik noch durch gute Worte. Nicht einmal die Polizei ließe sich in diesem Teil von Downtown blicken. Wer von uns sich abstechen lassen wolle, der solle sich gefälligst zu Fuß dorthin begeben.

Auch Marley war nicht in seinem Slum sitzengeblieben, nachdem die Musik ihn reich und berühmt gemacht hatte. Uptown in der Hope Road baute er sich ein großes Haus. Heute ist es Museum. Eine bunte Statue des Rastamanns mit Gitarre, flankiert von zwei lachenden schwarzgelben Löwen, steht im Garten. Am Kassenhäuschen hinter dem hohen Gitter klebt ein Schild: No Idlers – keine Rumhänger. Yah man! Da guckste!

Jamaikas Hauptstadt ist wie ein Grind aus dem alten Downtown hinaus- und die Berge hinaufgewachsen, ohne Grenzen und ohne Mitte; kein Ort für Bummler. Uptown stehen die Banken, Shopping Center und Hotels, unten am Wasser sind die Armen zurückgeblieben, das Wellblech, der Dreck und die Gewalt. Traumatische Tropen. Im Durchfahren sehen wir die Erdgeschosse ehemals stattlicher Häuser und die Füße auf den Denkmälern berühmter Männer: ein Entdecker, ein Präsident, ein Finanzminister. Sonntag – aber die Strandpromenade ist leer. Pelikane stürzen sich wie Geschosse ins Wasser; über einem verlassenen Hotelhochhaus segelt mit unbewegten Schwingen ein Fregattvogel. »Vielleicht doch einmal in diese kleine Marktstraße abbiegen, Mr. Clue?« »Ich rate Ihnen ab, Sie sind dort nicht erwünscht.« Nicht als Weiße, nicht als Gaffer. Ein Junge auf einem Fahrrad hängt sich ins offene Seitenfenster, läßt sich mit um die Ecke schleudern und brüllt uns etwas ins Gesicht. Mr. Clues Augen im Rückspiegel bleiben nach vorn gerichtet.

Am 28. Februar 1965 kam die Queen Mum zum Lunch in die Villa Firefly. Wahrscheinlich trug sie Hellblau, ihre Lieblingsfarbe, passend zu den sonnenverblichenen roten Fliesen und den weißen Eisenstühlen im Patio. Und unter dem Einfluß von zwei, drei Gin Tonic begann sie wohl, wie die meisten älteren Damen vor und nach ihr, bei der Hausbesichtigung eine schleifende kleine Melodie zu trällern, die ihrem Gastgeber, dem Komponisten, seit 30 Jahren zu den Ohren herauskam: A *room with a view* . . . Hier war es also! In diesem Zimmer mit den Fenstern übereck und dem Blick über die von grünen Bergen gesäumte strahlende Bucht von Port Maria hatte Sir Noël die Inspiration ereilt. Quite right, ma'am. Die Noten liegen noch immer aufgeschlagen im Ständer auf dem Bechstein. Dadi dada daa . . .

Noël Coward, Dramatiker, Schauspieler, Komponist und Entertainer, der von sich sagen konnte, er sei in den 30er Jahren so populär wie die Beatles in den 60ern gewesen, gerät langsam in Vergessenheit. Daran ändert auch die Tatsache nichts, daß seine schlichte Villa über Oracabessa heute vom staatlichen Heritage Trust verwaltet, der Rasen für Jazzkonzerte und das Atelier im Garten als Bar genutzt werden. Die Gegenwart ist Cowards Pathos und hochfahrendem Witz im besonderen, das Klima Menschenwerk im allgemeinen nicht gewogen; es läßt die Kacheln von den Wänden fallen und die rote Schreibmaschine auf der

Veranda rosten. Ein Bogen ist eingespannt, brüchig wie altes Butterbrotpapier. »In spite of the weather that dampens our spirits und straightens out our hair / let the people sing. Even though they shiver...« Das ist dem Mann bei 30 Grad im Schatten eingefallen. Koloniale Tropen. Jamaika war vielleicht nicht mehr als eine hinreißende Kulisse. Die Welt kam zu ihm auf den Berg, um sie zu genießen und Planter's Punch zu trinken, während die Glühwürmchen schwärmten und die Baumfrösche pfiffen: Charly Chaplin, Marlene Dietrich, Errol Flynn, Laurence Olivier, Sean Connery. Eine Photo-Unterzeile erklärt, daß Elizabeth Taylor ein Hollywoodstar war. So schnell geht das Licht aus. Über Noël Cowards Grab huschen die Schatten großer Vögel. Noch immer hat er den besten Platz – mit Blick aufs Meer.

Die Tropfsteinhöhle hat Rufus zwar nicht entdeckt, aber er hat, wie ein Ersteinsteiger, ihren Kalksteinformationen Namen gegeben. Gelbe Stalagmiten und Stalagtiten schälen sich im Licht der Taschenlampen als »der Löwe des Rastafari« heraus, eine »Reggae Combo« oder »der Hahn, der krähte, als unser HERR verraten wurde«. Außerdem hängen eine Unmenge bleicher Pansen und filziger Zöpfe von der Decke, wachsen steinerne Knorpel, Sehnen und Pimmel aus dem Boden. »Wenn ihr wollt, könnt ihr alle mal die Lampen ausknipsen«, sagt Rufus. Ein paar Sekunden stehen wir mit aufgerissenen Augen im lichtlosen, lautlosen, schweißtreibenden, schwarzen Nichts. Dann dringt aus der Tiefe Wassergeplätscher ans Ohr. Ein Fluß entspringt in Foxes Caves und stiebt draußen zwischen fettem Grün zu Tal. Eine Stunde sind wir durch den Regenwald und entlang dem Rio Grande zu den Scatter Waterfalls gelaufen, vorbei an wellblechgedeckten Bretterbuden, deren Bewohner stumm und aufmerksam den Gruß erwarten. Jackfruits und Avocados, Guaven, Bananen, Ackee, Piment, Kokosnüsse, Kakao und Kaffee wachsen in den Gärten wie andernorts der Pflücksalat, und Rufus erklärt, welche Pflanzen gegen Hunger und Durst, Kopfweh und Husten, für Korbstühle und kleine Flöten zu gebrauchen sind. Die rote Ackee-Frucht ist so lange giftig, wie ihre Nähte zu einem sauren Gesicht geschlossen sind; platzt sie auf und zeigt lächelnd ihre glänzenden kirschgroßen schwarzen Kerne, kann das wie ein kleines Hirn daranhängende Fruchtfleisch gebraten werden. Es soll nach Rührei schmecken, sieht aber nur so aus. Ackee und Stockfisch zum Frühstück kann, muß aber nicht sein.

Am Vortag hatten wir den Dunn's River Fall bestiegen, Jamaikas berühmteste, über 200 Meter lange Wassertreppe. Wenn ein Schiff in Ocho Rios liegt, kraxeln Hunderte die ausgewaschenen Felsen hinauf, planschen im lauen, grünen Wasser und lassen sich von den Kaskaden durchwalken. Hier im Wald bei den kühlen Splatter Falls sind wir ganz allein. Rufus pflückt Grapefruits und hackt sie in mundgerechte Viertel. An die Felsen gelehnt, strudelt das Wasser über den Kopf und wäscht die klebrigen Gesichter wieder sauber. Köstliche Tropen.

Am Strand von Dragon Bay haben Hotelgäste ihre Liegen in die schwappende Brandung gezogen und lagern so, teils eingeweicht, teils gegrillt, in Wasser und Sonne. Um dem Bild vom Ferienglück vollauf zu genügen, haben sie sich Drinks von der Strandbar mitgenommen. Abends zum Buffet spielt eine Reggae-Band unter dem großen Ficus-Baum. »Oh why, oh why, oh why« ist die Welt so schlecht zu mir! schreit die Sängerin, während ein paar italienische Teenies im Sand von einem Fuß auf den anderen treten. In den Pausen schrammelt die Musik vom Band. Eine Dame in lindgrünen Bermudashorts filmt den schwarzen Koch in seiner weißen Mütze, wie er lächelnd hinter den Chromhauben und dem Grill präsidiert. Auf dem Nachbarbalkon ist ein Paar eingezogen, dessen Kleinkind eine große Freude daran findet, die eisernen Möbel über den Steinboden zu schieben. Tropen all inclusive.

Port Antonios große Zeit als Bananenhafen und Treffpunkt amerikanischer Filmstars ist lange vorbei. Die Eisenbahnschienen versinken im Grün; der Kai für die Passagierschiffe liegt verlassen, das prächtige *Titchfield Hotel* ist zum dritten- und letztenmal abgebrannt. In den fünfziger Jahren hatte der Mantel-und-Degen-Star Errol Flynn die kleine Stadt mit dem Zwillingshafen für sich entdeckt und das vorgelagerte Navy Island zu seinem privaten Party-Stützpunkt ausgebaut. Doch seither sind viele tropische Schauer über Port Antonio hinweggepladdert. Weißes wird schwarzschimmelig, Gestärktes wird schlapp, Hölzernes bricht zusammen, und auch Beton ist nicht unbesiegbar. Das wird auch das aus vielen europäischen Stilen zusammengeschusterte neue Shopping Centre erfahren, das eine deutsche Baronin Port Antonio aufs Auge gedrückt hat und in dem es nach feuchtem Mörtel stinkt. »What's your name?« fragt ein junger Mann mit roter Strickmütze und antwortet auf die Gegenfrage: »My name is Wasserratte« und stiefelt lachend in den strömenden Regen hinaus.

Flynns Bungalow auf Navy Island ist eine Ruine, aus der Diebe die Fußböden gerissen haben. Feuchtes Dickicht macht sich zügig über die Terrasse her. »Irgendwo im Wald steht auch noch sein Auto«, sagt der Junge, der uns vom Bootssteg zum Haus führt, 300 Meter unter Palmen, Hibiskussträuchern, den gefiederten Fächern und korallenroten Blüten der Flamboyantbäume. Mr. Flynn ging nicht zu Fuß. Im Clubhaus am Steg ist eine Wand kommentarlos mit Photos und Filmplakaten behängt. Drei Korbstühle sehen aus, als hätten sich einmal berühmte Hintern hineingedrückt. Dies war Flynns Paradies. Es ist mit ihm gestorben. Heute gehört die Insel dem Staat, der sie vergessen hat.

»Ich bin gar nicht dafür, daß Port Antonio wieder aufwacht«, sagt die Bildhauerin Barbara Walker, die auf einem Hügel über der Stadt das kleine *Mocking Bird Hill Hotel* und eine Galerie betreibt. »Für Touristenmassen haben wir gar nicht die Infrastruktur; keine Straßen, nicht einmal genug Wasser in der Leitung.« 17 Jahre Köln haben im Deutsch der gebürtigen Jamaikanerin Spuren hinterlassen. In weißen Hosen, geräumigem schwarzem Hemd und Zigarillo in der Hand sitzt sie der Tafel auf der Terrasse vor. Eine Brise weht aus den Blue Mountains, die schieferfarben gegen den rosigen Abendhimmel stehen. Zu ihren Füßen streckt sich das Meer, blauer Kräuselkrepp mit weißen Spitzen. Es gibt geräucherten Merlin, Kaninchen in Sherry und Mousse von Passionsfrüchten. Barbara Walker und ihre Partnerin versuchen es mit einem etwas anderen Tourismus-Konzept; mit Kreativität und ökologischem Wirtschaften. Künstler werden in Walkers Atelier mit den handschmeichelnden Skulpturen zu Ausstellungen und Lesungen eingeladen. Gäste können sich im Formen und Skizzieren versuchen. Es wird nicht ganz leicht gewesen sein, das Prinzip des Kompostierens, die fehlende Air Condition, die Müll-Trennung und die persönliche Stoffserviette durchzusetzen, aber der Unterschied zu anderen Häusern im Ambiente, im Ton und auf dem Teller ist spürbar. »Wir glauben, daß Jamaika nur auf ökologischem und sozial verträglichem Weg eine touristische Zukunft hat«, sagt Walker. »Deshalb versuchen wir, ein besseres Verständnis zwischen den Gästen und der Bevölkerung zu schaffen.« Grüne Tropen.

Schäfchen zählen
Sirdal

Auf norwegisch heißt das Schaf Sau; man stelle sich vor: Tausende davon in den Bergen von Sirdal, wenn leise der Herbst kommt mit roten Vogelbeeren und gelben Birken. Mollig, weiß und dickschwänzig sind Dala- und Ryggjasau; braungelockt, schwanzlos, scheu und agil die Spaelsau. »Sind Schafe wirklich dumm?« »Ja«, sagt Odd Kvinen, »sehr sogar.« Das hochgezüchtete Dalaschaf ist zum Beispiel eine ganz besonders dumme Sau. Es hat seine besten Instinkte verloren und ist »ein einfaches Objekt für Raubtiere«. Trottet solo übers Moor, und statt sich bei Gefahr mit seinen Artgenossen zu einer Schafsfestung aufzustellen, Lämmer in die Mitte, und die Dickköpfe dem Luchs oder Vielfraß entgegengestreckt, glaubt es, alleine besser zurechtzukommen. So geht die eine oder andere Dalasau im kurzen südnorwegischen Sommer schon mal verloren.

Odd Kvinen, ein fitter kleiner Mann mit blondem Bart und Stoppelhaar, kennt sich aus. Er hat selbst 40 Schafe und einen Hof in Ousdal mit Pferden, Katzen und Huskys, die er im Winter für die Touristen vor die Hundeschlitten schirrt. Um das weiße Holzhaus auf dem Talgrund erheben sich die von Eis und Wasser rundgeschliffenen Granitberge; vom Gästebett aus ist ihre obere Kante zu sehen. Wolken treiben darüber. Ein Wasserfall springt aus dem Wald und verschwindet wieder im Grünen. Neben dem Haus rauscht die Sira ums Geröll. Überall rieselt und pieselt und braust es aus großer Höhe in silbergrauen Strähnen und mächtigen weißen Schwällen. So viel Wasser ist in der Region Sira-

Kvina gestaut, daß fünf Prozent des norwegischen Stromver-
brauchs von der Hydro-Energie des hier befindlichen zweitgröß-
ten Kraftwerks im Land gedeckt werden; jährlich 6 Milliarden
Kilowattstunden. Was einmal eine der ärmsten Regionen Nor-
wegens war, hat es dank der Wasser von Sirdal – und des Erdöls
unter dem Meeresboden vor Stavanger – zu Wohlstand gebracht.
Trotzdem sind viele Schafbauern geblieben.

Im April werden die Lämmer im Stall geboren, im Juni die
Herden mit Lastern auf die Bergweiden gekarrt, und wenn die
Schäfer sie Anfang September wieder einsammeln, um sie in
dem kleinen Ort Kvaeven zu zählen und zu scheiden, haben die
meisten Jungtiere so viel zugelegt, daß sie dicker als die alten geworden sind. Ein bißchen von dem Speck werden sie im Gewühl
des Schafabtriebs wieder verlieren. Es ist der Aufruhr vor dem
Ende. Gut, daß sie's nicht wissen.

Eine Woche lang haben zwei Dutzend Schäfer mit ihren Hunden – fixen schwarzweißen Border Collies – die pfadlosen Berge,
in deren Falten noch Schneelaken vom vergangenen Winter liegen, durchkämmt, lange Tage im Regen, immer in Bewegung, und
die Nächte in den miefigen, engen Hütten mit dem Bollerofen.
Holzklasse.

Wir haben es auch probiert, in Sigurdsheller, einem kleinen
Haus am See. Nett, wie das Feuer im Ofen knackt; sehr nett,
wenn dem Gast auch noch das Daunenplumeau im Stockbett
frisch bezogen und das Frühstück auf den Tisch gestellt wird;
wenn das Packpferd das selbstgebraute Wacholderbier im Kanister mitgebracht hat; wenn man nicht mit dem Eimer über die
nasse Böschung in den Bach fallen muß und am nächsten Morgen mit dem Motorboot abgeholt wird.

Wie es wirklich in der Wildnis zugeht, zeigt Odd seinen
Schäfchen, noch bevor sie nach dreieinhalb Stunden Wande-
rung übers schwappende Moor in die Hütte trampeln. Sigurds-

heller heißt auch der Rastplatz hundert Schritte weiter oben am Hang: ein spitzer Winkel wie eine Tasche unter einem Felswürfel zwischen Heidekraut und krüppeligen Weiden. Seine Breitseiten sind mit aufgeschichteten Steinen ein wenig gegen das Wetter abgeschirmt. Dort hinein krochen früher die Schäfer, die Jäger, die Wanderer. »Bleibst du trocken!« sagt Odd. Mit einem haushohen Stein über dem Kopf. Ein Trost.

Die Schäfer im September 2000 tragen Gummistiefel, orangefarbenes Ölzeug, blaue Trainingshosen, Baseballkappen und Holzknüppel. Es sind dicke alte und dünne junge Männer dabei mit weißen Wimpern und roten Bartstoppeln. Nach einer Woche harter Arbeit sind sie Fremden gegenüber ziemlich kurz angebunden, und auch ihre Collies haben die Faxen dicke. Da wird schon mal nach Schafsknöcheln, die kehrtmachen wollen, geschnappt, obwohl ein braver Hütehund, das eigentlich nicht tun sollte.

Über 4000 Schafe haben Hirten und Hunde auf der Halbinsel Kjilseggen zusammengetrieben, braune und weiße, die sich nun, blökend und bimmelnd, über die Landbrücke talwärts drängen. Heillose Einfalt! Da steht ein unbekannter roter Anorak am Weg; daran geht es nicht vorbei. Da steigt eins auf die Klippe und fünf hinterher. Da purzelt das erste vorne runter. Mäh! mäh! Und nachdem sie das Geröll, die Bäche und den Sumpf mit viel Gemecker schließlich hinter sich gebracht haben, liegt die Serpentinenstraße vor ihnen. Die Leitplanken sind bis zum Boden mit Maschendraht vernetzt, damit nicht das kleinste Schäfchen durchschlüpfen kann. Bergab fallen alle in einen dicht wogenden, halsstarrigen Trott. Nachbarn, Freunde und Touristen freuen sich am Straßenrand über soviel Schaf.

Mittags rasten die Tiere auf einem eingezäunten Hügel und die Hirten am Straßengraben. Ein schwarzer Kessel wird übers Feuer gehängt; es gibt Elchsuppe, Wurst und Brot, Kaffee und

Schokoladenkuchen. Die Hunde liegen daneben wie erschossen. Noch zehn Kilometer bis Kvaeven.

Inzwischen warten ganze Busse auf den Lämmermarsch. Eine Schulklasse aus Oslo bildet mit ein paar Schäfern seine Nachhut. Ihr Lehrer, Sven Roed, fährt jedes Jahr mit den Dreizehnjährigen zum Schafsabtrieb nach Sirdal, damit sich die Kinder nach einem Schulwechsel besser kennenlernen. Sie haben genaue Verhaltensregeln bekommen – hinter den Schäfern bleiben, nicht drängeln, eine Kette bilden, wenn die Tiere ausbrechen wollen –, aber nach einer dreiviertel Stunde wird das Asphalttreten schon ziemlich uncool, sogar echt langweilig, und man muß selbst ein bißchen herumrennen und Wirbel veranstalten. Dann fängt einer der Schäfer an zu schimpfen, und ein Schüler boxt ein Schaf, und plötzlich machen zwei, drei, vier Dutzend Paarhufer plötzlich kehrt und wollen zurück in die Berge traben, wo es friedlich ist, still und weit, wo der Regen aufs grüne Gras fällt und die Sonne auf die leckeren Kräuter – Dinge, die ein Schaf viel höher schätzt als dieses Herumgeschubse und Knöchelknapsen, diese ganze grausame Hektik.

Sie sind nicht dumm; im Nu haben sie sich zerstreut, die Böschung rauf, zwischen die Felsen und Birken, schwere, moppelige Geschosse, die in Bocksprüngen die Menschenketten durchbrechen, vorbei an ausgebreiteten Armen, schreienden Mündern, stolpernden Füßen. Die Hunde müssen alles alleine erledigen; ein Schäferknüppel trifft einen Rücken in violetter Windjacke – war wohl ein Versehen; ein Kinderstiefel bleibt im Sumpf stecken. Dann kehrt wieder drangvolle Ordnung ein, und die ganze Gesellschaft schiebt trappelnd weiter zu Tal.

In Kvaeven – Kirche und Friedhof, Häuser zwischen Weiden und Ebereschen, Cafeteria, Kunsthalle, Touristeninformation, Museumsgehöft – sind schon die Gatter aufgestellt, in die die Schafe nach den Ohrmarken ihrer Besitzer sortiert werden. Am

nächsten Morgen, als die zweistöckigen Transporter und die Anhänger mit den Lattenverschlägen an die Rampen rangiert werden, schweigen die Lämmer, laufen willig über die Planke, lassen
sich stapeln und zusammendrücken. Sieht aus, als ginge es nach
Hause. Aber für viele geht es »über den Fjord«, ins Schlachthaus.

Derweil ist die Volksbelustigung im Umkreis der Gatter schon
im Gange: Sirdal-Hop in roten Trachtenröcken; Wollmützen,
Filzpantoffel, Elchsalami und geschnitzte Trolle aus der näheren
Umgebung, Bleikristall aus Polen, Jeans aus Taiwan, Pokemons
von wer weiß woher; Kochwettbewerb, Hubschrauberrundflug,
Country-Schrammel und »Sauebingo«. Das Zahlenfeld, auf dem
das braune Schaf seine Köddel fallen läßt, gewinnt.

Odd Kvinens Frau Tone hat zwei Abende lang 60 Kilo Kartoffeln geschält und gestampft. Jetzt brät sie mit den Nachbarsfrauen Pfannekuchen, leckere »Lapper«, und reicht Teller mit
salzgetrocknetem Schafffleisch, Sülze und süßem Eierstich über
die Theke. Die Sirdal-Cuisine ist nichts für schwache Mägen.
Mit ihren Kartoffelklößen kann man Löcher im Dach stopfen.
Und doch: gelbe Multebeeren mit Sahne, ein Hauch von Haselnuß, und im September köstliche kleine Erdbeeren!

Unterm Zeltdach kochen die Meister ganz professionell in gefältelten steifen Mützen, weißen Schürzen und Mikrofonspangen
vor dem Mund um die Wette, natürlich Lamm, Schaf, Hammel.
Alle dürfen mal probieren. »Godt?« Ja, prima – aber unerfindlich, welche Region schließlich gewonnen hat. Rogaland mit
dem gebratenen Lammfilet an sautierten roten Zwiebeln in Balsamico-Essig oder der Lammspieß in Senf-Zwiebel-Soße mit Pilzcreme aus Vest Agder. Darf man seinen Finger auch mal ins Dessert stecken? Blaubeermousse auf »Trollejeks«. Nein, das steht
nur zum Anschauen auf dem Tisch.

1700 Menschen leben in der weitverstreuten Kommune Sir

dal; mindestens die Hälfte ist zum Fest erschienen. Wasserdicht verpackt amüsieren sie sich vor der Bühne, auf der Steinar Albrigtsen, Leadsänger der *Falne Engler*, mit einer Stimme, die die Zuhörer noch ein Stück tiefer in die nasse Wiese sinken läßt, die alten Country-Schnulzen singt. »The sun's got nothing to do but shine.« Wo ist sie? Es tropft und tropft.

Der Herbst kommt leise, aber früh nach Südnorwegen; die Farben wechseln von Grün zu Aprikosengelb, zu Rostrot, Lila, Koralle und Heidelbeerblau. Im Moor hißt das Wollgras seine weißen Wimpel. In den Trollwäldern sprießen Fliegenpilze und Mooslandschaften. Wenn die Sonne dann tatsächlich darauf scheint, gehen dem Fremden die Augen über von der Pracht.

So heftig und so kurz. Bald kommt der Winter, dann wird es dunkel. Odd Kvinen zeigt Bilder aus den sechziger Jahren: Pferde auf Schneeschuhen mit Packsätteln; Lastschlitten; der See; die Menschenleere; seine Großmutter in kariertem Rock, Norwegerjacke und Kopftuch auf Skiern, mit Wollgamaschen über den Stiefeln neben dem oberen Ende eines Telefonmasts. Weil das Graben einfacher als das Schippen war, bohrte die Familie vom Haus einen 15 Meter langen Tunnel durch den Schnee zum Turbinenschuppen. Obendrauf steht nun die Großmutter mit einem Schneehuhn in der Hand, das sie gerade aus der Falle geholt hat.

Kvinen heißt der Ort, der der Familie ihren Namen gegeben hat. Als vor 40 Jahren im Zuge des großen Wasserkraftprojekts Sira-Kvina auch die abgelegensten Winkel in den Bergen geflutet wurden, mußten die Kvinens ihren Hof aufgeben. Sie bauten ihn 150 Meter weiter wieder auf und taten, was sie immer getan hatten: Jagen, Fischen, Schafe halten. Nun wieder im Trocknen.

Blauer, ya!

Seit der Lektüre von *Waldi, ein lustiges Dackelbuch* (Hamburg, 1953) hatte Frau M. sich nicht mehr mit Hunden befaßt. Deren haltlose Kläfferei und ihr Verdacht auf einen unlauteren Charakter prägten ein eher distanziertes Verhältnis – bis sie in einem verschneiten finnischen Wald von einem Wolfsblick aus schrägen Husky-Augen getroffen wurde und einen Sehnsuchtsstich verspürte: einmal mit Hunden durch die weiße, stille Weite des Nordens reisen! Nun zerrt Frau M. eine dieser auf den Hinterbeinen stürmenden, rempelnden, gauzenden Bestien nach der anderen am Halsstrick durch den Schnee und stopft sie in Transportkisten auf einem Lastwagen. Alle 45 wollen mit, nur 32 dürfen, und zusammen veranstalten sie ein Gebrüll, daß der Schnee von den Zweigen fällt.

In ihrer Hosentasche steckt eine gefaltete Postkarte, auf der fünf Namen wie Augen auf dem Würfel notiert sind, dazu die Farben der Bendel, mit denen Schlittenhunde-Geschirre an Zugleinen geklinkt werden: Blauer (blau), Kilpis (weiß), Karo (weiß), Tjukis (rot), Dieken (gelb). Möglicherweise etwas voreilig hat Frau M. ihrer Sehnsucht nachgegeben und beschlossen, mit dem Hundeschlitten 250 Kilometer nördlich des Polarkreises durch Lappland zu fahren. Nun soll sie mit drei Mitreisenden, einem Führer und 32 Hunden zum Start an den Altevatn-See gekarrt werden. Zehn Tage lang werden sie eine große Schleife nach Norden ziehen, durch den norwegischen Dividal-Nationalpark bis zu dem Dreieck, wo Norwegen, Schweden und Finnland zusammenstoßen; rund 350 Kilometer, ganz auf sich gestellt. Unterwegs gibt es Hütten – wenn man sie erreicht. Wenn nicht, wird ein Zelt aufgeschlagen. Ein ganz so großes Stück Seife hätte sie deshalb nicht mitnehmen müssen.

Am Abend zuvor saßen sie zu fünft im Gästehaus der Husky-farm bei Innset um den Tisch, und Björn K., Hamburger mit nor-wegischem Paß, Leiter dieser kleinen Expedition und Herr über alle Hunde, bleute ihnen die Regeln für Musher ein. Erstens: Niemals den Schlitten ungesichert loslassen! Wer anhält, wirft seinen Schneeanker aus und kippt den Schlitten darüber. Wer stürzt, hält fest, was er zu fassen kriegt; vorzugsweise den Bügel, notfalls die hinterherschleifende Knotenleine. Ist der Schlitten erst einmal führerlos, dann – hey presto! – rauscht die wilde Jagd erleichtert davon, und niemand holt sie wieder ein. Erwischt ein samischer Rentierhalter die Burschen bei der Hatz auf seine Hir-sche, wird er sie mit seinem Motorschlitten einfach überfahren. Zweitens: Bei Sturm dicht beisammenbleiben! Der erste und der letzte Schlitten führen Signalraketen mit. Hat jeder ein Messer, um gegebenenfalls eine Leine zu kappen, falls ein Hund unters Eis gerät? Frau M. kämpfte Fluchtreflexe nieder.

Jetzt steht sie am See auf ihren Schlittenkufen, in Stiefeln, die Frankenstein Ehre machen würden, hinter Björns Achterge-spann und vor den anderen: der Japanerin Noriko, die bereits eine Nordpol-Expedition absolviert hat, Susanna aus der Schweiz, die Schlittenrennen in Alaska gefahren ist, und Jussi, dem För-ster aus Finnland, Kajakfahrer, Sibirien zu Fuß, vier Tage im Zelt bei Schneesturm... was man sich beim Kennenlernen so er-zählt. Frau M. kommt sich vor wie eine Sofa-Kartoffel. Sie kann nicht mal Ski laufen.

Vor ihr, unter der roten Plane, sind 50 Kilo Hundefutter, ein Karton Brot, Rentierfelle, Schaufel, Kochtöpfe, Schneeschuhe und ihr Seesack verschnürt. Sie hat ihre fünf Hunde aus den Ki-sten gezerrt und gemäß ihrem Spickzettel angeschirrt. Blauer mit der dunklen Maske, weißgefütterten Ohren und blauen Augen ist ihr Leithund; ihn wird sie mit einem munteren »Ya!« zum Losfahren einladen. Neben ihm zappelt Kilpis, ein strubbeliger kleiner weißer Quirl, den sie von seinem Bruder Karo in der Mitte kaum unterscheiden kann. Gleich vor dem Schlitten laufen Tjukis, die Hündin mit dem schwarzen Kopf, und Dieken, ein weißgrauer Grönländer auf dicken Pratzen. Die Schlitten rucken unter dem Toben der Gespanne. »Desire to run« heißt dieser innewohnende helle Wahnsinn. Nun müßte sich Frau M. nur noch entschließen, eine Hand vom Bügel zu lösen, um den Haken aufschnappen zu lassen, der ihren Schlitten an eine bebende Birke fesselt. Dann prescht das Rudel ganz ohne Einladung wie aus der Kanone geschossen über den Damm und hinaus auf den gefrorenen See.

60 Kilometer lang ist der Altevatn; in zwei kurzen Tagesetappen soll er überquert werden. Zwischen den Kufen hängt ein grober Rechen, die Fußbremse. Sie steigt drauf und macht sich schwer: »Sto!« halt! Der Schnee stiebt; fünf Hunde legen sich ins Geschirr, als müßten sie einen Pyramidenquader durch die Wüste schleifen. »Sto, Blauer!« Frau M. ist bereits nach hundert Metern fix und fertig. Schnee prickelt ihr in die Augen, und mit Sorge sieht sie, daß Hund Dieken die zentrale Zugleine der Länge nach zur Hälfte übersprungen hat und nun unter einer Situation leidet, die Susanna auf schweizerdeutsch ein »Eierschliefi« nennen würde. Muß sie anhalten und sortieren? Dieken enthebt sie ihrer und sich seiner Verlegenheit, indem er trabend seine linken Beine wieder an sich bringt. Der ganze Kerl ist eine im Takt schwingende, federnde Kraft; die dicken Pfoten schaufeln den Weg unter sich, als wisse er, wo er hinwolle: weiter, weiter, weiter.

Die Zeit beschwichtigt ihre Aufregung, läßt sie den Blick über die buschigen Schwänze und spitzen Ohren heben. Kein Ende abzusehen; die gespurte Piste und die Kuppen der Berge verschwinden im leichten Gestöber. Ab und zu brettert ein Motorschlitten vorbei; der Fahrer hebt die Hand, lächelnd, wie andernorts Autofahrer einer Postkutsche zuwinken würden. Die Hunde fallen in Galopp. »Desire to hunt«: einmal im Leben ein Snowmobil erlegen! Nach drei Stunden biegt der Leitschlitten zum Ufer ab. Dort steht ein großes Lappenzelt zwischen den Birken; das Biwak. Schnee wird im Kessel auf dem kleinen eisernen Ofen zu Teewasser geschmolzen. Der Expeditionsleiter kocht Spaghetti und taut Elch-Gulasch auf. Von der vereisten Peripherie näßt es ins Zelt. Frau M. verbringt ihre erste Nacht im Schlafsack auf einem Rentierfell. Es schneit.

»Man muß schon ein Winterfreak sein, um hier zu leben«, sagt Björn K. Vor 15 Jahren ist er von Süd- nach Nord-Norwegen gelaufen, mit Rucksack und Hund Toivo, der die Ausrüstung zog. Seitdem hat er in Deutschland nichts mehr verloren, lebt mit Frau und zwei Söhnen am See und züchtet Schlittenhunde: Grönländer und sibirische Huskys. Manchmal kommt so ein Wolf wie Dieken, manchmal so ein Fips wie Kilpis dabei heraus, rennfreudig, stark und munter, aber zu klein. So einer darf sich nicht weiterzeugen. Zu ihrer Überraschung fühlt Frau M. sich stellvertretend gekränkt. »Mein tüchtiger Kilpis! Gemeinheit!« Als sie ihn am Morgen in sein rotes Geschirr steckt, wird er noch einmal persönlich und auf norwegisch gelobt: »Flink, Kilpis, flink!« Wofür er ihr stürmisch übers Kinn leckt. Inzwischen hat sie gelernt, das Makramee der Zugleinen und Stricke zu entwirren, abends die Hunde in der richtigen Reihe an das Stahlseil für die Nacht zu ketten und ihnen Kilobrocken aus tiefgefrorenem Fleisch, Blut, Fisch und Robbenöl vor die Schnauzen zu werfen. Die Zeit des Genusses ist angebrochen, das Dahingleiten zu dem trockenen, raschelnden Geräusch von fünf mal vier Pfoten, das Brausen des Schnees, der sich unter den Kufen wie eine Brandung bricht. Zeit, die Schultern sinken zu lassen und das Kinn zu heben: großes, weißes Land unter Himmelblau. Die Sonne scheint.

Dann ist die Loipe zu Ende, es geht in die Berge. »Hophop-hop!« ruft Björn, und »Kom igjen!« Seine acht Hunde müssen spuren, strampeln bis zum Bauch im Pulverschnee die Hänge hoch. Frau M. tritt, wie man sie gelehrt hat, ihren Schlitten wie einen Roller an, schwingt ihre fürchterlichen Stiefel. Der Leithund bleibt stehen, dreht sich um, die Zunge rollt ihm aus dem Hals. Sein blauer Blick sagt: Runter! Schieben! Frau M., ausgestopft wie ein Plumeau, hält den Bügel fest und trabt gehorsam zwischen den Kufen bergauf. »Ya, Blauer! Ya, Dieken!« Es wird ihr schnell sehr warm, und unter dem Mützenrand hervor sieht sie, wie sich vor ihr die Tundra Welle um Welle über die Baumgrenze erhebt, still und prachtvoll, beglänzt von der Sonne, makellos, wie mit Sahne übergossen, ohne Spuren, Masten, Lifte oder Hütten. Dort hinauf? Ya, Frau M.!

An diesem Tag lernt sie während der Rast bei Tee aus der Thermoskanne von Jussi ein finnisches Wort: Sisu – Mumm. Sisu haben die Hunde, die vorwärtsdrängen, im Laufen ein Maul voll Schnee schnappen und sich in den Pausen zur Abkühlung im Tiefen wälzen. Trabe mal einer stundenlang im Pelzmantel durch die Berge! Wittern sie Rentiere, gehen die schneebestäubten Nasen hoch, wird noch ein Gang zugeschaltet, und der Schlittenfahrer ahnt etwas von den wölfischen Trieben seiner goldigen Zausel.

Sisu fehlt in bedauerlichem Maße an dem Tag, als die Gruppe von der Pältsa-Hütte zum Dreiländereck aufbricht; ein Tagesausflug mit leeren Schlitten, aber mit atemberaubenden Steigungen. Ins Tal zum norwegisch-finnisch-schwedischen Grenzpunkt, einem gelben Betonpickel, fegen die Schlitten durch einen buckeligen Hohlweg im Birkenwald. Frau M. steht auf der Bremse und ruft »Sto!«, wird jedoch nicht zur Kenntnis genommen. Von ihren paar Kilos fühlt sich das entfesselte Pack kaum belästigt. Der Schlitten schleudert wie ein leerer Umzugskarton zwischen den Schneewänden, kippt und stürzt, Frau M. hängt am Bügel. Der ganze Kladderadatsch landet glücklich im Gestrüpp. Wenig später geht sie an der Böschung erneut zu Boden und bekommt nur noch die Nachlaufleine zu fassen. Ihre Stimmung verdunkelt sich, als das Möbel sie zum drittenmal abwirft und Frau M. vom letzten Not-Knoten durch den Schnee zu ihrem nach mehr Späßen lechzenden Gespann zurückrobbt. Bestien! »Schaut mal, jetzt sieht man den Pältsa!« ruft Susanna und deutet auf ein Matterhörnchen, das aus dem rosigen Abenddunst hervorgetreten ist, aber Frau M. hat für Naturschönheiten heute keine Augen mehr.

Am nächsten Morgen bricht man gerne zeitig auf. Am Abend sind acht dicke Männer in braunen Anoraks, Helmen und schweren Stiefeln von ihren knatternden Schneemobilen gestiegen und in die Hütte gepoltert; die Vorhut eines bedeutenden Ereignisses. 200 Hunde und 35 Musher werden erwartet, die diese Schlittenpartie im Preisausschreiben eines schwedischen Sportbekleidungsherstellers gewonnen haben. Keine Vorkenntnisse erforderlich; Motorschlitten vorneweg und hinterher. In der Nacht riecht's nach klandestinem Tun: Transparente werden gesprüht, für's Fernsehen. Mit nicht ganz gerechtfertigtem Hochmut holt Frau M. an diesem Morgen ihren Schneeanker ein, löst die Leine von einer Pistenstange und ruft dem Blauen ein »Ya!« zu, als sei sie ihr Lebtag nichts anderes als Hundeschlitten gefahren. Flüssig hinein in die stille Weite des Nordens.

Die Sonne ist verschwunden; die Erde so weiß und schattenlos wie der Himmel. Es gibt keinen Horizont und keine Konturen mehr. Björn pflügt nach dem Kompaß durch tiefen Schnee in ein Element, das etwas dichter als Luft und etwas dünner als kalter Grießbrei zu sein scheint. Frau M. kann nur noch auf die blauen Augen ihres Leithunds vertrauen, sie selbst sieht weder Abhang noch Steigung, noch Spur. »Hophophop!« weht es vom ersten Schlitten her, »venstre, venstre!«, links, links! Eine Silhouette und wogende Hundeschwänze wie Federn auf einem Hut. Sonst gar nichts. Fünf Stunden später taucht das Dach der Daerta-Hütte hinter einer Schneewehe auf. Im sausenden Wind werden die Hunde ausgeschirrt, angekettet, und dann trampelt man erleichtert ins Trockene. Die Hütte hat einen eisernen Ofen, Tisch und Polsterbank, Matratzen in den Stockbetten, ein paar Kerzen, eine verbeulte Waschschüssel, Plumpsklo und Holzschuppen unter demselben Dach. Sie ist das Herrlichste, in das Frau M. jemals eingekehrt ist. Der Wind wirbelt das weiße, blinde Element in Schwaden ums Haus. »Was siehst du?« wird Jussi am Fenster gefragt. »Zwei Schlitten und einen halben Kilpis. Und jetzt gar nichts mehr.« Die Hunde drehen sich zu Pelznestern zusammen, Nase unterm Schwanz, Rücken zum Wind, der sie mit Schnee zudeckt. So geht das eine Nacht, einen Tag und noch eine Nacht. Die Eingeschlossenen trinken Pfefferminztee und erzählen sich Polar-Geschichten, die eigenen und die anderer Leute: Noriko und Susanna, Björn und Jussi, Scott und Amundsen, Shackleton und Messner. In der Nacht träumt Frau M., sie blicke aus dem Hüttenfenster in ein grünes Tal und auf Hunde, die im Gras schliefen.

Statt dessen sitzen sie alle Mann hoch eisverzottelt im Neuschnee und warten, daß es weitergeht. Um die Hütte herum sind weiße Berge mit blauen Schatten ans Licht gekommen. »Gebt mir den Winter, gebt mir die Hunde – den Rest könnt ihr behalten«, zitiert Jussi den Polarforscher Knud Rasmussen. Was treibt Leute in den Schnee, wenn zu Hause noch die letzten Rosen oder schon die Apfelbäume blühen? »Die Hunde«, sagt Susanna. »The dogs«, sagt Noriko.

Das Kläffen und Rasen der ersten Woche ist einem gemäßigteren Ton und verbindlichem Schwanzwedeln gewichen. Auch ein Schlittenhund geht irgendwann auf dem Zahnfleisch. Und heute muß er eine ganze Tagesetappe aufholen. Der Wind hat den Schnee zu harten Wellen und Graten gefroren. Die kleinen Hunde trippeln über die Kruste hinweg, die großen brechen bei jedem Schritt ein. Unter den Kufen kracht es knusprig wie Eier-Baiser. Weiße Schleier fegen über die Hochebene, dann geht es im Galopp stiebend zu Tal und hinein in Kuhlen und Verwehungen, in denen die Hunde bis zu den Schultern versinken; hechelnd und keuchend hetzt und stapft es wieder hinauf. »Ya, Blauer, Ya, Kilpis, Karo, Tjukis, Ya, Dieken, Dieken, Dieken, gute Jungs, flink, flink!« Oben angekommen, öffnet sich der Blick über Täler und Berge – eine große, gelassene, in sich ruhende Weite; ein großes, glückliches Ausatmen. In das Weiß unter Blau mischen sich die Wolkenschatten und die dunklen Birkenstoppeln in den Senken. Zwei Eiszeiten sind dieser Landschaft über den Buckel gerutscht. Die Spur, die fünf Hundeschlitten gezogen haben, wird wie ein Fädchen verwehen.

Oh je, du fröhliche!

Die Frage, wo der Weihnachtsmann herkommt, kennt hierzulande nur zwei Antworten: aus dem Wald. Oder: aus dem Himmel. Die eine Lokalität ist so weitschweifig und märchenhaft wie die andere, aber da inzwischen sowieso kein Mensch mehr weiß, wo die Religion aufhört und die Folklore beginnt, ja, wer der Mann überhaupt ist – Santa oder Nikolaus, Heiliger oder Kaufhaus-Depp (»Ho, ho, ho!«) –, erscheint sein unscharfes Woher nur folgerichtig. Deutsche Adressen wie 31535 Himmelreich oder 21709 Himmelpforten sind reine Briefkasten-Firmen; auf den Christmasinseln im Pazifik wachsen Palmen statt Tannenbäume; eine St. Nikolaus Kirche im türkischen Myra, wo er als Bischof gewirkt haben soll, ist eine leere Hülle ohne Duft und ohne Kerzen.

Daß der Weihnachtsmann, wenn überhaupt, in einem schneesicheren, dunklen Landstrich vorkommt, darauf deuten seine dichte Behaarung und sein leuchtend rotes Kostüm hin; daß er jedoch ganzjährig in Finnisch Lappland wohnen soll, werden die meisten für ein Gerücht halten. Tatsächlich wurde es von dem Radio-Quizmaster Niilo Tarvajärvi vor ungefähr 50 Jahren in die Welt gesetzt, und bis November 1998 hat ein finnisches Konsortium daraus betonstarke Tatsachen geschaffen. Bei Rovaniemi, der sonst eher unauffälligen Hauptstadt der Provinz Lappland am Polarkreis, wurde eine 8000 Quadratmeter große Höhle in den Berg gesprengt – *Santapark* – eine Art Christ-Stollen, in dem von Stund an das ganze Jahr lang Weihnachten herrscht.

150 Pressevertreter aus aller Welt waren angereist, um die Eröffnung zu beschreiben. Was gab's zu sehen und zu hören? Ein

rot ausgeschlagenes, erleuchtetes Spitzbogentor im Halbrund verschneiter Befestigungsarchitektur; ein paar Fichten, ein paar hundert Ehrengäste auf der provisorischen Steh-Tribüne aus Gitterrosten. Über dem Horizont der kupferrote Rand eines Fingernagels: die Sonne; drei Grad minus. Aus den Lautsprechern schallte: »Santa Claus is coming to town« – dann plötzlich ein akustisch haarsträubender Moment, als sei da keine holde Himmelsmacht im Anmarsch, sondern ein schwarzer Knecht mit Knüppel im Sack und Ketten an den Füßen: pfeifender Wind, Glöckchen, tappender Trommelschlag und eine rauhe, schweifende Singstimme. Vorbei. Rote Wichtel und braune Erdgeister ringelreihten und tanzten auf dem Platz vor dem Tor. Dann trat Herr Tarvajärvi, inzwischen 84, ans Mikrofon, hielt eine Rede auf finnisch und lüftete seinen schwarzen Hut. Wer ihn verstanden hatte, schien gerührt. Der Weihnachtsmann, der in einem hellblauen Lincoln Continental, mit Glitzerbändern und roten Schleifen über der Kühlerhaube, vorgefahren war, trat aus der Höhle, breitete die Arme aus und lud mehrsprachig die Kinder dieser Welt in seinen Vergnügungspark ein.

Der Ami- statt des Rentierschlittens deutete schon an, daß hier etwas schiefzulaufen drohte. Einerseits fehlte es Santa und seinen Sponsoren offenbar an Vertrauen in das traditionelle Gespann (zu Recht, wie wir in Kürze sehen werden), zum andern schien der Lincoln zu signalisieren: Der alte Klimbim ist abgeschafft. Jetzt geht es darum, ein Märchen vom Kopf auf kommerzielle Füße zu stellen. Ein langer »Traum« sei heute endlich wahr geworden, sprach der lockenbärtige Mann im roten Wams, aber ein Traum, der wahr wird, ist auch einer riskanten Realität ausgeliefert.

Zunächst also: die Rentiere. Am Tag vor der Eröffnung hatte die Presse Gelegenheit, ein kurzes Stück auf einem Rentierschlitten durch den Winterwald zu gleiten. Der Schlitten war mit Fell ausgelegt, und hinter dem Passagier kniete der Kutscher in blauem Trachtenkittel, Pelzhosen und vielzipfeliger Mütze, der dem dicken Hirsch fortwährend mit einer langen Stange in den Hintern piekte, damit der in die Gänge kam. Rentiere seien schrecklich faul und stur, ganz und gar keine feurigen Galopper, hieß es entschuldigend. Die Vorstellung, daß sechs von der Sorte bei der Eröffnung unterwegs stehenbleiben und Santa wütend auf sein störrisches Gespann einstochern könnte ... ho, ho, ho! Daher das Automobil.

Dann: die Höhle. Als Plan sieht Santapark aus wie eine Raumstation. Ein 200 Meter langer Fußgängertunnel führt in 40 Meter Tiefe des Syväsenvaara Fjälls zu einer Plaza, die durch vier Korridore mit einem äußeren Höhlenring verbunden ist. Umgerechnet 30 Millionen DM wurden investiert, 115 000 Kilo Dynamit gezündet, 60 000 Kubikmeter Fels bewegt und die Wände mit körnigem Beton geschlämmt (durch den der Fels schon wieder weiß ausblüht). In der Plaza-Mitte dreht sich ein zweistöckiges Karussell, das man auf einer Schiene pedalierend in einem roten Hubschrauber umkreisen kann; schöner Blick auf eine Uhr, die die Tage bis Weihnachten zählt (gemeint ist der 24. Dezember) und den Schnell-Imbiß. Im äußeren Ring gibt es eine Dia-Show mit einem Wichtelmärchen, ein Puppentheater, einen Computerspielplatz in einem nachgebildeten Bergkristall, Rudolphs rasenden Rentierschlitten, einen Souvenirladen und den *Magic Sleigh Ride*, eine Geisterbahn ohne Schrecken durch's nordische Jahr: ein kurzer Frühling (zwitscher), ein schneller Sommer (quaak), ein langer Herbst/Winter (schnarch) und eine große Kurve durch Santas Spielzeug-Werkstatt, wo fleißige Gnome hämmern und schrauben, pinseln und drechseln (schnurr, peng, peng, klingeling) und schließlich zechend über dem Christbaum am Kronleuchter schwingen. Finnische Joulu sollten es werden, aber da man Kinder aus aller Welt erwartet, denen nur die Formensprache des Comics gemeinsam ist, kam eher Disney- als Lappland dabei heraus, ist die Begleitmusik eher Jingle Bells als geisterhafter Joiku-Gesang. Was sich draußen im Schnee mit einem Sonnenpfeil über dem Horizont noch als lokales poetisches Ereignis andeutete, entwickelt sich im Berg zu Xmas international in der Endlosschleife. Das Weihnachtsmenu am Schnell-Imbiß: Hamburger und Cola zu 30 Finnmark.

Am Eröffnungsabend drängeln sich Offizielle und Pressemenschen um das »Northern Lights Buffet«: Shrimps-Klößchen, marinierte rote Bete, kalte Kartoffeln, Gerste mit geräuchertem Rentier, frischer, getoasteter Lachs, Schokoladen-Mousse. Bis auf das Baby einer argentinischen Fernsehmoderatorin ist kein Kind anwesend. Asiatische Herren in dunklen Anzügen lassen sich mit ernstem Gesicht von Rudolphs Rentierschlitten im Kreis herumschleudern. Nur am Zocker-Stand mit den reitenden Plastik-Nikoläusen wird gekrischen, wenn Damen im kleinen Schwarzen ihren Favoriten mit Ballwürfen auf Trab bringen. Heute gibt's noch keinen Plüsch-Husky zu gewinnen, dafür ist der Einsatz auch umsonst.

»The man himself« begrüßt die Ehrengäste und läßt sich gnädig mit ihnen fotografieren. Zwei hauptamtliche Kläuse sind wechselweise im Dienst, Männer von makellosem XXL-Format, mächtig und unerschütterlich wie die verschneite Bergwelt, geduldig wie die Engel und mit großen, trockenen, warmen Händen. Da im Stollen Zimmertemperatur herrscht, erscheint Santa leger in naturweißem Kittel mit roter Weste über dunklen Pluderhosen und in Filzpuschen, jedoch mit Mütze auf der Allongeperücke.

Es spielt das Kammerorchester von Lappland: »Herbei, oh ihr Gläubigen!« Wie steht es um die Finanzen? Bevor sich das Höhlentor öffnet, sind die Schulden schon bezahlt. Zu den Gesellschaftern von Santapark zählen Finnair (»Santa Claus' offizielle Fluggesellschaft«), das Wirtschaftsministerium, die finnische Post, Stadt und Kreis Rovaniemi, Firmen, eine Versicherung und der Privatsender MTV. Die Arbeitsministerin Liisa Jaakonsaari trägt rotes Kostüm, der Finnair-Direktor Zipfelmütze, der Landrat Zivil. Aus den schmetternden Silben der Ansprachen springen Worte – »miljoonaa« … »turisti« – wie silberne Fische aus dunkler See. Tausend Besucher können sich zugleich in der Höhle amüsieren; 150000 werden allein im ersten Jahr erwartet.

Der neue Themenpark ist der dritte Punkt eines »Christmas-Triangle«. Die anderen sind der Flughafen von Rovaniemi und Santa Claus Village (da kommen wir gleich hin). Das Dreieck ist die größte Investition, die der Landkreis Rovaniemi jemals gestemmt hat. Für das nächste Jahrtausend plant er in dessen Rahmen einen internationalen Technologie- und Medienpark – vorsichtshalber spricht man noch von einer Vision – und wirbt mit Subventionen um die Hersteller von Spielzeug aller Art: animiert, elektronisch und aus virtuellem Plüsch. Immerhin gilt es, die Kaufkraft von jährlich 500000 Besuchern abzuschöpfen. Im vergangenen Dezember landeten allein an die hundert Chartermaschinen aus Großbritannien in Rovaniemi. »Leider blieben die Leute nur durchschnittlich acht Stunden«, sagt Tiina Viman, die Marketing-Managerin von Santapark. Sie ist wie eine Wichtelin gekleidet, was einer großen blonden Frau mit breitem Lächeln nicht besonders gut steht. »Wir möchten, daß die Besucher nun ein bißchen länger hierbleiben.« In der Gegend kann man nämlich auch Ski laufen und Hundeschlitten fahren, mit einem Eisbrecher durchs Meer krachen, und in Rovaniemi gibt es ein tolles Arktikum-Museum. Hat man eigentlich schon mal ein Kind nach seiner Meinung gefragt? »Oh ja«, strahlt Frau Viman. »Es waren schon Testgruppen im Santapark, und wir haben die Kinder sehr glücklich gemacht.«

Ziel der vielen Besucher war bisher Santa Claus Village, drei

Bus-Minuten vom Stollen entfernt. 1950 hatte man hier, direkt auf dem Polarkreis, dem Weihnachtsmann eine Blockhütte gebaut. Heute ist sein Dorf eine Ansammlung von Restaurants und Souvenirläden, die alle denselben gestrickten, geschnitzten und ausgestopften Krempel – nur in unterschiedlich traumhaften Preislagen – führen. Santas Büro, Postamt und Cafeteria liegen in einem Fort aus Feldsteinen und Baumstämmen mittendrin.

Wo der Weihnachtsmann herkommt? Keine Frage. 700 000 Briefschreiber im Jahr können nicht irren. (D-21709 Himmelpforten bringt es lediglich auf rund 10 000 Wunschzettel pro Saison.) Die meisten schreiben aus Japan, Polen, Großbritannien und Italien an Santa Claus' Main Post Office, Arctic Circle, Finland, und Santa's little helpers in grünen Kitteln und Bommelmützen, so heißt es, bemühten sich, wenigstens einem Teil der Absender mit einer Drucksache zu antworten. Aus Santas Postamt kann man seinerseits per Formular für 30 Finnmark einen Gruß vom Weihnachtsmann auf finnisch, schwedisch, englisch, deutsch, italienisch, französisch, spanisch, japanisch, holländisch, estnisch, russisch oder portugiesisch bestellen; Sonderstempel inclusive.

Frühere Generationen von Finnen hatten geglaubt, daß der Joulupukin im hohen Norden im »Ohrberg« hauste, wo er die Wünsche aller Kinder vernehmen könnte. Holzfäller hatten begonnen, die Briefe an Santa, die sich dorthin verirrten, zu beantworten, bis der Rundfunk und die finnische Post davon Wind bekamen. Der Mann mußte umsiedeln. Er ließ im Berg eine Mrs. Santa zurück und wird nun seit knapp 50 Jahren bei künstlichem Licht in einer stark vergrößerten Puppenstube gehalten, lagert zwischen schrankhohen Buchattrappen, einem antiken Fernsprecher und einem elefantösen Kamin im Sessel, und so, wie auf dem Frankfurter Flughafen jede Minute ein Jet landet, nimmt auf dem Stubenbänkchen jede Minute ein neues Kind Platz, um von der Exklusiv-Fotografin zusammen mit Santa geknipst und von »himself« wieder freundlich verabschiedet zu werden. Er ordnet den gelockten Silberbart zwischen den Knien, rückt an der Goldrandbrille, streicht die Weste glatt, kreuzt die Füße in den roten Socken. Die nächsten, bitte! Gleich sechs auf einmal; brav gewesen? Und nun alle zugleich: »Cheeeese«. Oh je, oh ja, du fröhliche!

Die kurze Nacht im langen Haus der Iban
Sarawak

Im 19. Jahrhundert noch waren die Iban Kopfjäger im Urwald von Borneo. Sie steckten ihren Gefangenen einen Haken hinter die Vorderzähne, ruckten ihnen die Kehle straff und trennten sauber das Oberste vom Rest. Im Rauchfang wurde der Dez anschließend schwarz gepökelt; eine rituelle Angelegenheit unter Männern. Der Älteste im Murat Langhaus am Skrang River zeigt bereitwillig seine beiden tätowierten Mittelfinger vor: Zwei Leute hat er in seiner Jugend einen Kopf kürzer gemacht. Säbelbeinig und krumm, in blauen Turnhosen kommt er aus seinem Abteil neben der Küche getapert und erwidert matt den Händedruck der fremden Langnasen – ein lebendes Fossil mit einem Schädel voll weicher weißer Borsten und durchbohrten Ohrläppchen, deren Ränder ein fünfmarkstückgroßes Loch rahmen. Weiß er, wie alt er ist? Sicher an die hundert. Kann er sich noch an die alten Zeiten erinnern? Er nickt und lächelt. Allen zeigt er seine Knöchel, und alle fragen sie ihn dasselbe.

Zweimal im Monat, manchmal öfter, kommen sie in Langbooten den Fluß heraufgebrummt, um im Rahmen ihrer »Longhouse tour, two days, one night (full board)« seine Geduld und seine Gastfreundschaft in Anspruch zu nehmen. Sie bringen ihr Essen, ihren Koch und einen Sack voll Gastgeschenke mit, die sein Sohn, der Chief, in 24 Häufchen für 24 Familien teilt, auf jedem derselbe Dreck: Puffreis und Bonbons, Schokowaffeln und Lutschlimonade.

Von vorne sieht das Langhaus fast noch so aus wie vor hundert

Jahren: Gegen Feinde und Fluten auf Stelzen errichtet, der Vor-
bau aus Planken mit den Hühnerställen, dahinter die gedeckte
Veranda, in der jede Familie ihren von unsichtbaren Grenzen
markierten Raum belegt, tagsüber auf fußschmeichelnden Bam-
busmatten sitzt und werkelt, Babys stillt, Hühnerfutter schrappt
oder grünen Pfeffer von der Rispe trennt. Anmutige Stille waltet.
Fischernetze hängen an den tragenden Pfosten, Schilde, Trommeln und Körbe. Es gibt auch Neonröhren hinter den Balken,
aber sie werden mit Rücksicht auf die Touristen nicht angeknipst.
Abends füllt der warme Schein von Kerosinlampen die 140 Meter
lange Galerie wie ein Kette großer Glühwürmer. Zum Schlafen
und Kochen ziehen sich die Familien hinter die Türen in ihr
Privatgemach zurück. Dort haben sie es sich nach ihrem Geschmack nett eingerichtet: Polstergarnitur auf Stragula, Häkeldeckchen und Fernsehapparat, an der Wand ein Pop-Plakat und
das Hochzeitsbild der Iban-Frau in Weiß.

Der Chief ist über die Schultern tätowiert und trägt eine Ba-
seballmütze mit BASF-Aufdruck. Er läßt die Fremden in sein
Langboot steigen und fährt sie zu dem im Dschungel versunkenen Friedhof des Dorfes, wo die Iban unter großen Zementplat-
ten begraben liegen, auf die Angehörige ihre Lieblingshabe
gehäuft haben: leere Cognacflaschen, Teekessel, Emaillebecher,
eine zusammengerollte Schaumstoffmatratze, die Feldhacke quer
darüber. Einer lacht. In der folgenden Nacht haben alle einen
schlechten Traum.

Fühlte sich der Fremde bei seiner Ankunft vorschnell erleichtert, daß seinetwegen nicht gegongt und getanzt wurde, ja, daß er
beim Eintritt ins Langhaus nicht einmal eines Blickes über die
Schulter gewürdigt wurde, muß er nach dem Essen lernen, daß
der offizielle Teil begonnen hat und er nicht weiter so tun kann,
als sei er nur mal hereingeschneit und ganz zufrieden, den Leuten beim Basteln zuzusehen. Für ihn entstehen all diese schönen

Sachen, und für ihn haben die Iban-Frauen über die Länge der Veranda einen Handarbeitsbasar ausgebreitet, den er durchschreiten muß, um hier und da auf die Knie zu sinken und die Körbchen und Tischsets, die Armbänder und geschnitzten Tiere zu befingern, zu bewundern und zu kaufen.

Hurtig fliegen die Klöppel über die Gongs. Die alten Männer tanzen mit Schild und Schwert, auf dem Kopf das geflochtene Hütchen mit den Federn von Hornschnabel und Pfau, gemessen-pirschenden Schritts, nur hin und wieder ein Schrei, ein Sprung, bei dem die Hacke an den Hintern schlägt. Die Frauen tragen Pelerinen aus bunten Glasperlen mit Wollbommeln, silberne Stretchgürtel über kurzen Sarongs und verdrehen graziös die Arme. Jeder Tänzer reicht im nachhinein den Fremden die Hand zum Willkommensgruß, die wir als herzensgute Vertreter der weißen Rasse mit breitem Lächeln ergreifen. Die Iban sind nicht beeindruckt. Solche wie uns, die Helmuts und Uschis, die ins Gästebuch schreiben: »eines der letzten Paradiese«, kennen sie zur Genüge. Sie haben sich entschlossen, ihr Langhaus zu kommerzialisieren (und damit verhindert, daß Touristen bis in den letzten Urwaldwinkel trampeln), aber sie haben auch Besseres zu tun, als uns die halbe Nacht zu amüsieren.

Übergangslos versammeln sich die Männer im Kreis, um die Modalitäten für das kommende Reiserntefest und Generalbesäufnis zu besprechen, während ihre Frauen unweit der Konferenz unsere Matratzen ausrollen und die Moskitonetze spannen. Nach all dem Gegonge und Geschwatze zieht nun zusammen mit einem feuchtwarmen Lüftchen aus Blütenduft und Lokushauch die Musik des Dschungels durch die offenen Türen: das Schellen der Zikaden, ein Glucksen und Quaken unerklärlicher Herkunft; etwas rappelt übers Dach und plumpst auf die Terrasse. Davon erwacht einer der Hähne in seinem Ställchen und gibt uns einen Vorgeschmack auf das, was ab 5 Uhr den Urwald in Flammen stehen läßt. Gockel machen Kikeriki?,Wer sagt das? Sie grölen wie eine Horde Fußballrowdies, unversöhnlich, wenn einmal herausgefordert, und im Brustton rechtschaffener Empörung.

Die Iban lieben ihre Kampfhähne; sie tragen sie herum wie Babys, strählen ihnen das Gefieder und hetzen sie in sportlicher und gewinnstrebender Absicht aufeinander. Im Langhaus hat, dem Krakeel nach zu schließen, jede Familie ein Prachtexemplar. Der Morgen graut, der Gast erhebt sich, sein Lager wird hinter ihm zusammengerollt. Zeit, sich zu verabschieden. Niemand schaut uns nach.

Der Besuch eines Langhauses im tropischen Regenwald ist für Sarawak-Touristen so obligatorisch wie für Japaner in Deutschland das Goethehaus und Burg Rheinstein. Eindrucksvolle Stätten alle drei, jedoch sind der Dschungel und seine Bewohner die große und einzige Sensation, die Sarawak – auf Borneo gelegen und politisch Malaysia angeschlossen – Besuchern bieten kann; und gerade auf die scheint es nicht sonderlich erpicht. Älter als Goethehaus und Rheinstein zusammen (130 Millionen Jahre) und bedeutend weitläufiger (knapp 10 Millionen Hektar), ist der Regenwald vor Öl und Erdgas der größte Wirtschaftsfaktor. Malaysia, bedeutendster Tropenholz-Lieferant der Welt, läßt seine grüne Wildnis mit rauschender Geschwindigkeit abholzen: 140 Quadratmeter pro Sekunde. Tourismus, mit Photos jungfräulicher Waldidylle und gleisnerischen Zitaten beworben – »unsere Vorfahren pflanzten Bäume, damit wir uns an ihrem Schatten erfreuen« –, rangiert mit zwei Prozent auf den unteren Sprossen volkswirtschaftlicher Bemühungen. Politische Macht und die Konzessionsvergabe zum Holzeinschlag liegen in den gleichen Händen. Fremde, die sich mit Kritik an der Kettensägen-Fraktion mausig machen, dürfen umgehend die Koffer packen. Die Presse schweigt sich aus zum Thema »Logging«.

Aus der Luft besehen scheint der Wald tatsächlich unerschöpflich, ein Meer aus dunkelgrünem Brokkoli, durchschnitten von den nackten Adern der Bulldozer-Trails. Jedes Gewitter schwemmt Ströme gelben Schlamms in die Flüsse, die wie Riesenschlangen zum Horizont mäandern. Grau stehen die Kronen der übriggebliebenen großen Bäume gegen den aufsprießenden hellen Sekundärwald. »Nach fünf Jahren ist alles wieder grün«, schreibt S.C. Chin, Botanik-Professor an der Universität von Malaysia, in einer Broschüre, die man erstaunlicherweise im Souvenirladen des Sarawak-Museums in der Hauptstadt Kuching kaufen kann, »aber ohne forstpflegerische Maßnahmen, wie gezieltes Nachpflanzen und das Eindämmen des Wildwuchses, ist es ökonomisch und ökologisch verheerend, von der Prämisse auszugehen, daß alles in Ordnung sei.«

Ein ironischer Trost sind Einrichtungen wie das Semengoh Wildlife Recreation Centre, in dem junge Orang Utans, denen böse Menschen die Horde abgeknallt haben, von guten Menschen wieder ausgewildert werden, oder die drei Nationalparks, die die Artenvielfalt des Regenwalds vor der Totalrasur retten sollen. Gunung Mulu an der Grenze zu Brunei ist einer der schönsten und geheimnisvollsten. In den Höhlen seines Gebirgsmassivs begann vor 500000 Jahren die Menschheitsgeschichte. Gräber wurden vor den Bergrachen gefunden. Vielleicht gab es in Deer Cave bereits Hunderttausende prähistorischer, tschilpender Fledermäuse, die am Schöpfungsnachmittag in schwärmenden Fahnen in den Wald hinauszogen. In Lang Cave und Wind Cave leistet sich die Natur schon länger sonderbare Scherze: käsegelbe und talgrosa Tropfsteine, die an Fleischliches, an Pansen, Euter und Hühnerknorpel, denken lassen. Phalli, wohin das Auge blickt, bizarr illuminiert von versteckten Scheinwerfern. Das ging den Höhlenmenschen natürlich ab, die »Erschließung« der Berginnereien, die sie aus Furcht vor dem grimmen Höhlenbär sowieso mieden.

Mit ein bißchen Glück kann man heute den Guide in Clear-
water Cave überreden, den Plankenweg zu verlassen und ins Un-
beleuchtete vorzudringen. Über eine glatte Böschung klettern
wir hinunter ins kinntiefe Wasser, auf Zehenspitzen und mit ge-
reckter Taschenlampe. Es ist warm; in diesem Land gibt es keinen
natürlichen kühlen Fleck, nicht einmal im Dunkeln. Überall
tropft Wasser, und der Forscher tropft mit, kraxelt über lehmige
Ufer, zwängt sich an unsympathischen Löchern vorbei, rammt
sich den Schädel und ist im Nu verloren hinter Kurven und Ab-
zweigungen. Im fahlen Licht von Turtle Cave winden sich aus
einer Bodenspalte die Wurzeln einer Würgfeige wie dicke Kabel
und verschwinden, aufgehängt an dünneren Ausläufern, nach
30, 40 Metern wieder im Berginnern. In einem Tunnel knipsen
wir die Lampen aus: dicke, eiszeitliche Finsternis, und erst nach
einem gebückten Gang durchs Wasser wird wieder Licht und
Menschwerdung. So war es, als hier vor einer halben Million
Jahren Pithecanthropus robustus die Augen aufschlug und das
Paradies erblickte: den grünen, grünen Wald, warm und triefend,
ohne Winter und Frühling, grünes Licht durch die Kronen der
Baumriesen, Blätter so groß wie Regenschirme, klare, grüne Tei-
che, die die Sonne in ein Element der dritten Art verwandelt.
Ein Lidschlag der Ewigkeit, und stolz, naß und dreckig tritt
Homo erectus nach seiner Höhlenwanderung aus dem Dschun-
gel ans Flußufer – Mrs. Livingstone, I presume –, um vom Motor-
boot zum Dinner in seine Luxuslodge gebracht zu werden.

Doch der Urwald hat ihn nicht vergessen. Die hellsten Lichter auf zehntausend Quadratkilometern erregen die Triebe von
allem, was flattert, surrt und krabbelt. In immer neuen Wellen
köpft es abends in die Lampen, prasseln die Lichtwürmer und zi-
garrengroßen Zikaden, erklimmen bedächtiger die harten Käfer
die Masten. Es burrt ins Nasi Goreng, rast unter den Kragen und
belagert vernunftlos die Zimmertür. Die Natur schlägt zurück.

Ungestraft rammt nicht einmal der Schwager des Ministerpräsidenten ein Vier-Sterne-Hotel in diesen Wald.

Eine Weltgegend namens Sarawak trat erst 1839 ins Licht europäischen Bewußtseins, als der englische Seefahrer James Brooke dem Sultan von Brunei und Sarawak mit seinen Schiffskanonen gegen die Unzufriedenheit im Lande aufhalf und dafür einen großen Batzen von Sarawak geschenkt bekam. Erst in der dritten Generation dankten die »weißen Rajahs« ab und übergaben ihr Reich nach dem Zweiten Weltkrieg den Engländern. Ihre Hauptstadt Kuching, die Katzenstadt, wurde angeblich nach einer streunenden Mieze benannt, auf die Mr. Brooke von Bord seiner Yacht den Zeigefinger richtete: What's that? Er meinte allerdings die Langhäuser am Sarawak River und nicht, wie sein malaiischer Führer dachte, die Katze. Kuching ist heute von chinesischer Geschäftstüchtigkeit und einer multiethnischen Bevölkerung geprägt, die sich in brodelnden Garküchen, Basaren und einem Sonntagsmarkt mit nie geschauten Eßbarkeiten an der Jalan Satok entfaltet. Zu den erfreulichsten Hinterlassenschaften der weißen Rajahs gehört das Museum, das die Kultur der vielen ethnischen Gruppen Sarawaks zeigt. Exemplarisch ästhetisch und funktional waren ihre Langhäuser, voll schöner Farben, bedeutungsvoller Muster und schimmernder Geflechte, ehe Beton und Wellblech über sie hereinbrachen. Doch zeigen Fotos aus den alten Zeiten, daß das Leben auch voll der gröbsten Unbequemlichkeiten war, und man möchte den Iban nachträglich zu Dieselgenerator und Häkeldecke gratulieren, da sie im Gegenzug darauf verzichtet haben, den fremden Langnasen die Gurgeln strammzuziehen.

Glückliches Neues Drachenjahr!

Der Hase geht, und der Drache kommt. Nach dem chinesischen Horoskop, das nur ein Tierkreiszeichen pro Jahr kennt, wird 2000 ein Spitzenjahrgang. Paare, die sich ein Glückskind wünschen, proben seit Sommer 1999 für sein Erscheinen im Millenium, denn Drachenbrut platzt geradezu vor Yang-Energie, ist klug, tapfer, ehrgeizig, optimistisch, stürmisch und nicht leicht zu bremsen. Drachen sind geborene Anführer, neigen aber auch zum Fanatismus. Das Jahr des gemütvollen Schweins oder des sprunghaften Affen wäre mir symbolisch als Schwelle ins neue Jahrtausend lieber gewesen, aber nach mir geht es nicht. Es geht nicht einmal nach meinen Sternen, sondern nach einem 5000 Jahre alten Kalender. Das chinesische Mond-Jahr beginnt, wenn in der westlichen Welt längst alle Böller verschossen und alle Kater auskuriert sind: im Februar.

Wer Wahn und Kitzel der Jahrtausendwende allerdings zweimal durchleben will, dem empfehle ich als Schauplatz des da capo die Stadt Singapur. Sie feiert nicht nur ein, zwei, sondern viele Partys: muslimische, hinduistische, christliche Feste, Karneval, Hary Raya, Chingay Parade, Kunst-, Kulinar- und Filmfestivals.

Singapur ist eine nur 42 mal 23 Kilometer kleine Welt für sich: ehemals britische Kolonie, heute autoritär geführter Stadtstaat, asiatisches Finanzzentrum mit dem verkehrsreichsten Hafen der Welt. »Singapur ist eine Gesellschaft von Immigranten. Unsere Werte sind jene, die Überleben, Sicherheit und Erfolg garantieren«, wird Ex-Premier Lee Kuan Yew im Museum auf Sentosa Island wandbreit zitiert. Schon Sir Stamford Raffles trieben keine missionarischen Flausen, sondern die Ideale der East India Company – Kommerz und Geldvermehrung –, als er im Januar 1819 am großen Mund des Singapore River einen Freihafen gründete. Kein Platz also für Wolkenschieber, und doch haben die pragmatischen Landgewinner, Entwickler und Abreißer dort überraschend attraktive Perspektiven geschaffen.

An »Raffles' Landing Site« läßt sich ein chinesisches Brautpaar fotografieren. Sie, in Schleier, Handschuhen und tiefdekolletiert, umarmt ihn, der lässig am Geländer lehnt. Mit im Bild: Sir Stamford Raffles, auch er ganz in Weiß, seine Statue wie mit Eiklar lackiert. Bei 30 Grad im Schatten trägt er Gehrock, Halsbinde und enge Kniehosen, und wenn dies tatsächlich seine Beine gewesen sein sollen, dann war er eine überaus schmucke Erscheinung. Er wendet dem braunen Fluß den Rücken zu, der Reihe der restaurierten kleinen ziegelgedeckten Shophouses am gegenüberliegenden Ufer und der silbrigen Architektur der Hochfinanz, die dahinter in den grauen Monsunhimmel ragt.

Auf diesem Zipfel der malaysischen Halbinsel haben sich die Wege von Chinesen, Indern, Malaien und Europäern sehr zum Vorteil einer neuen städtischen Kultur gekreuzt, einem Mustermix der Gepflogenheiten, Sprachen, Religionen, Feste, Moden und Küchen: Cricket auf dem Padang und Federvieh unter den Stelzenhäusern auf Pulau Ubin. High Tea in der *Compass Rose* im 72. Stock des *Westin Stamford* mit Schwarzwälder Kirsch oder Frühlingsröllchen. Es ist eine Lust, sich mit Messer und Gabel, Fingern und Stäbchen durch Singapur zu graben. In der viktorianischen Markthalle Lau Pa Sat, deren gußeiserne Teile einst aus Glasgow herangeschifft wurden, reihen sich die Garküchen: Chili-Krabben oder Satay-Spieße? Fischkopf-Curry oder lackierte Ente? Asiatische Küche ist ja ganz leicht. Aber nicht, wenn man den ganzen Tag lang etwas Neues kosten möchte. Sonntags vielleicht den Brunch im *Alkaff Mansion* auf dem grünen Hügel über

der Westküste? Laue Brise, Meeresblick, Teakholzboden und geflochtene Sessel in der Veranda Bar. Einst die Villa eines ar-
menischen Gewürzhändlers, legt man dort noch immer Wert
auf Eleganz. Zum Sundowner vielleicht im weißen Anzug und
Tropenhelm erscheinen? Nein? War auch nicht so gemeint. Etwas
weniger erlesen, aber ebenfalls »alfresco« sitzen die Gäste in
den Restaurants am Boat Quay, umtost von Techno-Rhythmen
und den Geräuschen aus einer Karaoke-Bar.

Singapur ist äußerst vielseitig und immer schön warm; keine
Perle der Demokratie, aber bestens organisiert, was öffentliche
Reinlichkeit und Straßenverkehrsordnung angeht, tax free, voller verlockender Geschäfte, und man spricht Englisch. Statt zum
Rosenmontagszug die langen Unterhosen anzulegen, erscheinen
wir als Zuschauer der Chingay-Parade Anfang Februar im kleinen Ärmellosen in der Orchard Road.

Chinesisches Neujahr dauert zwei Wochen, und Chingay ist
seine glanzvolle Mitte, längst kein rein chinesisches Spektakel
mehr, sondern ein wundersamer, prächtig krachender, schmet-
ternder, sprühender, trommelnder, wogender, kreischbunter
nächtlicher Umzug. Akrobaten und Musiker aus der kleinen
städtischen und der großen asiatischen Nachbarschaft rasen und
blasen sich die Seele aus dem Leib: Löwentänzer, Stelzenläufer,
Feuerspucker, rußgefärbte Jäger mit einem weißen Riesenvogel
von den Philippinen, zackige blonde Majoretten aus Australien
und japanische Blechbläser im schleichenden Geschwind-
schritt. Aus roten Nebelschwaden und spratzelndem Feuerwerk
rollen Tempel, Schiffe und Vulkane. Goldene Glücksdrachen
schieben straßenbreit vorbei oder wallen als bunte Serpentinen
über zahllosen Stäben von Rand zu Rand. Es sind Bilder in
Multikulticolor: Sikhs in Blau und Gold mit gezücktem Krumm-
schwert, Hindufrauen in Smaragdgrün und Granatrot, Malaien
mit meterlangen Federn im Haar, Vietnamesinnen mit Fächern,

Taiwan-Chinesinnen mit Diabolos und junge Löwen, die auf Inlineskates über ihren Festwagen springen und fliegen. Mit Chingay zündet Singapur zur Feier seiner kulturellen und ethnischen Vielfalt ein einziges großes Knallbonbon.

Zu Neujahr ruhen nicht nur in Buddhas Schoß zwei glücksbringende Mandarinen; auch zu Füßen des tanzenden Shiva sind sie abgelegt. In Geschäften und Hotelhallen hängen rote Hong-Bao-Briefchen, in denen man sich sonst Geldgeschenke macht, an Frühlingssträußen. Rot steht für Tapferkeit und Glück. Rot sind die Papierlampions, die Teekisten, Türen, Säulen und die Girlanden über den Straßen. Knallrot sind auch die Plastikstühle in dem Café an der Seng Poh Road, wo sonntagmorgens chinesische Männer ihre Vogelkäfige nebeneinander unter die Markise hängen und sich zu einem Frühstück aus runden Kuchen mit Rettich und Chili niederlassen. In dem Gezwitscher, das wie Wasser über die Köpfe braust, hat jeder Piepmatz seinen Einsatz. Sobald er verdrießlich verstummt, wird er in kongenialere Gesellschaft umgehängt. Mata Putek (Zosterops palpetrosus) heißt das zartgrüne Vögelchen aus der Familie der Honigsauger. Gute Sänger werden teuer gehandelt, ihre Bambus-Behausungen sind mit winzigen Blumensträußen und chinesischen Porzellantränken ausgestattet.

Ein Mata Putek, ein kleines Stück Natur, muß im alten Chinatown, wo sich die Großfamilien in lichtlosen Wohnungen über ihren Läden drängten, ein rechter Trost gewesen sein. Daß das Viertel heute noch auf chinesisch wie auf malaiisch »Büffelkarrenwasser« heißt, mag die Verhältnisse der Vergangenheit illustrieren und den Stolz der Bürger von Singapur auf ihre funkelnden Hochhäuser in der City und die nicht ganz so glamourösen Wohnschränke am Rand erklären. Seit den 6oer Jahren hat die Regierung mit Verschlägen und schwimmenden Kampongs, mit Spelunken, Bordellen und Opiumhöhlen aufgeräumt. Nester alter Architektur wurden gerettet und restauriert. Der Preis für die neue Schönheit ist eine gelegentliche Starre wie auf einem zu stramm gelifteten Gesicht.

Lorraine (32), klein und quirlig, halb malaiisch, halb portugiesisch und ganz »singapurian«, die uns eine Woche lang durch die Stadt führt, ist von keiner Nostalgie angekränkelt, wenn es um die Stuckfassaden alter Shophouses geht, die noch nicht abgeräumt oder restauriert worden sind, schleimig grün von Flechten, gesprengt von jungen Bäumen, und auf einem dachschiefen Holzbalkon ragt tatsächlich ein Feudel an einer Stange zum Trocknen übers Geländer. Nein, wohnen möchte ich da natürlich auch nicht, aber dürfen solche Relikte nicht in Würde alt werden und einstürzen? Wie bitte?! Einfaches Dahinbröseln verstieße ja nicht nur gegen die Reinheitsgebote der Stadt, sondern auch gegen ihre zentrale Botschaft von Machbarkeit und Erfolg.

Daß Singapur trotzdem nicht langweilig ist, verdankt es dem Bestehen seiner Bürger auf elementarer menschlicher Unordnung; auf Vierteln wie Little India, Geylang Serai und Chinatown, wo herrliche Geschäfte mit Stoffen, Gewürzen und geheimnisvollen Medizinen auf die Straße hinausquellen; mit Ständen voll duftender Jasminketten oder stinkender, gleichwohl leckerer Durinam-Früchte, mit Teehäusern, in denen blumiger Oolong aus Fingerhüten genippt wird, mit Markthallen und Garküchen. Und natürlich prüft einer immer die unterste Pflaume in der Pyramide und läuft einer doch bei Rot über die Straße.

Eine der Unbelehrbarsten ist bekanntlich Mutter Natur, vor deren feuchtwarmen Dünsten man sich in diesen Breiten in gut gekühlte Innenräume flüchtet. Als wir am dritten Tag einen Ausbruch wagen und auf einem motorisierten Äppelkahn nach Pulau Ubin übersetzen, ist Lorraine zwar gefaßt, aber entsetzt: Auf diesem Inselchen gibt es wirklich nichts zum Vorzeigen.

Hier sieht Singapur aus wie vor 50 Jahren, allerdings ohne seine
kolonialen Gipsgirlanden. Heute ist Pulau Ubin ein kleines Re-
fugium, geschlagen von den Flügelrändern der großen Stadt:
Holzhäuser auf Stelzen, Hühner darunter und Gummischlappen
vor der Tür, Schrottautos, Müll im Immergrün hinter dem
Strand und der Blick übers Meer auf den lodernden Schornstein
einer Raffinerie. Um den Landungssteg stehen ein paar bescheidene Restaurants, ein Gemischtwarenladen, ein hinduistischer
Schrein in Himbeer- und einer für chinesische Götter in Lackrot.
Hier gibt es auch Fahrräder zu mieten, und wir scheppern los über
eine geflickte Teerstraße, die von Kokospalmen beschirmt und
von Wandelröschen gesäumt ist. Zwischen Bananen und Bougainvilleen leuchten Holzhäuser blau, dottergelb und rostrot.
Flamboyant-Bäume werfen ihre kostbaren Kelche auf die Straße.
Es riecht gut nach Salzluft, Grün und feuchter Erde. Auf ihrem
Kinderfahrrad, mit hochgezogenen Knien tretend, wirkt Lorraine indes nicht recht glücklich, und sie erwacht erst wieder auf
der Fähre zu ihrem munteren, tüchtigen, telefonierenden Selbst,
als die Stadt am anderen Ende des Wassers auf uns zurückt.

Natur, die gibt es doch auch mitten in Singapur, und zwar vom
Feinsten: das Bukit Timah Reservat mit 164 Hektar Regenwald,
den Jurong Vogelpark, das große Aquarium auf Sentosa Island,
der Zoo und die Night Life Safari. Sie alle sind wahre Wunder
der Naturverwaltung und -gestaltung: die größte begehbare Vo-
liere der Welt, der höchste von Menschenhand geschaffene Wasserfall, Tauchgänge im Aquarium bei Haien und Rochen (»Der
Kick Ihres Lebens!«) und das Neueste: eine nächtliche Safari in
der Elektrischen durch einen echten Dschungel. Diese Inszenie-
rung, die Hunderte von Menschen durch eine hochtechnisierte
Wildnis führt, hat etwas wundervoll Theatralisches. Zu Dutzen-
den werden sie an der Station von lächelnden Ordnungskräften
in offene Tramwagen gewiesen, dann schnurrt die Bahn auf glat-

ter Piste in den Schatten der Nácht. Künstliche Beleuchtung läßt Mondsilber durch die Baumkronen auf Felsen und Tümpel fallen. Es riecht warm und stark nach wilden Tieren. Still jetzt! Nur die Dame am Mikrofon spricht zu den Kindern. »Wußtet ihr eigentlich, daß 90 Prozent aller Tiere nachtaktiv sind?« Und hier, auf 40 Hektar Sekundärwald am Ufer des Upper Seletar Reservoirs, sind über tausend von ihnen in unterschiedlichen Biosphären versammelt: afrikanischer Elefant und indischer Tiger, Oryx-Antilope, Flamingo, Giraffe, Wasserbüffel, Tapir, Python, Streifenhyäne, Löwe und Leopard. Ganz nah ist man ihnen und dabei ganz sicher. Gräben und Gitter sind gut verborgen. Das Panzernashorn steht wie aus Alteisen zusammengenietet auf seiner Lichtung, aber die dickpfotigen Jäger schlafen gesättigt und nachtpassiv an die Glasscheibe gedrückt. Leise brabbelnd rollt die Gesellschaft auf Armeslänge an weidenden Tieren vorbei, die so tun, als bemerkten sie uns nicht. »Schaut euch diese riiiiesigen Geweihe an, Kinder!« Das kennen sie nun schon. Nur die kleinen Otter glauben noch, daß es hier etwas zu verteidigen gäbe, und zetern zu den Gesichtern über dem Brückengeländer herauf.

Vor einem chinesischen Neujahrsessen steht »Tuna Yusheng – üppige Ernte« auf dem Tisch, eine Platte mit Süßem und Salzigem, bunt Gesponnenem und wie mit Rauhreif Überkrustetem. Alle Gäste fahren zugleich mit ihren Eßstäbchen in diesen knisternden Haufen und werfen Tang, Nüsse, Bohnen, Sprossen in die Luft. Je höher das Zeug fliegt, um so größer der Segen von oben für das neue, das Drachenjahr: langes Leben, Sicherheit und Erfolg. Es darf nur nichts danebenfallen.

Nachweise

Deutschland
  Wendland – Storchenland, *Geo Saison*, 6/98
  Die Frühlingsfee und der eiserne Heinrich, *Die Zeit*, 4/98
Baltikum
  Wir aus Riga, *Frankfurter Rundschau*, 10/93
Österreich
  »Man müßte überhaupt ein Fremder sein«, *Frankfurter Rundschau*,
  8/96
  »Wohlsein!« *Die Zeit*, 4/2000
Tschechien
  Karlsbader Kulissenzauber, *Die Zeit* 10/99
Schweiz
  »... mitten im Garten beinahe zärtlich«, *Frankfurter Rundschau*,
  10/2000
Libyen
  Siehst du den Mond über Murzuq?, *Frankfurter Rundschau*, 10/98
Marokko
  Atlas zu Fuß, *Die Zeit*, 9/89
  Die Wüste klebt, *Frankfurter Rundschau*, 6/98
Tunesien
  Eine Tunisreise, *Brigitte*, 9/95
Algerien
  Ein Lied von der Einsamkeit des Sängers in der Wüste, *Frankfurter
  Rundschau*, 4/01
Australien
  In »Zwei Känguruhs beim Trinken«, *Frankfurter Rundschau*, 5/92
Peru
  Lamas lassen grüßen, *Frankfurter Rundschau*, 11/99
Kanada
  Bleichgesichter im Indianerland, *Frankfurter Rundschau*, 6/96
  Schottland Übersee, *Frankfurter Rundschau*, 8/97
Indien
  Gott Vishnus eigenes Land, *Frankfurter Rundschau*, 12/93

Vom Zauber der Verlassenheit, *Frankfurter Rundschau*, 10/99
Namibia
  Nebel über der Wüste, *Frankfurter Rundschau*, 6/94
  Afrika war eine Firma, *Frankfurter Rundschau*, 11/95
  Löwin auf halb neun, *Frankfurter Rundschau*, 7/2000
Tansania
  Tiere unter sich, *Frankfurter Rundschau*, 3/96
Südafrika
  Solomon und Elias, *Frankfurter Rundschau*, 11/01
Ukraine
  Flußfahrt mit General, *Frankfurter Rundschau*, 8/94
Frankreich
  Die *Liberté*, *Geo Saison*, 7-8/95
Schottland – Norwegen
  Möwe nach Trondheim, *Die Zeit*, 9/97
Schweden
  Segeln im Garten, *Frankfurter Rundschau*, 7/99
England
  Bloomsbury revisited, *Die Zeit*, 4/98
  Stiller Tag in Sissinghurst, *Frankfurter Rundschau*, 10/96
  Anschauen und Tee trinken, *Geo Saison*, 3/99
  Auf den Wellen des Skandals, *See you*, 32/02
Irland
  Die Häupter mit dem Lorbeerkranz, *Frankfurter Rundschau*, 2/2000
USA
  Die Sumpfblüte, *Frankfurter Rundschau*, 5/98
  Pflaster unterm Strand, *Frankfurter Rundschau*, 8/93
Jamaika
  Insel mit Aussicht, *Frankfurter Rundschau*, 10/98
Norwegen
  Schäfchen zählen, *Frankfurter Rundschau*, 10/2000
  Blauer, ya!, *Die Zeit*, 1/2000
Finnland
  Oh je, du fröhliche!, *Die Zeit*, 10/98
Malaysia
  Die kurze Nacht im langen Haus der Iban, *Frankfurter Rundschau*, 6/93
Singapur
  Glückliches Neues Drachenjahr!, *Frankfurter Rundschau*, 12/99